英語学モノグラフシリーズ 2

原口庄輔／中島平三／中村　捷／河上誓作　編

生成文法の考え方

北川善久　著
上山あゆみ

研究社

まえがき

　チョムスキーの *Syntactic Structures* が1957年に出版されてから，ちょうど半世紀近くが経とうとしている．生成理論はその間に，何度か大きな理論上の変遷を経てきた．そうした変遷の動機や帰結が充分理解されることなく，一貫性に欠けるとか，定説がないなどと批判されることがよくある．半世紀の間に，何が，どのように変わったのだろうか．また，何が変わっていないのだろうか．

　本書の目的の1つは，変わった部分について，どのような理由で，どのように変わり，どのような帰結がもたらされたかを明らかにすることであり，もう1つの目的は，変わらない部分について，どのような主張や方法が一貫しているのかを明らかにすることである．どちらも，生成文法の根底に流れる「考え方」を深く理解するうえで，大いに役立つものと思われる．

　理論の変遷にともない，当然理論的枠組みが変わり，それに基づく言語事実の記述内容や説明方法が変化してきた．言語事実に関心を向ける人にとっては，もっとも目につく変化であろう．こうした変化は本シリーズの他巻に譲るとして，本巻では大局的な観点から——特に生成理論の基本的な「考え方」という観点から，変化した部分を具体的に見ていく．

　生成文法では一貫して，文の音声と意味という2つの側面が統語構造に基づいて決定され，それを介して両者が関係づけられていると主張されている．第3章で詳しく見るように，統語構造に基づいて意味の表示と音の表示が別々に（分離して）形成される．文法とは，音および意味の表示の基になる統語構造を生成するメカニズムにほかならない．理論の変遷にともない，統語構造がどのように構築されるかとか，どの統語構造に基づいて意味の表示，音の表示が決定されるかなどということが，変わってきた．

第2章では，句構造の構築法に関する変遷を，第3章では，意味表示の決定レベルの変遷を，第4章では，主語がになう「意味上の主語」と「文法上の主語」という二面性のとらえ方の変遷を，また第5章では，意味と形式の関係を複雑にする，移動の動機づけの理論的変化をそれぞれ取り上げ，それらについて，どのような理由で，どのように変わり，どのような帰結がもたらされたかを詳しく見る．

一方，生成理論の言語観ないし文法観，研究の目標や方法論といったものは，変わることがない．不易不変な部分のうち，特に，第1章では生成理論の言語習得観について，第3章では，意味表示と音声表示の分離した扱い方と，統語構造のそれらに対する役割について，第4章では「主語」を中心として，派生の必要性について，第5章では，文法の位置づけ（知識としての文法と運用上の要因との区別）や，仮説の設定・検証・精緻化の方法論などを取り上げ，これらについても具体例に即しながら詳述していく．

執筆にあたっては，執筆者の北川善久と上山あゆみが共同で構想を練り，執筆し，討議を重ねて推敲し，現在の形に至った．したがって2人の執筆者は，本書の内容や言説に対して等しく責任を持つ．

本書が想定している読者は，まず，これから言語学や生成文法を学ぼうとする人たちである．そのため，説明の仕方をなるべく平明，丁寧，かつ具体的であるように努めている．ある程度生成文法を学んだ人にも，生成文法の根本的な考え方を整理し，意識化するうえで役立つように工夫されている．また生成文法に慣れ親しんでいる人，専門的に研究する人にも，新たな視点が提供できることであろう．さらに，生成理論に対してやや批判的な印象を持たれている方にも，読んでいただければ幸いである．多くの読者が，生成文法の「考え方」を正しく理解され，その真の魅力にふれられる，あるいは再認識されることを願ってやまない．

2004年8月

編　者

目　　次

まえがき　iii

プロローグ ─────────────── 1
0.1　生成文法の変遷　1
0.2　この本の着眼点と構成　2

第1章　生成文法における「文法」とは ─── 5
1.1　ことばに関する直観　5
1.2　人間の言語習得　8
 1.2.1　習得のスピードが速いということ　8
 1.2.2　基になるデータが不備であっても習得できるということ　8
 1.2.3　一般に誰にでも習得可能であるということ　9
 1.2.4　人間という種に特徴的であるということ　9
 1.2.5　人種や民族の壁は存在しないということ　10
 1.2.6　思春期までに習得する必要があるということ　10
 1.2.7　まとめ　11
1.3　私たちはどのようにして言語の知識を獲得したのか　11
 1.3.1　言語生得説　11
 1.3.2　仮説1:「言語の習得」=「すべての単語の暗記」　14
 1.3.3　仮説2:「言語の習得」=「すべての文の暗記」　14
 1.3.4　「言語の習得」=「文の生成の仕組みと単語の習得」　17

1.4 メカニズムとしての文法　18
　1.4.1 初期の生成文法の概観　18
　1.4.2 単語のもたらす情報　23
　1.4.3 θ役割　24
　1.4.4 格　26
1.5 人間の成長過程としての言語習得　29

第2章 「文」の生成の仕組み ―――――― 35

2.1 「文」とは　35
2.2 文のパターン：トップダウン方式　35
　2.2.1 Aux　36
　2.2.2 接辞移動　39
　2.2.3 INFL　44
　2.2.4 COMP　45
　2.2.5 まとめ　49
2.3 句構造規則の限界　50
　2.3.1 主要部の特質と句構造　51
　2.3.2 θ規準と投射原理　55
　2.3.3 格フィルター　61
　2.3.4 句構造規則の「一般型」の設定　67
　2.3.5 機能範疇と文の構造　70
2.4 句構造規則からの脱却：ボトムアップ方式　76
　2.4.1 先駆け：Stowell (1981)　76
　2.4.2 併合と numeration　80
　2.4.3 ボトムアップ方式がもたらした新たな視点　83
2.5 まとめ　85

第3章　音と意味の分離: PF 表示と LF 表示 —— 89

3.1　PF 表示と LF 表示　89
  3.1.1　「音」と「意味」　89
  3.1.2　θ 解釈　91
  3.1.3　修飾関係　92
  3.1.4　演算子の作用域　94
  3.1.5　「音」に対する構造の影響　97
3.2　名詞に関する音と意味の分離　99
  3.2.1　音を持たない言語表現　99
  3.2.2　意味を持たない言語表現　103
3.3　文の派生における音と意味の分離　107
  3.3.1　移動: 音声と意味解釈の「ずれ」　107
  3.3.2　音に影響を与えない統語派生　110
  3.3.3　論理関係に影響を与えない移動　114
  3.3.4　移動の位置づけと生成文法のモデルの変遷　115
3.4　深層構造＝「意味」の時代　115
  3.4.1　標準理論　115
  3.4.2　生成意味論　117
3.5　表層構造も「意味」に関与する　118
  3.5.1　深層構造＝「意味」と考える仮説の問題点　118
  3.5.2　痕跡理論　120
3.6　音に関する表示と意味に関する表示の分離　122
  3.6.1　GB 理論　122
  3.6.2　LF と PF　124
  3.6.3　中国語の wh 疑問文　125
3.7　音と意味の完全分離　128
  3.7.1　ミニマリスト・プログラム　129

  3.7.2　最小出力条件　132
  3.7.3　経済性の原理　133
  3.7.4　理想の文法像　134
 3.8　縦の関係と横の関係　135

第4章　「主語」とは ──────── 139
 4.1　「文法上の主語」と「意味上の主語」　139
 4.2　句構造から見た主語　140
  4.2.1　標準理論における主語の概念　140
  4.2.2　文の「主語」と名詞句の「主語」　143
 4.3　「意味上の主語」と「文法上の主語」の新たな位置づけ　145
  4.3.1　θ役割と抽象格　145
  4.3.2　θ役割から見た主語　146
  4.3.3　抽象格から見た主語　148
  4.3.4　A 移 動　150
  4.3.5　格フィルター　152
  4.3.6　GB理論の問題点　156
 4.4　基底生成された主語と派生された主語　159
  4.4.1　実質的主語と形式的主語　159
  4.4.2　内主語仮説が可能にしたこと　161
  4.4.3　統語派生と解釈と語彙入力の同時進行: Phaseの考え方　164
 4.5　まとめ: 生成文法における主語の概念の変遷　168
 4.6　なぜ移動するのか　169
  4.6.1　移動の仕組み: 解釈不可能な素性　171
  4.6.2　経済性のジレンマとEPP素性の正体　178
  4.6.3　なぜ形式素性に着目するのか　183

4.6.4　文法はなぜ不完全性を含むのかという問いかけ　186

第5章　生成文法研究が目指すもの ── 189

5.1　生成文法の研究対象　189
　5.1.1　文法の位置づけ　189
　5.1.2　文　法　性　191
　5.1.3　文法というメカニズムの存在の証明を目指して　195
5.2　文法性判断に現れる，文法外のさまざまな要因　197
　5.2.1　「話し手のモデル」と「聞き手のモデル」　197
　5.2.2　文法性と容認可能性　201
　5.2.3　文の情報処理　202
　5.2.4　文の統語解析　204
　5.2.5　不自然な状況設定　206
　5.2.6　ま　と　め　212
5.3　生成文法の研究方法　214
　5.3.1　実験デザイン　214
　5.3.2　実験結果の考察　219
　5.3.3　仮説の構築と検証　223
5.4　生成文法に対するよくある誤解　226
　5.4.1　「文法を知らなくてもことばは話せるから，文法は要らない」のか？　227
　5.4.2　「不自然な文ばかりを対象にしていては意味がない」のか？　228
　5.4.3　「(たくさんの)外国語を研究しなければ普遍文法は語れない」のか？　230
　5.4.4　エピローグ　232

参考文献 235
索　引 242

#　プロローグ

0.1　生成文法の変遷

　一般に「生成文法」(generative grammar) と呼ばれている言語学のアプローチは，ノーム・チョムスキー (Noam Chomsky, 1928～　) が 1955 年にペンシルヴェニア大学に提出した博士論文で発表され，1957 年にその一部が改訂され，*Syntactic Structures* として出版されて，世に広まった．生成文法は近代言語学の発展に大きな影響を及ぼしてきたが，今までに何度か，仮説の根本的な部分の建て直しを経験していて，今なおその発展途上にある．大まかには，ほぼ 10 年ごとに大きな変革があり，それぞれの時代の理論は次のような名称で呼ばれていることが多い．（括弧内は代表的な著作．）

（1）　a.　1950 年代から 1960 年代：
　　　　　標準理論　（Chomsky 1957, 1965, 1975a）
　　　b.　1970 年代：
　　　　　拡大標準理論　（Chomsky 1970b, 1973）
　　　c.　1980 年代：
　　　　　GB 理論　（Chomsky 1981, 1986b）
　　　d.　1990 年代から 2000 年代：
　　　　　ミニマリスト・プログラム　（Chomsky 1995, 2000a, b）

　「標準理論」が追求されていた 1960 年代は，英語のいろいろな現象の観察と記述を拡大・充実させた時代であった．しかし，その結果，文法規則が繁雑になりすぎた側面があったため，70 年代の「拡大標準理論」では，60 年代の記述の成果をもう少しすっきりとらえるための理論化ということ

が1つの焦点となった．拡大標準理論は試行錯誤の趣きが強いが，対立する理論についての議論の中で，さらにさまざまな観察が集積された．これらをふまえたうえで理論の枠組みがいったん安定するのは，80年代に入ってからである．80年代になると，英語以外の言語に関する多種多様な記述の成果も受け入れられる「GB理論」が広く追求され，他の言語の観察が本格的に始まった．1990年代後半から2000年代は，よく「ミニマリスト」の時代と称されるが，GB理論の時代の成果に基づいて理論的な整備を進め，さらに文法を簡素化しようとしている時代と言うことができるだろう．

0.2　この本の着眼点と構成

本書の目的は，半世紀にわたる生成文法の変遷を現在の視点から見つめ直し，**何がどういう理由でどのように変わってきて，何が変わらなかったか**ということを，なるべく具体的な例をまじえて示すことである．特に，生成文法が少なくとも表面的には急激なスピードでいちじるしい変化をとげてきている中で，その根底に一貫して流れる考え方や研究指針に焦点をあてたい．

生成文法の理論の変遷には，生成文法特有の言語（そして人間）のとらえ方に由来する文法観が，深く関係している．ここで言う文法観とは，以下の章で具体的に取り上げるように，たとえば，文法とは脳内のメカニズムである，文には体系的な内部構造がある，1つの構造から別の構造が派生され，それぞれが音や意味と結びついている，などの考え方のことである．これらに注目し，過去のどういう仮定や分析がどういう形で現在に引き継がれているか，もしくは変容してきているかということを，なるべく具体的に示していきたいと思う．

理論の変遷と言っても，単にそれぞれの枠組みを概説するのではなく，各章ごとに下に示したような具体的な着眼点をもうけ，それについて(1)でまとめた理論の流れを追いつつ，生成文法の考え方とそれがどのような形で表現されたか，その変遷を見ていきたい．

第1章　文法
第2章　構造
第3章　音と意味
第4章　主語
第5章　生成文法の説明の対象と目標

　まず第1章では，生成文法のアプローチが「文法」という概念をどのようにとらえているかを，言語の習得の問題と関連づけることによって明確にしていく．初期の生成文法の統語規則や，第2章以降の議論や分析で必要になる基本的な仮説のいくつかも，簡単に紹介する．
　第2章では，文の組み立て方について考える．文法が文の構造をどのように形成するかという，いわゆる「句構造」の理論は，さまざまな移り変わりを見せたが，結果的には1960年代と1990年代以降では正反対とも言える考え方をとっており，何故このような変遷が起こったのか，また，変わらないものは何か，という点に着目する．
　第3章では，文法が出力として提供するものにはどういう情報が含まれているかという点に注目する．これは，音と意味の関連をどのように位置づけるかという問題に結びつくものであり，この問題をめぐって，文法のモデルが何度も改訂されてきたいきさつがある．そのようなモデルの変遷も簡単に紹介する．
　第4章では，いわゆる「主語」という概念に対して，生成文法がどのように取り組んできたかということを中心にすえて，標準理論，拡大標準理論，GB理論，ミニマリスト・プログラムの違いについて述べていく．
　第5章では，これまでの説明をふまえて，研究者として生成文法という営みに参加していくにあたって留意すべきであると思われるさまざまな要素を指摘し，この本全体の締めくくりとする．
　すべての章において，単なる理論の紹介ではなく，私たちの視点を持ち込んだ分析を行なっているが，総じて，第1，2章は生成文法研究の基礎となる概念の入門書的な紹介が多くなった．第5章には特に若い研究者のみなさんに目を通してもらいたいという著者の願いが込められている．全般的に，生成文法に初めてふれる人を意識してはいるが，ある程度「生成

文法」に精通した人にも参考にしてもらえるように，今まで書かれたもの，あるいは研究分野の中で必ずしもはっきりと認識されていなかった，生成文法の大切な側面を浮き彫りにすることを心がけた．「そう言われてみれば確かにそうだが，今までそのような見方をしたことはなかった．これで，今までもうひとつはっきりしなかった生成文法のアプローチの動機が見えた」と読者が感じてくれるようであれば，私たちの目標は達成されたことになる．

チョムスキーという1人の天才に引っぱられて発展してきた感のある生成文法は，良くも悪くもチョムスキーの影響力が非常に強い．チョムスキーがある程度神格化されたおかげで，生成文法が急激に発展してきたのは事実であるが，しかし，その反面，彼の分析や仮説があまりにも急速に研究者たちの間に浸透しすぎ，さまざまな議論を経た健全な淘汰のプロセスが省略されてしまう傾向が存在したことも否めない．その意味でも，今，生成文法の半世紀の歴史の中で，「何がどういう理由でどのように変わってきて，何が変わらなかったか」ということを見つめ直してみるのは，有益なことであろう．

ただし，生成文法の考え方そのものを明確化することを目的としていて，生成文法の変遷，あるいは現在の枠組みそのものを紹介しようとはしていないので，扱う対象も網羅的ではなく，また，取り上げられたトピックについても，細部に至るまで解説しようという意図は持っていない．また，ときには，過去の分析に現在の視点や用語をあえて(史実的には正確ではないが)持ち込んでいる場合もある．さらに，生成文法と言っても，チョムスキー自身のアプローチとはさまざまな点で袖を分かつアプローチもたくさんあるが，この本では，それらについてはほとんど言及していない．詳しい紹介やテクニカルな部分の解説は，それぞれの入門書や専門書に譲りたい．(なお，本書執筆にあたりご協力いただいた方々への謝辞は，本シリーズの編集方針により割愛させていただく．)

第1章　生成文法における「文法」とは

1.1　ことばに関する直観

　ことばは，私たちの生活にとって欠かせないものである．ことばがまったく通じない外国に行った場合のことを少し想像してみれば，ことばというもののありがたさを痛感することができると思う．しかし，私たちがこのように日本語を使えるのは，いったいどのくらいの知識の上に成り立っているのかということを考えたことがあるだろうか．そんなことはいちいち意識しなくても毎日の生活には困らないし，自分の使っている日本語には，法則性などというほどのものはないと思っている人すらいるかもしれない．しかし，あらためて考えてみると，私たちは，無意識にさまざまな規則性に従いながら日本語を使っているのである．

　たとえば，次の (1a) と (1b) を比べてみてほしい．誰しも，(1a) は日本語として自然な表現であるのに対して，(1b) は日本語として不自然で変な表現だという印象を持つだろうと思う．（以下，文法上の問題で容認されない表現には，その印として，(1b) のように文頭に「*」をつけることにする．）

（1）　a.　僕はコーヒーを飲んだ．
　　　b. *僕はコーヒーが飲んだ．

　どうして (1b) のことを変な文だと感じるのかと問われれば，目的語には「を」をつけるべきだから，と思った人が多いかもしれない．しかし，こんどは (2) を見てほしい．

(2) a. 僕はコーヒーを飲みたい．
　　 b. 僕はコーヒーが飲みたい．

(1)と(2)は，似たような文であるにもかかわらず，(2b)のように「コーヒーが」と言っても，(1b)のような不自然さは感じないのではないだろうか．そうなると，目的語には「を」をつけるべきだ，という規則も怪しくなってくる．(1)と(2)の違いは，明らかに，「飲む」と「飲みたい」というように動詞の形が異なっていることと関係している．実際，これと同じパターンは他の動詞でも見られ，ある種の規則性が観察される．

(3) a. 私は寿司を食べる．
　　 b. *私は寿司が食べる．
　　 c. 私は寿司を食べたい．
　　 d. 私は寿司が食べたい．
(4) a. 僕はフランス映画を観る．
　　 b. *僕はフランス映画が観る．
　　 c. 僕はフランス映画を観たい．
　　 d. 僕はフランス映画が観たい．

では，動詞に「たい」がついて欲求を表す意味になるときには，目的語には「を」をつけても「が」をつけてもどちらでもいい，と言っていいだろうか．こんどは(5)を見てほしい．

(5) a. 彼女はいつでもコーヒーを飲みたがる．
　　 b. *彼女はいつでもコーヒーが飲みたがる．

(5b)の場合には，再度，(1b)と同じように「コーヒーが」というのが不自然に感じられる．また，目的語が「を」ではなく「に」になる動詞の場合には，「が」は常に不自然になる．

(6) a. 僕は市長に会いたい．
　　 b. *僕は市長が会いたい．

第 1 章　生成文法における「文法」とは

◇ 考

　(5b) や (6b) でも，読み方によってはそれほど不自然ではない場合もあると思う人もいるかもしれない．また，(5b) や (6b) は不自然でも，(7a, b) のような文にするとましになると思う人もいるかもしれない．(「?, ??, ?*」などは，表現を容認するにはさまざまな程度の違和感が伴うことを表す．)

(7)　a.　??彼女はいつでも (紅茶じゃなくて)**コーヒーが**，飲みたがる．
　　　b.　?僕は (警察所長じゃなくて)**市長が**，会いたい (んだ)．

　しかし，ここではひとまず，このような特別な強調をしない場合の感覚の違いに注目してほしい．もちろん，実際に日本語の格助詞の問題を考える際には，このような「特別な強調」によってどういう違いがもたらされるのか，ということも考えなければならない．

　このようなことを家庭や学校で習ったという人はいないと思う．こういう区別をしているということすら，今まで何の意識もしていなかった人がほとんどではないだろうか．いったい，このような違いを何がどのようにもたらしているのか，その理由がわからなくても，私たちは「が」や「を」などのいわゆる格助詞を，普段，何の意識もせずに正しく使い分けているのである．つまり，私たちは，どのような表現が日本語として自然ないし不自然かということを無意識のうちに体得しており，そういう知識を共有しているからこそ，お互いにことばが「通じている」ということになる．(もちろんのことながら，「知識」と言っても，メモを見なければ思い出せないような表面的な記憶のことを指しているのではなく，ここで言う知識とは，人間の内面に深くしみ込んだ知識のことである．)

　このように考えてくると，次のような問題が出てくる．

(8)　a.　私たちの言語に関する「知識」は，どのような形で脳に存在するのか．
　　　b.　私たちは，この「知識」をどのようにして手に入れたのか．

人間の活動の多くが，ことばなくしては不可能なのであるから，これらの疑問に答えることは，人間の本質を探る作業の 1 つということになる．

言語に関する私たちの「知識」の問題を追究していく作業の過程で提案された仮説の1つが,「生成文法」と呼ばれるアプローチである．以下では,私たちがほとんど無意識のうちに身につけた母語に関する「知識」を指して,「文法」(grammar) と呼ぶことにする．この本の目的は,生成文法の考え方を紹介することであるが,まず初めに,(8b) の問題,すなわち,言語に関する「知識」を私たちはどのようにして手に入れたのか,という問題を考察し,生成文法のアプローチが基盤にしている言語習得の理論を簡単に紹介しておく．

1.2 人間の言語習得

私たちが母語をどのようにして習得するかという過程に注目してみると,学校で習う科目の学習や技術の習得と比べると,以下のような非常に際立った特徴がいくつかあげられる．

1.2.1 習得のスピードが速いということ

まず第一に,上で見た格助詞の使い分けからもうかがえるように,言語に関する使い分けというものは,かなり複雑であり,微妙である．それにもかかわらず,子供は2歳から3歳くらいですでに母語を流暢に話し,かなり複雑な構文も使うことができる．これは,言語以外のものの学習の場合と比べると,驚くほどのスピードである．

1.2.2 基になるデータが不備であっても習得できるということ

母語は,ほとんど何も組織だった訓練を受けなくても,上手に使えるようになる．これは,普段何とも思っていないことかもしれないが,実に驚くべきことである．たとえば,楽器になぞらえて言うと,身の回りで人がピアノを弾いているのを聞いているだけで,いつのまにか自分も同じように弾けるようになっているのに等しいのである．

平均的な子供たちをとりまく実際の言語環境を録音し分析してみると,子供が普通の生活の中で耳にする言語の量は,非常に限られていることが実証されている．つまり,それを記憶していくだけでは,言語を流暢に使

いこなすことができるはずはないのである．さらに，子供が耳にすることばの中には，尻切れとんぼの文や言い間違いの文などがたくさんあり，質的にもかなり不完全である．それにもかかわらず，子供たちは完全な文を生成する能力を身につける．これは非常に不思議なことである．たしかに，「やむをえない」という表現を「やもおえない」と覚えてしまうとか，「うろおぼえ」を「うるおぼえ」「うらおぼえ」と覚えてしまうなど，個々の表現を間違って覚えることはある．それでも，たとえば，(1b)の「*僕はコーヒーが飲む」という文を自然な日本語だと思うことはない，ということが重要なのである．

1.2.3　一般に誰にでも習得可能であるということ

また，子供の知能程度や経験はまちまちであるにもかかわらず，ほぼ誰でも母語を充分に理解し，ある程度自由に使えるようになる．子供が重度の脳障害を負っている場合などの例外はあるが，一般的にはそのような特別な理由がないかぎり，母語の習得に失敗するなどということはない．言語以外の技術・技能の習得に関しては，そういうわけにはいかない．一生懸命練習したのに自転車に乗れない人，うまく泳げない人，きちんとタイプが打てない人，野球のボールをバットに当てられない人，代数計算がうまくできない人など，いろいろな例がすぐに思い浮かぶだろう．

1.2.4　人間という種に特徴的であるということ

人間の言語は人間にしか習得できない，あるいは，そもそも言語と呼べるものは人間にしか習得できない，という見解があるが，これに関しては研究者の間で意見の相違が見られる．

　チンパンジーやゴリラでも，本質的には人間の言語を習得する能力があるはずだと主張する心理学者がおり，それを証明するための実験が何度も試みられてきた．その結果，明らかになったことの1つは，基本的には四足歩行のチンパンジーやゴリラと二足歩行の人間とでは，のどから口や鼻にかけての発声器官の構造が大きく違っており，人間と同じような発音をさせることは無理だということである．そのため，英語などの音声言語を

学ばせようとした実験は，ほぼ完全な失敗に終わった．しかし，その失敗をふまえて，音声ではなく手や指の動きによる言語，すなわち手話を教える実験が始まり，こちらは，部分的に成果が見られている．ただし，チンパンジーやゴリラが使える文は，どれも2語，もしくはせいぜい3語からなる単純な構造の文だけであり，それも，刺激・欲求・感情などに直結したものが多く，どうしても3歳児のレベルにまでいかないというのが現状である．

　動物が人間の言語を習得できるかは別として，動物にも動物のことばがある，と思っている人も多いだろう．たしかに，動物も，危険を知らせたり求愛したりするために，何らかの伝達手段を持っていることが多い．しかし，これは一般的に，外界からの刺激と直結したサインのようなものが多く，人間の言語のような複雑な構造を持っているものは，知られていない．このようなことをふまえて，言語は人間という種(しゅ)に特徴的であるという見解を持っている言語学者が多い．

1.2.5　人種や民族の壁は存在しないということ

　母語としての言語習得には，人種や民族の壁は存在しない．子供が日本語を習得するのに，日本人の血が混じっているかどうかは，まったく関係ない．育つ環境によっては，両親とは別の言語を子供が母語として習得することさえある．両親はいかにも外国人風の日本語しか話せないのに，子供のほうは完全に日本の子供と区別がつかない日本語を話している例や，とても日本人とは思えない英語をあやつる帰国子女などを知っている人も多いだろう．

1.2.6　思春期までに習得する必要があるということ

　人間は，幼児期から思春期までの間に言語というものにふれなければ，普通に母語の習得をすることができないということが知られている．人間社会から隔離されて育った子供が，その後どのような訓練を受けても言語を充分には習得できなくなってしまっていた，という話を知っている人も多いだろう．人間社会そのものから隔離されなくても，いっさい話しかけ

られなかったり，自分の行動に対する反応が与えられなかったりなど，言語環境から隔離されてしまうと，同じことが起きる．私たちが大人になってから外国語を学ぼうとしてもなかなか上達しないのも，言語習得に関するこのような制約と，おそらく無関係ではないだろう．

1.2.7 ま と め

ここまで述べた人間の言語習得の特徴を，(9) にまとめておく．

(9) a. 習得のスピードが速いということ
b. 基になるデータが不備であっても習得できるということ
c. 一般に誰にでも習得可能であるということ
d. 人間という種に特徴的であるということ
e. 人種や民族の壁は存在しないということ
f. 思春期までに習得する必要があるということ

これらは，どのような言語習得の理論を打ち立てるとしても，最低説明しなければならない事実である．次に，ノーム・チョムスキーが提案した言語習得の理論を紹介しよう．

1.3 私たちはどのようにして言語の知識を獲得したのか

1.3.1 言語生得説

チョムスキーの提案した言語習得の理論は，一般に，「言語生得説」と呼ばれているもので，19 世紀の哲学者フンボルトなどの先人の主張を，さらに改良・発展させたものである．チョムスキーは，人間には生まれてきた時点で，言語の知識の中核となる部分がすでに備わっていると考えた．ツバメが空を飛ぶ潜在能力を持って生まれてくるように，金魚が液体から酸素を取り出して呼吸する能力を持って生まれてくるように，人間は，母語話者になる能力を持って生まれてくる──そのために，この理論は「生得説」と呼ばれているのである．日本語に関する知識の中には，「日本語にしか関係ない知識」と「言語一般にあてはまる知識」とがある．この「言語一般にあてはまる知識」を，「普遍文法」(Universal Grammar) と

呼ぶ．生得説とは，人間は生まれながらにして普遍文法を与えられているという考え方である．

　生成文法では，子供が実際の言語にふれることによって，普遍文法がその言語の文法(個別文法)へと発達すると考えている．つまり，言語習得とは，(普遍文法という)一般的で抽象的な人間言語に関する知識が，(個別言語に関する)もっと具体的な知識に変化する成長過程である，という仮説である．私たちは，赤ん坊のときには普遍文法を持って生まれてきているが，成長した時点で私たちの頭の中にあるのは普遍文法が具体的な形へと変化をとげた日本語の文法であり，普遍文法そのものではない．さらに，子供の成長とともに発達する言語習得には「臨界期」(critical period)と呼ばれる期間が存在し，この期間を過ぎると，いくら言語にふれても子供の普遍文法は個別文法への発達がとげられなくなると考えられている．

　チョムスキーの生得説をとると，(9)にあげた6つの言語習得の特徴がすべてうまく説明できる．

　子供の言語習得のスピードが速い((9a))のは，生まれながらにして普遍文法を獲得してしまっているため，あとは，その言語に特有の事項と単語とを覚えればいいだけだからである．普遍文法と呼ばれている知識とは，具体的には統語・意味・音声など，言語のあらゆる側面にわたっている．たとえば，どのような言語においても，文においては，何らかの行為や状態を表現している述語と，それらを成立させるためにかかわる人・物・概念が解釈される．そのような文の内容を別の文の中に埋め込むことも可能である．また，言語習得の過程で赤ん坊は当然，ありとあらゆる音を耳にしている．耳のそばでシーツが擦れる音，誰かが床を歩く音，水道から水が流れる音，電話の着信音，コップの割れる音，テレビから流れる音や叫び声，道路工事のけたたましい音など，無数の音が，母親の話しかける声にかぶさって聞こえているはずである．言語習得の異常とも思えるほどの早さを考慮に入れると，赤ん坊がこれらすべての音を平等に分析し，その中から一握りの言語音を選択して，それらが現在接している言語で用いられている言語音であることを見きわめるなどという，膨大な作業をしているとはとても思えない．むしろ，子供は，人間言語で採用されうる言語音

とはどのようなものであるかを生得的に知っていて，他の音は無視することができると考えるほうが自然であり，言語習得が短時間で遂行されるという事実と合致する．つまり，普遍文法の一部として，言語音の定義が含まれていると考えても不思議はない．

そして，基になるデータが不備であっても習得できる ((9b)) のは，文を生成する能力が普遍文法によって基本的にすでに備わっているからである．子供が白紙の状態で言語に面しているのならば，特に教えられもせず，不完全で誤りに満ちた例の中で言語を習得できるのは奇跡のようなものであるが，普遍文法が与えられている状態から始めるのならば，子供はその時点で文法のかなりの部分をすでに習得していることになり，最後の仕上げを行なうために充分なデータさえあればいいことになる．

さらに，言語は，一般に誰にでも習得可能であるということ ((9c))，そして，人間という種に特徴的であるということ ((9d))，人種や民族の壁は存在しないということ ((9e)) も，不思議ではない．普遍文法というものは，人間という種に等しく与えられているものだからである．そして，普遍文法が個別文法に成長するためには，（遺伝的な情報ではなく）言語に関する経験が必要であるからこそ，子供は人種や民族にかかわらず，経験した言語を習得する ((9e)) のであり，かつ，（ある意味で）普遍文法から個別文法への成長を必要としているからこそ，思春期までにことばにふれなければならないという臨界期がある ((9f)) ことになる．幼児期から思春期にかけて，子供の脳の神経細胞の数は急激に増大し，もともと同等の潜在能力を持っていた脳の2つの半球が，各々異なる能力を扱うように分化する．言語を扱う能力もこのようにして発達し，特に右利きの人では，主に左脳で扱われるようになることが脳障害の臨床ケースや実験などによって確認されている．このような脳の能力の分化と言語習得の臨界期との関係性が，多くの学者によって重要視されている．

このように，言語に関する生得的な知識(普遍文法)という考え方に基づいた言語生得説は，言語習得にまつわるさまざまな疑問を解決する可能性を秘めている．この言語生得説を念頭に置いたうえで，(8a) の問題——私たちの言語に関する「知識」(=文法)はどのような形で脳に存在するの

か，という問題を考えてみよう．つまり，「言語を習得している」とはどのような状態のことを指すのか，という問題である．

1.3.2　仮説1:「言語の習得」=「すべての単語の暗記」

外国語を学ぶ際に，その言語の単語を覚えれば覚えるほど，その言語がマスターできると思っている人が多い．このような考え方をつきつめていくと，文法とは，単語のリストを記憶して頭の中に辞書のようなものを構築したものである，という見方にたどりつく．単語の記憶は，たしかに言語習得の重要な側面ではあるのだが，明らかに，単語を羅列しただけでは適格で文法的な文にはならない．(10a)と(10b)が同じ意味でないのは明らかであるし，(10c)は文法的な日本語の文とは言えない．

(10) a. その青年はその女性を愛している．
　　　b. その女性はその青年を愛している．
　　　c. *愛している青年(は)女性(を)その，その．

1.3.3　仮説2:「言語の習得」=「すべての文の暗記」

では，その言語で使われている文を覚えれば覚えるほど，その言葉をマスターしたことになるだろうか．この考え方をつきつめていくと，言語の習得の過程というものは，周囲の人びとの会話を聞くことによって膨大な数の文のリストを頭の中に記憶していくことになり，私たちは状況に応じて，その中から適切な文を選んで発話していることになる．そして，適格な文と不適格な文の区別は，そのリストに含まれているかどうかで判断しているとしか考えられない．

しかし，このような文法観には2つの大きな問題が生じる．まず，(11)の文を見てほしい．

(11)　研究社「英語学モノグラフシリーズ」第2巻の著者は，将来，「コマンヅ」という名のジャズバンドを結成してCDデビューを果たすことをもくろんでいる．

この内容が正しいかどうかはともかく，(11)を日本語の文として認めな

いという人は，いないだろう．しかし，この文を周囲の人から聞いて記憶していたという人がいるはずはない．なぜなら，これはここで初めて明かされた文だからである．少しでも考えてみれば，(11)の文にかぎらず，今までの人生で一度も言ったことも書いたことも（あるいは，聞いたことも読んだことも）ない文を発することができることに気づくと思う．つまり，人間は，過去に記憶したはずのない文を発したり解釈したりする能力を持っているのである．言語を習得するということがその言語で使われている文のリストを覚えることだと考えてしまうと，こういうことの説明がつかない．

また，次の(12)を見てほしい．

(12) a. 私がアメリカへ行く
b. ［(12a)］と母が思い込んでしまった
＝［私がアメリカへ行く］と母が思い込んでしまった

まず，(12b)では，(12a)に示した文が中に埋め込まれている．さらに，(12b)を別の文の中に埋め込むことも可能である．

(13) ［(12b)］のを父が知らなかった
＝［［私がアメリカへ行く］と母が思い込んでしまった］のを父が知らなかった

もちろん，文が長くなれば長くなるほど，わかりにくい文になるが，これ以上，文の埋め込みが許されないというわけではない．

(14) a. ［(13)］と私が判断した
＝［［［私がアメリカへ行く］と母が思い込んでしまった］のを父が知らなかった］と私が判断した
b. ［(14a)］と姉が信じている
＝［［［［私がアメリカへ行く］と母が思い込んでしまった］のを父が知らなかった］と私が判断した］と姉が信じている

実際に(14)のような文を使うかどうかということよりも，重要なのは，(14)のような複雑でわかりにくい文でも，私たちは日本語の文として認

識でき，たとえば (15) とは違うということである．

(15) *私が母が行くのを思い込んでしまったと父がアメリカへ私が知らなかったと姉が判断したと信じている

(11) の場合と同様，(14) の文に聞き覚えがあるという人はいないと思う．また，そもそも，「その言語で使われている文のリスト」を完全に作るなどということは不可能だということがわかると思う．そのリストの中の文を別の文の中に埋め込んで新しい文を作るということが，理屈としては無限に可能だからである．次の (16) は，この点に注目したマザーグースの中の言葉遊びである．

(16) マザーグースより
1. This is the house that Jack built.
2. This is the malt,
that lay in the house that Jack built.
3. This is the rat,
that ate the malt,
that lay in the house that Jack built.
4. This is the cat,
that killed the rat,
that ate the malt,
that lay in the house that Jack built.
5. This is the dog,
that worried the cat,
that killed the rat,
that ate the malt,
that lay in the house that Jack built.
......
......
11. This is the farmer sowing his corn,
that kept the cock that crowed in the morn,
that waked the priest all shaven and shorn,

that married the man all tattered and torn,
            that kissed the maiden all forlorn,
            that milked the cow with the crumpled horn,
            that tossed the dog,
            that worried the cat,
            that killed the rat,
            that ate the malt,
            that lay in the house that Jack built.

文が長くなっていくにつれ，どんどんわかりにくくなっていくので，このような文を使うことは日常生活では避けているわけだが，少なくとも，たとえば (16-4) は許されるが (16-5) は許されないなどという境界線は，存在しない．このように，「その言語で使われている文のリスト」を完全に作るということは，不可能なのである．

1.3.4　「言語の習得」=「文の生成の仕組みと単語の習得」

　上の仮説2は，極端に歪曲されていると感じる人が多いかもしれない．「例文をたくさん覚えておくと役に立つ」と言った場合に意図されている意味は，当然，その丸暗記した文しか使わないという意味ではなく，その文を適当に応用すれば，いろいろな状況に対処できるという意味であろう．
　しかし，問題は，その「適当に応用する」とはどういうことか，ということである．たとえば，コンピュータにいくつかの文を記憶させて，それを「適当に」応用させようと思っても，そのためには，まず，どのような操作が許されてどのような操作が許されないのか，曖昧なところを残さずにはっきりと教えてやる必要がある．人間の場合には，いくつかの例を基にして応用していくことができるが，そのように「適当に応用できる」ということそのものが，人間が言語を扱う能力を授けられている証拠だとも言えるのである．
　このような考えに基づいて，チョムスキーは，**「文法」**とは，**単語を組み合わせて文を作り出せる能力**とみなすべきであると指摘し，さらには，語と語を組み合わせて文を構築する操作や，その操作にかかるさまざまな

制約などの中で主なものは，すべての人間言語に共通の知識として普遍文法に含まれている，と主張している．私たち人間が，ある程度の例文を「応用」して次々に新しい文を作り出していけるのは，まさに，このような普遍文法がもたらす「文を生成するメカニズム」が頭の中に備わっているからだ，と考えたのである．次の第2章で，このメカニズムに関する分析と理論の変遷を，その背景を流れていたさまざまな考え方に焦点をあてて眺めていく．このあとの1.4節と1.5節では，その際，バックグラウンドとして必要になる知識や考え方を，特に生成文法になじみの薄い読者を念頭において簡単に紹介する．

1.4 メカニズムとしての文法

1.4.1 初期の生成文法の概観

　文法とは，単語を構成要素として，句や文などの統語構造を作り出すメカニズムである．この考え方はまず，句構造規則（phrase structure rule）という規則で表された．第2章で句構造の理論の発展を詳しく説明するので，ここでは1950年代から80年代にかけて主に採用されていた句構造規則の考え方を，単純化して簡単に紹介しておく．

　伝統文法でもたいてい，英語の文（sentence: S）というものは，主語となる名詞句（noun phrase: NP）と，述部となる動詞句（verb phrase: VP）から成っていると記述されている．これを句構造規則で表すと，(17)のようになる．

　　(17)　S → NP VP

(17)のような形式の規則は，書き換え規則（rewriting rule）と呼ばれ，この規則によって，(18)の樹形図（tree diagram）で表されるような統語構造が派生する．

　　(18)
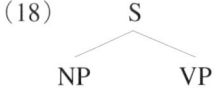

(17)と(18)を見比べればみ見当がつくように，(17)の矢印「→」の左辺

は，樹形図上の2つの枝が交わる1つの節点（node）に対応し，「→」の右辺は，その節点の下にある（複数の）節点に対応している．

さらに，NPやVPなどの句も，いろいろな内部構造を持ちうる．(17)の規則で文のパターンを表現したのと同じ考え方で，VPやNPのパターンを規則で表現してみると，たとえば次のようになる．（Detというのは限定詞（determiner）の略語である．）

(19) a. VP → V NP
　　 b. NP → N
　　 c. NP → Det N
(20) a. V → kiss, want, hate, ...
　　 b. N → John, Mary, cats, princess, puppy, fish, ...
　　 c. Det → the, a, this, ...

(17)と(19a)を組み合わせてVPの内部構造も表すと，次のような樹形図ができる．

(21)
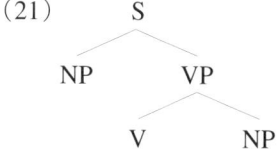

(19)ではNPの内部構造のパターンとして(19b, c)の2種類の可能性を許している．(21)の2つのNPのどちらも(19b)のパターンだとすると下の(22)のようになり，どちらも(19c)のパターンだとすると(23)のようになる．（もちろん，2つのNPが別々のパターンになる可能性もある．）

(22)
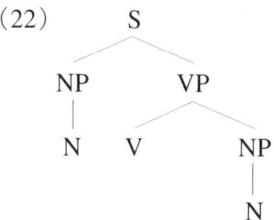

(23)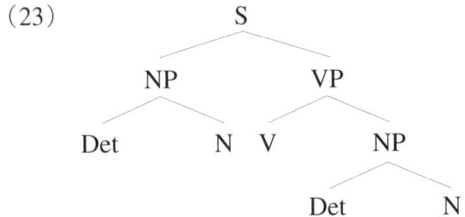

(22), (23) に実際の単語をあてはめると, それぞれ, たとえば (24), (25) のようになるだろう. (動詞の活用に関しては, 第2章の2.2.1節から2.2.2節で説明する.)

(24)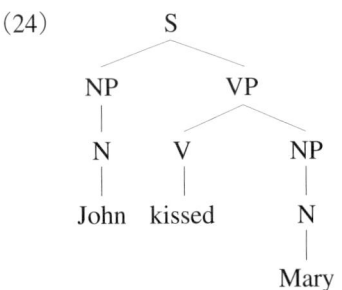

(25)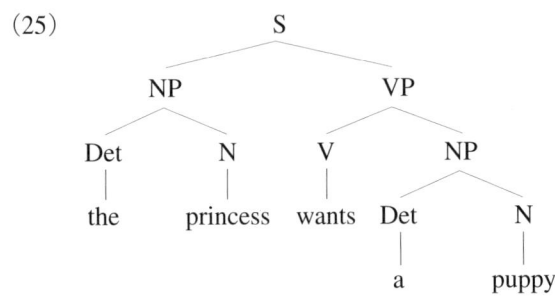

当然のことながら, (23) は, (24) や (25) だけではなく, (26) にあげた文や, その他無数の異なる文の内部構造を表している.

(26) a. A boy meets a girl.
   b. The police identified the murderer.
   c. That boy wrote this poem.

また，(19b, c) は，1つの句構造規則として (27) のようにまとめて書くことができる．

(27)　NP → (Det) N

このように丸括弧 (　) を利用して書くと，複数の句構造規則をまとめて書くことができる．たとえば，(28) のような句構造規則をたてておけば，たいていの英語の文は生成することができる．(A は形容詞 (adjective), Adv は副詞 (adverb), P は前置詞 (preposition) の略号である．)

(28)　a.　S　→ NP VP
　　　b.　VP → V ($\begin{Bmatrix} \text{NP} \\ \text{PP} \end{Bmatrix}$) ($\begin{Bmatrix} \text{PP} \\ \text{S} \end{Bmatrix}$)
　　　c.　NP → (Det) (AP) N (S)
　　　d.　AP → (Adv) A (PP) (S)
　　　e.　PP → (Adv) P ($\begin{Bmatrix} \text{NP} \\ \text{S} \end{Bmatrix}$)

(28e) の中括弧 $\begin{Bmatrix} x \\ y \end{Bmatrix}$ は，x と y のどちらかを選ぶという意味の略記である．この場合，その中括弧 {　} の外に，さらに丸括弧 (　) があるので，結果的に「P のあとに，(i) NP が現れてもいいし，(ii) S が現れてもいいし，(iii) 何もなくてもいい」という意味になる．

　ここで注目すべきなのは，(28a) で「→」の左辺にある S が，(28b–e) では「→」の右辺に出てきているということである．すなわち，(28b–e) の S に対しては，(28a) が再び適用していくことになる．1.3.3 節で，理屈としては文をいくらでも埋め込むことが可能であるということを述べたが，言語のこのような性質が (28) のような形で表現されているのである．たとえば，(29) のような文を生成するには，(30) のように句構造規則を適用していく．その結果，(31) のような樹形図ができることになる．(that の扱いについては第 2 章の 2.2.4 節で詳しく説明する．)

(29)　John thinks [s (that) Mary told the police [s (that) Bill has committed the crime]].
(30)　a.　(28a): S → NP VP

b. (28c): NP → N
c. (28b): VP → V S
d. (28a): S → NP VP
e. (28c): NP → N
f. (28b): VP → V NP S
g. (28c): NP → Det N
……

(31)
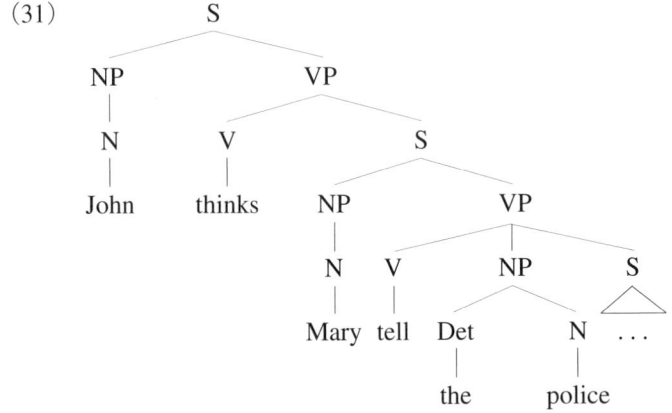

((31) の一番下の S の部分の三角形は,「(本来は,この内部にも構造があるが) ここでは内部構造を書くことを省略する」という場合に用いられる記号である.)

ここまで見てきた句構造規則の特徴とその利点を,(32) にまとめておく.

(32) a. 少数の書き換え規則を組み合わせて適用することによって,文字どおり無数の文のパターンが生成できる.
 b. S を再び書き換え規則の右辺に導入することによって,人間が脳の中に記憶している知識は有限でありながら,無限の文を生成する能力が備わっていることをとらえている.

◆ 考

句構造規則は,1920 年代以降のアメリカ構造主義言語学の枠組みの中

で提案された「直接構成素分析」（Immediate Constituent Analysis）を前身とする．この分析は，消滅しつつあるアメリカ・インディアンの言語などを記録して，客観的に分析する手順を発見するのを目的として考案されたため，文を与えられれば，「トップダウン」の方向(⇒ 第2章2.2節)で自動的にその文のパターンが割り出せる手順としての性格を持つ．句構造規則もこのような性格を受け継いでいるが，生成文法ではこれを「文を無限に生成できるメカニズムとして人間が持つ知識の一部」として位置づけたところに質的な転換が見られる．

1.4.2　単語のもたらす情報

　文の内部構造は句構造規則によって表されるが，句構造規則によってできた文構造に単語が入らなければ，実際の文にはならない．ここで「単語」とはどういうものなのかを，少し考察しておこう．

　19世紀にソシュールが指摘しているように，単語というものは，音声と意味が任意に，しかし常に一定の組み合わせで結びつけられている記号である．たとえば，「本」という概念は，たまたま日本語では「ホン」という発音と組み合わされているが，他の言語ではまったく異なる音の連続と組み合わされているわけであり，どういう組み合わせ方が正しいとか間違っているとかいう問題ではない．つまり，ある言語における単語(あるいは語彙項目（lexical entry）)というのは，それぞれ特有な音声と意味の任意の組み合わせから成り立っているものであり，その組み合わせは1つ1つ記憶されなければならない．

　さらに，似たような意味の単語であっても文法範疇が同じであるとはかぎらないので，範疇に関する情報も必要である．「範疇」という聞き慣れない用語は，英語のcategoryを訳したもので，「文法範疇」とは，伝統文法で言う「品詞」（part of speech）と同じようなものと考えてよい．名詞，動詞，形容詞など，異なるタイプの単語や句のレッテルの総称である．たとえば，likeという英語の動詞と同じような意味でも，「好きだ」という日本語の単語は，形容動詞と呼ばれる範疇の活用のパターンを示す．また，「美しい」と「きれいだ」は似た意味であるにもかかわらず，「美し

い」は形容詞として活用し,「きれいだ」は形容動詞として活用する.その言語で,どのような活用のパターンがあり,それぞれの単語がどのグループに属するかは,原則的に1つ1つ記憶されなければならないのである.

こうしてみると,私たちは,母語の単語に関する膨大な知識データベースのようなものを,頭の中に持っていることになる.Chomsky (1965) 以来,私たちの言語に関する知識のうち,個々の単語に関する知識は(単語派生に関する普遍性なども含めて),ひとまとめにして「語彙部門・語彙目録」(lexical component; the Lexicon) などの名称で呼ばれている.語彙(単語)は,句や文を構築する重要な構成要素であるから,語彙の情報が集積している語彙部門は,文法の重要な一部である.特に,述語 (predicate) として使われる単語の場合,その単語が持っている情報は,文の構造にさまざまな影響を与える.次の1.4.3節と1.4.4節では,特に統語構造に強い影響を与えると考えられている,述語に関する語彙的情報を簡単に紹介する.

1.4.3 θ 役割

英語の resemble という動詞は「似ている」という状態を表現しているわけだが,何も対象物がない場合には「似ている」という状態は起こりようがないし,1つしか対象物がない場合にも「似ている」という状態は起こりえない.「似ている」という状態が成り立つためには,必ず,2つの対象物がかかわっていなければならない.このように,ある行為・状態を成立させるためにかかわる人・物・概念のことを,参与者 (participant) と呼ぶことにする.

参与者の数は,述語によって異なっている.「似ている」の場合には参与者が2つ必要であるが,たとえば,「眠っている」という状態が成り立つには,参与者は1つで充分である.参与者がいくつ必要かということも,述語の意味の一部である.たとえば,「落ちる」と「落とす」のような対になった動詞を比べてみるとわかりやすい.下の (33a, b) の例で示されたように,「落ちる」という出来事には参与者が1つ(落ちるもの)しか必要でないのに対して,「落とす」という行為には参与者が2つ(落ちる

もの; 落とす人)が必要である．必ずしも，状況そのものが異なっているとはかぎらない．

(33) a. ハンカチが**落ちた**．
b. 誰かがハンカチを**落とした**．

これは，話者が状況をどのように認識し，どの部分を切り取って表現するかという違いなのであり，参与者が1つしかない動詞を使って表現するか，参与者が2つある動詞を使って表現するかは，話者の選択することである．

このことを，もう少し理論的なことばを用いて表現しておこう．ここで特に重要なのは，参与者がいくつ必要かは述語によって決まっているということである．GB理論(⇒ プロローグ0.1節(1c))では参与者の役割を，θ役割(thematic role)という概念で表す．(「θ」とは，主題役割という意味の thematic role の最初の子音の発音が，発音記号の [θ] で示されることからつけられたニックネームである．) θ役割は，述語の意味的な特性の一部として語彙部門に指定されているものと考えられ，通常，次のように大まかにタイプ分けをして区別されている場合が多い．それぞれ，典型例もあげておく．

(34) AGENT (行為者): 何らかの行為を意志を持って行なう人・生き物
a. [$_{\text{AGENT}}$ The enemy] destroyed the city.
b. [$_{\text{AGENT}}$ John] kissed Mary.
c. Mary was kissed by [$_{\text{AGENT}}$ John].

(35) EXPERIENCER (経験者): 何らかの状況を体験する人・生き物
a. [$_{\text{EXPERIENCER}}$ John] was pleased to hear the news.
b. [$_{\text{EXPERIENCER}}$ The child] wants to play outside.
c. The result disappointed [$_{\text{EXPERIENCER}}$ Mary].

(36) THEME (対象物): 行為，感情などの対象となるもの，状況の変化をこうむるもの
a. John threw [$_{\text{THEME}}$ a ball] (to Bill).
b. You should use [$_{\text{THEME}}$ this key] to open the door.
c. [$_{\text{THEME}}$ Mary] is recommended for that job by the teacher.

(37) PROPOSITION（命題）:「～が～する・したこと」「～が～である・あったこと」のような，意味として主部と述部がある内容
    a. I believe [PROPOSITION that John will win].
    b. John knows [PROPOSITION that Mary loves him].
    c. It seems [PROPOSITION that he has run away].

θ役割を与えるのは，動詞にかぎらない．(38)の場合も，the enemy が AGENT, the city が THEME である（第4章にも関連説明あり）．

(38) a. [NP [AGENT the enemy's] destruction of [THEME the city]]
    b. [NP [THEME the city's] destruction by [AGENT the enemy]]

θ役割に関する特性は，単語が習得されるときに，音声と意味の組み合わせなどとともに記憶されると考えていいだろう．語彙部門には，たとえば(39)のような形で，それぞれの述語に関して「θ役割をいくつ与えるか」，そして「その与えられるθ役割はどのような意味内容であるか」という情報が記載されていると考えられている．

(39) a. *resemble*:（EXPERIENCER, THEME）
    b. *kiss*:（AGENT, THEME）
    c. *believe*:（EXPERIENCER, PROPOSITION）

1.4.4 格

下の(40)–(42)で見られるように，2つの文中で同一のθ役割を与えられている参与者が，異なる形で現われることがある．

(40) a. I would prefer that [he] leave first.
    b. I would prefer for [him] to leave first.
(41) a. [She] is respected by everybody.
    b. Everybody respects [her].
(42) a. [They] criticized the government's policy.
    b. [their] criticism of the government's policy

また逆に，同じ形で現れても異なるθ役割を与えられることもある．た

とえば，(43a) の [パンダさんが] は行為者であるが，(43b) では対象物である．

(43) a. わあ，[パンダさんが] さかだちしてる．
　　　 b. お父さん，次は [パンダさんが] 見たいよう．

これらの名詞句が示すさまざまな形式には「格」という呼び名が与えられることが多く，伝統文法でも，主格・対格・与格・所有格などの異なる種類が認められている．インド・ヨーロッパ系の言語を習ったことのある人ならば，なじみの深い用語だろう．

(44) a. 主格 (nominative: NOM)
　　　　　ラテン語: Pater[∅] rosam amat.
　　　　　　　　　　父[が]　　バラを 愛する
　　　b. 対格 (accusative: ACC)
　　　　　ラテン語: Patr[em] amo.
　　　　　　　　　　父[を]　 私は愛する
　　　c. 与格 (dative: DAT)
　　　　　ラテン語: Patr[i] rosam do.
　　　　　　　　　　父[に] バラを 私はあげる
　　　d. 所有格 (genitive: GEN)
　　　　　ラテン語: Rosam patr[is] amo.
　　　　　　　　　　バラを 父[の]　私は愛する

英語では，格のシステムは時代の流れとともに退化してしまい，(45a-d) に見られるように，代名詞以外では所有格を除いて，格の違いは目に見えた形では出てこない．代名詞でも，対格と与格の違いはすでに消滅していて，(45b, c) のように両方まとめて目的格と呼ばれたりする．

(45) a. 主格
　　　　　[John / He] came here yesterday.
　　　b. 対格 (= 目的格)
　　　　　Mary met [John / him] at the station.

c.　与格(= 目的格)
　　　　Mary sent [John / him] the key.
　　　　Mary sent the key to [John / him].
　　　　Please save some for [John / him].
　　　d.　所有格
　　　　[John's / His] mother is beautiful.

格には，英語の代名詞のように単語の形自体が変わってしまう場合，ラテン語のように主に屈折語尾が変化する場合，日本語の格助詞のように別の小辞が伴う場合などがある．つまり，「格」がどのような形態で表現されるかは，言語によってかなりまちまちである．

　また，上の(44b)と(44c)のラテン語の例や，次の日本語の例に見られるように，いわゆる目的語に与えられる格は，その述語によって異なることがある．

(46)　a.　対格:
　　　　僕はあの娘{を/*に}愛している．
　　　b.　与格:
　　　　俺はあの娘{に/*を}惚れている．

そうすると，少なくともこれらの格に関しては，各々の述語が単語の特性としてそれを目的語に与えるかどうかを，語彙部門の辞書に記録しておく必要がある．そこで，θ役割などとともに，下の(47)のような「格付与の特性」も，語彙項目の記載に含められる．

(47)　格付与の特性:
　　　a.　愛する: +ACCUSATIVE　（対格）
　　　b.　惚れる: +DATIVE　（与格）

以下に，辞書の記載項目の(単純化した)例をあげておこう．

(48)　*resemble*:
　　　（ⅰ）　音声的特質: rızémbl
　　　（ⅱ）　意味的特質: (EXPERIENCER, THEME)

(iii) 形式的(あるいは文法的)特質:
            a) 範疇: V
            b) 格:　＋ACCUSATIVE
(49) 触れ(る):
        (ⅰ) 音声的特質: hure
        (ⅱ) 意味的特質: (AGENT または EXPERIENCER, THEME)
        (iii) 形式的(あるいは文法的)特質:
            a) 範疇: V
            b) 格:　＋DATIVE

言語習得の過程で，子供はこれら個々の語彙情報を習得し，文法の一部である語彙部門に記憶しておくのである．この中でも特に，述語となる単語が持つ「θ役割」と「格」に関する情報は，文の生成において非常に重要な役割を果たすことになる．

1.5　人間の成長過程としての言語習得

上で指摘したように，言語の知識には，たとえば「日本語にのみ関係する知識」と「言語一般にあてはまる知識」とがあると考えられる．この「言語一般にあてはまる知識」を「普遍文法」と呼び，人間には生まれながらにして普遍文法が与えられていると考えるチョムスキーの言語生得説を紹介した(⇒ 1.3.1 節)．チョムスキーの言語生得説は，17 世紀の哲学者デカルトなどが提唱した「合理主義」の流れを引くものであり，17 世紀のイギリスの哲学者ジョン・ロックなどが提唱した「経験主義」とは，基本的に対立する考え方である．経験主義とは，簡略化して言うと，子供は白紙の状態で生まれ，知識というものは経験によってしか得られないという考え方であり，チョムスキーは，その考え方では，前掲の (9) の 6 つの言語習得の特徴がうまく説明できないと批判した．

(9) a. 習得のスピードが速いということ
    b. 基になるデータが不備であっても，習得できるということ
    c. 一般に誰にでも習得可能であるということ
    d. 人間という種に特徴的であるということ

e. 人種や民族の壁は存在しないということ
　　　f. 思春期までに習得する必要があるということ

もちろん，普遍文法から個別文法への成長が起こるためには，子供が言語にふれるという経験を持つ必要があるが，合理主義も，経験の必要性を否定するものではない．むしろ，学習とは，生得的に備わっている知性を引き出すことであるという考え方であり，この場合で言うと，生得的に備わっている抽象的な普遍文法という知識を引き出して，具体的な個別文法の知識に成長させることに相当する．

　「種の特徴としての普遍文法」という考え方の根底にあるのは，あらゆる人間の言語には共通の特性があり，ある点ではみな似通っている，という認識である．しかしその一方で，私たちは，異なる言語を使う人たちとは容易にコミュニケーションができないという経験を通して，世界中に散らばっている人間言語が，語彙の違い以外にもかなりの多様性を見せることを認識している．そうすると，普遍文法の考え方を採用するアプローチにとって，「普遍性と多様性」という人間言語が示す相反する二面性をどのようにとらえるかが，1つの大きな課題となる．

　Chomsky (1981) はこの問題を，パラメータ (parameter) という概念を用いて解決することを提案した．簡単に言うと，普遍文法では，人間言語に可能な多様性の範囲がオプションの集合という形で指定されていて，個別文法がその中のどのようなオプションをとるかがパラメータによって定まる，という考え方である．つまり，子供は言語習得の過程で，それらのオプションを選択することによって，自分が習得しようとしている言語の類型的な特定を行なうということになる．言語習得のスピードを考慮すると，当然そのオプションの数は有限で，しかも，ある程度少数に限られていると思われるが，複数のパラメータの値を組み合わせることによって，人間言語に可能な類型的なパターン，すなわち言語の多様性をとらえるものでなければいけない．また，どのオプションを採用するか(＝どのパラメータの値を採用するか)は，子供がごく短期間の言語習得の過程で，ある特定の言語に現れる特性に繰り返しふれる(あるいはけっしてふれない)ことによって決められることになるので，その手がかりとなる言語現象は，

比較的単純な目に見える形で，日常の発話の中に現れてくる必要がある．

これまでのところでは，主だったものとして，次にあげるようなパラメータが提案されてきている．Stowell (1981, 74), Chomsky (1981, 95) で提案された「主要部末尾 / 先頭パラメータ」(head-final / initial parameter) は，簡略化して言うと，たとえば (50) のように，目的語が動詞の前に現れる基本語順をとるか，後に現れる基本語順をとるかを定めるものである．(句構造の問題については，第 2 章で詳しく扱う．)

(50)　a.　日本語: 私は [vp ワインを飲んだ]
　　　b.　英語:　I　[vp drank wine]

さらに，「ゼロ主語のパラメータ」(null subject parameter) というものも，Rizzi (1982), Chomsky (1981) によって提案された．このパラメータは，定形 (finite) 文の主語が必ず発音されなければならないかどうかというオプションを持ち，(51a, b) に示された 2 つの言語の違いを導き出すとされている．(このパラメータは，当初は「代名詞主語省略パラメータ」(pro-drop parameter) と呼ばれていた．例文中の [NP e] は，発音されない名詞句を指す．[NP e] については，第 3 章 3.2.1 節を参照のこと．)

(51)　a.　英語:　　　*[s [NP e] speak]
　　　b.　イタリア語:　[s [NP e] parlo] (私は話す)

また，Kuroda (1988) の「一致のパラメータ」(agreement parameter) は，数・人称・格などに関する一致現象が，1 対 1 の関係で必ず起こるか，あるいはその必要がないかというパラメータである．Kuroda (1988, 343ff) は，このパラメータによって，たとえば，主格の名詞句が文中にいくつ現れうるかが決定されていて，(52a, b) に示された英語と日本語の違いを説明すると主張した．

(52)　a.　英語:　*This top its color is beautiful.
　　　b.　日本語:　このコマが 色が きれいだ．

もし，人間が生まれながらにして言語の多様性の範囲を知っていて，限られた数のオプションの選択を行なうだけで，習得しようとしている言語を類型的に認識できるとすれば，あとは，語彙などの習得を同時進行で加えていくことによって，比較的短時間のうちに普遍文法を個別文法へと成長させられることになる．このようにして，パラメータという概念は，人間言語の普遍性と多様性の大きなギャップをうまくとらえることができるので，生成文法の研究者の間に広く受け入れられた感がある．しかし，実際のパラメータの特定というのは非常に難しい作業で，たとえば何をもってパラメータとするか，パラメータにはどのようなオプション（あるいは「値」）がいくつ存在するのか，そのようなオプションが特定できたとして，オプション間に，たとえば，どちらか一方がより特殊な選択であるといった関係はあるのか．あったとしたら，特殊である，あるいは一般的であるということは，何を基準にして決めるのか，など，未解決の疑問も数多く存在する．

　このように，生成文法では言語習得を，「人間の種(しゅ)としての特性とその成長」という，これまでになかった見方でとらえようとしており，これが生物学や心理学との新たな接点を生み出している．近年では，これらの分野にさらに哲学，情報工学なども取り込まれて，「認知科学」の名のもとに，人間の特性を総合的かつ科学的にとらえようという動きが活発になってきている．（「認知科学」(Cognitive Science)とは，ここで紹介したような学際的なアプローチの包括的な名称であり，「認知文法」(Cognitive Grammar)と呼ばれるある特定のアプローチとは異なるので，両者をはっきり区別する必要がある．後者に関しては，本シリーズ第1巻『ことばの仕組みを考える』の第4部を参照のこと．）

　このように，文法を人間の他の認知能力との相互作用の中でとらえようとする気運が高まるとともに，言語理論も質的な変化をとげてきている．言語習得が「人間の種としての特性とその成長」という，総合的な営みの一部として発生すると考える以上は，たとえば文法の出力は，他の認知システムがそれをきちんと活用できる形になっていなければならないのではないか，という考え方が生まれた．また，普遍文法を記述するのに用いる

基本概念（primitive concept）として，言語を習得していない子供でも認識できるような概念を用いるべきだという主張なども起こってきている．たとえば，AGENT，THEMEなどの概念ならば，必ずしも言語と関係なく，日常の生活の中で比較的明確に認識できる概念であろうが，主語・目的語などの概念の場合は，言語とは独立に認識されうるとは考えにくいので，基本概念とみなすべきでないという主張がなされたりもしている．

◇ 考

そもそもRizzi (1982)，Chomsky (1981)では，パラメータとは，「その値を決定すれば，他のいくつかの異なる言語現象の特性をも決定するような性質を持つ特質」と定義されていた．たとえば，イタリア語では，英語とは異なり，パラメータの値としてゼロ主語のオプションが採用されたことにより，英語などには見られない言語現象が観察されると指摘された．たとえば，(53b) に見られるような「主語の倒置」のオプションや，(54b) に見られるような wh 句の抜き出しが可能になることなどがあげられている．

(53) a. 英語:　　　　*[$_S$ [$_{NP}$ e]will come Gianni]
　　　b. イタリア語:　[$_S$ [$_{NP}$ e]　　verrà Gianni]（ジャンニは来る）
(54) a. 英語:　　　　*Who do you think that ___ will come?
　　　b. イタリア語:　Chi　　　credi che ___ verrà?
　　　　　　　　　　（誰が来ると思いますか．）

しかしその後，パラメータという用語は，必ずしも他の特質を伴わない場合でも，類型的なオプションの選択を指すのに使われていることが多いようである．また，ある特質に関するヴァリエーションが影響を及ぼす現象・言語グループの規模によって，マクロ・パラメータ，マイクロ・パラメータと呼び分けたりもする．

第 2 章 「文」の生成の仕組み

2.1 「文」とは

　第1章で述べたように，生成文法での「文法」とは，単語を組み合わせて文を構築する仕組みを中心に構成されている．このように言われると，なんとなくわかったような気になることも多いが，いざ「文とはどういうものか」，「文を構築するとはどういうことか」と言われると，どう説明していいか困ってしまうに違いない．生成文法においても，この答えは不変だったわけではなく，理論の発展とともに変遷してきている．この章では，「文」というものを生成文法がどのようにとらえようとしてきたか，その一端を紹介したい．

　1960年代を中心とした標準理論の時代には，句構造規則という仕組みが仮定されていた．その基盤となっているのは，「文構造には決まったパターンがある」という感覚であり，そのパターンを直接表現しようとしたものが句構造規則である．2.2節では，句構造規則の考え方の背景を説明し，2.3節では，句構造規則に関して指摘されてきた問題点と，その解決策について述べる．そのうえで2.4節では，文の構造に関する情報はすべて個々の語彙の中に含まれているという，句構造規則とはまるで逆の考え方を紹介する．

2.2　文のパターン：トップダウン方式

　文というものを規定しようとする場合，まず思いつくのは，そのパターンを記述するという方法であろう．学校文法などで習う5文型も，その1

つである．生成文法においても，初期の時代には，文のパターンを規定するという発想から出発した．結果的には，その欠点が指摘されるにつれ，しだいにこの考え方から脱却していくことになるのであるが，この時代にどのようなことが注目されていたのかを紹介しておきたい．

2.2.1 Aux

第1章でもふれたとおり，英語の文のパターンとして一番顕著なのは，たいてい「主語となる名詞句（NP）＋述部となる動詞句（VP）」というパターンになっているということであろう．

(1) a. [NP John] [VP washed his car in a hurry].
b. [NP My uncle] [VP bought a present for Christmas].
c. [NP The critic I admire] [VP looks at things quite differently].

これを図で表すと，文（S）のパターンは，次のようになっていることになる．

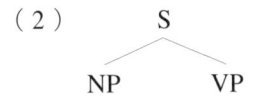

(2)　　　　　S
　　　　　／＼
　　　　NP　　VP

これそのものは，生成文法以前からある見方であるが，生成文法の特徴的な点は，(2) よりもむしろ (3) が「基本」だとみなした点である．

(3)　　　　　S
　　　　　／｜＼
　　　NP　Aux　VP

「Aux」とは，auxiliary（補助的要素／助動詞）の略であり，(3) の典型的な例としては (4) のようなものが考えられる．

(4) a. [NP John] [Aux should] [VP wash his car in a hurry].
b. [NP My uncle] [Aux has] [VP bought a present for Christmas].
c. [NP The critic I admire] [Aux can] [VP look at things quite differently].

第2章 「文」の生成の仕組み　37

生成文法以前の考え方ならば，(1)の構造は(2), (4)の構造は(3)と，別々に考えるのが当然であったが，生成文法では，(1)も(4)も，その構造は(3)であると考えた．たとえば，(5)と(6)では文型が違うように見えるかもしれない．

（5） a. [NP John] [can] [VP wash his car in a hurry].
　　　 b. [NP John] [must] [VP wash his car in a hurry].
（6） a. [NP John] [VP washes his car in a hurry].
　　　 b. [NP John] [VP washed his car in a hurry].

しかし，次のように疑問文や否定文にすると，どちらも同じパターンとなる．

（7） a. [**Can**] [NP John] [VP wash his car in a hurry]?
　　　 b. [**Must**] [NP John] [VP wash his car in a hurry]?
（8） a. [**Does**] [NP John] [VP wash his car in a hurry]?
　　　 b. [**Did**] [NP John] [VP wash his car in a hurry]?
（9） a. [NP John] [**cannot**] [VP wash his car in a hurry].
　　　 b. [NP John] [**must not**] [VP wash his car in a hurry].
（10） a. [NP John] [**does not**] [VP wash his car in a hurry].
　　　　b. [NP John] [**did not**] [VP wash his car in a hurry].

そこで，文のパターンとしては，(2)ではなく(3)が基本的なものであり，いわゆる助動詞を含んでいない文でも，たとえば(6)は，文構造としては(11)のようになっていると考えられるようになったのである．

（11） a. [NP John] [Aux -s] [VP wash his car in a hurry]
　　　　b. [NP John] [Aux -ed] [VP wash his car in a hurry]

(11)そのものは，実際に現れる形ではないが，これに何らかの変化が加わって表面に現れた形が(6)である．つまり，(6)が(11)から「派生された」と考えると，すべての英語の文の中で，時制(tense)や一致(agreement)の情報はAuxとして現れてくる，と言えることになる．このように，すべての文が共通して持っている独立の要素としてAuxを位置づけ

た点が，この後の発展に対して大きな意味を持っている．時制や一致要素というものは，「動詞というものに属する情報の1つ」と思ってしまいがちであるが，動詞ならば常に時制や一致要素を持つというわけではない．

(12) a. He doesn't run any longer.
        　　　3単現　原形
     b. He is running now.
        　　3単現　分詞形
     c. He has been running for three hours.
        　　3単現　分詞形　分詞形

むしろ，(13a–c) の非文法性からも確認できるように，時制や一致要素を持つものが1つの単文に2つ以上あることはないので，これらの情報は（動詞の特性と言うよりは）文というものの特性と考えるべきなのである．

(13) a. *He doesn't runs any longer.
         　　　3単現　3単現
     b. *He is runs now.
         　　3単現　3単現
     c. *He has is runs for three hours.
         　　3単現　3単現　3単現

こう考えると，「文を生成する」というのは，「(3) のような構造を生成すること」という位置づけをすることになる．

(3)   S
         ／│＼
        NP Aux VP

表面的には「助動詞」を含まない文であっても (3) のような構造になっているという分析が妥当であることを示す証拠の1つに，省略構文がある．英語では，一般に (14) に示すように，**まったく同一の動詞句 (VP) が繰り返された場合に，省略が可能である**．

(14) a. Paul may [VP wash his car in a hurry], but John will not [VP ~~wash his car in a hurry~~]
     b. Paul need not [VP wash his car in a hurry], but John should [VP ~~wash his car in a hurry~~]

c. I will [~VP~ support him] even if you do not [~VP~ ~~support him~~]

さらに，(15)のように，省略されない方のVPの直前に助動詞が現れない場合でも，このような省略構文は可能である．

(15) a. Paul [~VP~ wash**ed** his car in a hurry], but John did not [~VP~ ~~wash his car in a hurry~~]
　　　b. Paul [~VP~ wash**ed** his car in a hurry], though he did not have to [~VP~ ~~wash his car in a hurry~~]

ここで，このような省略が，下の(16)のような文では不可能である点に注目してもらいたい．

(16) *Paul may [~VP~ **sell** a car], and John will [~VP~ **buy** ~~a car~~]

つまり，一般的に動詞句の省略は，内容がまったく同一の場合にかぎり，可能なのである．

さて，もし時制が動詞から切り離せない情報であるとしたら，(15a, b) では，一方のVPは [washed...] となっており他方のVPは [wash...] となっていて，完全には同じVPでないことになってしまうが，(15a, b) の構造がもともと (17a, b) のようであるとしたら，2つのVPが同一となり，(14)の場合と同じように動詞句の省略が起こることがうまく説明できる．

(17) a. Paul [**-ed**] [~VP~ wash his car in a hurry], but John will not [~VP~ ~~wash his car in a hurry~~]
　　　b. Paul [**-ed**] [~VP~ wash his car in a hurry], though he did not have to [~VP~ ~~wash his car in a hurry~~]

このようにして，「文を生成する」ということを「(3)のような構造を生成すること」と位置づける考え方が定着していった．

2.2.2　接辞移動

下に繰り返す，(6)を(11)から派生させる仕組みについて，もう少し

詳しく説明しておく．

(6) a. [_NP John] [_VP washes his car in a hurry].
b. [_NP John] [_VP washed his car in a hurry].
(11) a. [_NP John] [-s] [_VP wash his car in a hurry]
b. [_NP John] [-ed] [_VP wash his car in a hurry]

Chomsky (1955)（のちに改訂され Chomsky (1975a) の一部として出版されている著作）および Chomsky (1957) は，次のような分析を提案した．まず，時制・一致要素は，下の (18a) のように句構造の中に生成され，(18b) のように右隣りの動詞の屈折形として現れる．基になる構造を D 構造，D 構造から派生した構造を S 構造と呼ぶことにする（詳しくは第 3 章を参照のこと）．

(18) a. D 構造:

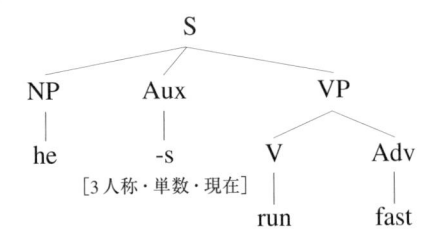

```
            S
      ┌─────┼─────┐
     NP    Aux    VP
      │     │   ┌──┴──┐
     he    -s   V    Adv
        [3人称・単数・現在] │    │
                    run   fast
```

b. S 構造:

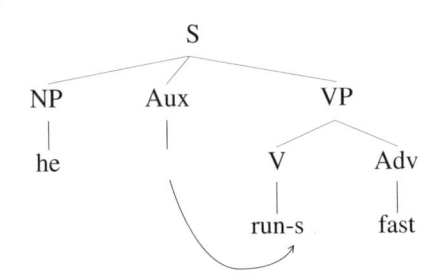

```
            S
      ┌─────┼─────┐
     NP    Aux    VP
      │          ┌──┴──┐
     he          V    Adv
                 │     │
               run-s  fast
```

(18a) から (18b) を派生する規則には，「接辞移動」(Affix Hopping) という名前がつけられた．「接辞移動」とは，一般的に「接辞」(affix) として表される情報を，Aux の位置から，右側で最初に現れる動詞へと移動さ

せる規則である．下の (19a, b) の非文法性が示すように，Aux として生成された時制・一致の情報が最初の動詞を飛び越えて別の動詞の屈折形として現れることは，許されない．

(19) a. he [_Aux -s] be running now → *he be runsing now
      b. he [_Aux -s] have run for three hours → *he have runs for three hours

また，(18b) を見ただけでは，単に接辞を動詞の後ろにつけただけでいいように思えるかもしれないが，英語の動詞の屈折形には，不規則形がいろいろある．そこで，いったん (20) のように，過去形（past）の語尾に対応する PAST という抽象的な接辞を形成しておいて，その後，派生された動詞と接辞の連鎖を形態音韻規則（morpho-phonemic rule）と呼ばれる操作で適切な形に整える，という方法が採用された．

(20) a. D 構造:

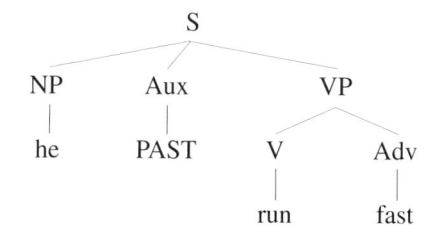

```
          S
    ┌─────┼─────┐
    NP   Aux    VP
    │    │    ┌─┴─┐
    he  PAST  V   Adv
              │   │
             run fast
```

      b. S 構造:

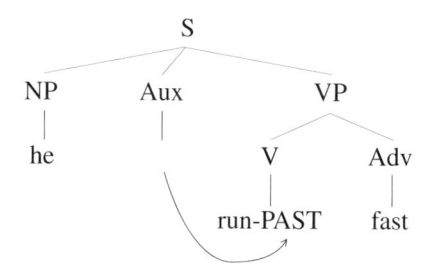

```
          S
    ┌─────┼─────┐
    NP   Aux    VP
    │         ┌─┴─┐
    he        V   Adv
              │   │
          run-PAST fast
```

      c. 形態音韻規則:
          run-PAST → ran

念のために，形態音韻規則の他の例を少しあげておく．PRES は現在形 (present) の語尾に対応する抽象的な接辞である．

(21) a. run-PRES → runs
b. kiss-PRES → kisses
c. go-PAST → went
d. love-PAST → loved

また，以下に示すように，英語の完了形・進行形・受動形が交錯した場合の動詞変化というものも，同じ接辞移動という考え方でうまく説明することができる．よく知られているように，英語の完了形では have のあとに過去分詞が現れ，進行形では be のあとに現在分詞が，受動形では be のあとに過去分詞が現れる．(22b, c) から (24b, c) の例で示されているように，どちらの場合も，have / be と分詞の両方が現れなければ文法的な文にはならない．

(22) 完了形:
a. He **has** sto**len** the money.
b. *He **has** steal __ the money.
c. *He __ sto**len** the money.

(23) 進行形:
a. He **is** runn**ing**.
b. *He **is** run __.
c. *He __ runn**ing**.

(24) 受動形:
a. He **was** bit**ten** by the dog.
b. *He **was** bite __ by the dog.
c. *He __ bit**ten** by the dog.

さらに興味深いことに，これらが組み合わさった場合，たとえば，完了進行形の場合には (25a) のような順序で分詞が現れねばならず，(25b) のようにはならない．

(25) a. He has be**en** steal**ing** the money.

b. *He has be**ing** stol**en** the money.

　つまり，完了形になるには，have の「すぐ次の語」が過去分詞である必要があり，進行形になるには，be の「すぐ次の語」が現在分詞である必要があるのである．

　接辞移動という操作は，このような分詞の現れ方をとらえるのにも適している．たとえば，過去分詞の語尾に対応する抽象的な接辞として -EN を仮定し，完了形というものは，have-EN という対の形で文に導入されると考えてみよう．すると，完了形を含む文（22a）（=（26c））は，（26a）から接辞移動によって（26b）が派生し，その結果を発音したものだと考えることができる．

（26） a.　he PRES have-EN steal the money
　　　 b.　he have-PRES steal-EN the money
　　　 c.　he　　has　　stolen　the money

同様に，進行形とは be-ING，受動形とは be-EN というように，それぞれ対で文に導入されるものであると仮定すると，（25a）のようなパターンは下の（27）に示すように派生され，（25b）のようなパターンは出てこないことがわかる．

（27） a.　he PRES have-EN be-ING steal the money
　　　 b.　he have-PRES be-EN steal-ING the money
　　　 c.　he　　has　　been　stealing　the money

接辞移動は，そもそも時制・一致を表す接辞を，すぐ右隣りの動詞に移動させるために提案された規則であるが，この規則が，-EN や -ING をも含むあらゆる接辞に区別なく適用すると考えれば，次のような複雑なパターンも説明できる．

（28） a.　the money PRES have-EN be-ING be-EN steal
　　　 b.　the money have-PRES be-EN be-ING steal-EN
　　　 c.　the money　has　　been　being　stolen

（少なくとも英語では）完了・進行・受動という要素が，動詞句の中で(28a)のような順序で生成されると仮定すれば，どういう屈折形・分詞形がどういう順番で現れるか，すべてのパターンが正しく記述可能になる．また，過去分詞語尾の -EN も現在分詞語尾の -ING も，どちらも have や be と対で文に導入されると仮定することによって，（いわゆる分詞構文などを除いて）have や be なしに分詞が現れることがないという制約もとらえることができる．このように完了形・進行形・受動形が交錯した例を見ると，英語の分析において，接辞移動という操作を仮定したほうが望ましいことがよくわかると思う．このような分析が成り立つのも，先に紹介したように，「時制と一致の情報を Aux として文中に導入する」という仮定があってこそであり，Aux という独立した要素を認める分析の妥当性がうかがわれる．

2.2.3 INFL

さて，英語の文には必ず時制や一致要素が Aux として導入されると考えると，いわゆる動詞の「不定詞形」はどのように分析されるべきか，という疑問が出てくる．たとえば (29) の例を見てみよう．

(29) a. It is required for [$_\alpha$ [$_{NP}$ John] to [$_{VP}$ wash his car in a hurry]].
b. I hope for [$_\alpha$ [$_{NP}$ John] to [$_{VP}$ dance soon]].

(29a) で「要求されている」のは，「ジョンが自分の車を急いで洗う」という，普通は完全な文で表される内容である．そう考えると，α で示された部分 "John to wash his car in a hurry" を「文」(S) とみなす可能性が出てくる．そのような目で (29a, b) を再分析してみると，to は，ある種の時制を表す要素と考えられなくもないし，一般に時制が導入されると仮定された Aux の位置に表れていることに気がつく．このような考え方を反映して，(29a, b) の α を文として扱う分析が提案された．ただし，to と Aux（助動詞）という名称があまりにもかけはなれていることもあり，INFL という新たな範疇が提案された．INFL という用語は屈折 (inflection) に由来しているが，形態論的な屈折要素（時制・一致要素）だけでな

く，助動詞や to なども含む概念である．そうすると，文の構造は（30）のように表されることになる．

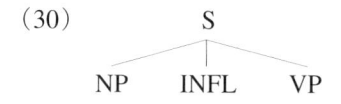

(30)　　　　S
　　　　／｜＼
　　　NP　INFL　VP

伝統文法でも，定形節（finite clause）・非定形節（non-finite clause）という概念があるが，ここでは助動詞・時制・一致要素は定形節の場合の INFL の要素であり，to は不定詞節の場合の INFL の要素としてとらえられている．つまり，INFL も，N や V などと同様に，ある特定のタイプの情報を句構造に導入する範疇の 1 つとして加えられたことになる．

　さらに文に関する話を進める前に，もう一度，次の点を強調しておきたい．生成文法では，INFL として導入される時制・一致などの概念は，文に欠かせないものであるという位置づけをした．この考え方はその後，理論がさまざまな変遷をとげる中でも，脈々と受け継がれる．この主張は，「ある意味では，INFL のもたらす情報こそが文を文たらしめている要素であり，さまざまな統語現象を引き起こす源となっている」という，さらに強い主張へと進化し，1990 年代から押し進められてきているミニマリスト・プログラムでも，その根幹を成す理論的概念の 1 つとなった．

◇ 考

　INFL という範疇は，その後，理論の改訂にともなって T(ense)，AGR(eement)-S(ubject) など，別の名称で呼ばれたり，もう少し複雑な構造を与えられたりするようになる．しかし，この本で議論している内容に関しては，その違いが実質的な影響を及ぼすことはないので，以下，一貫して INFL という名称を用いることにする．

2.2.4　COMP

INFL 以外にも，定形節か不定詞節かということで異なる要素がある．(31) と (32) を比べてほしい．

(31) 定形節:
a. It is required *that* [$_\alpha$ [$_{NP}$ John] will [$_{VP}$ wash his car in a hurry]].
b. I hope *that* [$_\alpha$ [$_{NP}$ John] will [$_{VP}$ dance soon]].

(32) 不定詞節:
a. It is required *for* [$_\alpha$ [$_{NP}$ John] to [$_{VP}$ wash his car in a hurry]].
b. I hope *for* [$_\alpha$ [$_{NP}$ John] to [$_{VP}$ dance soon]].

α の部分が S であるとすると，that も for もどちらも，埋め込まれた S の前に現れるという共通性を持っていることになる．伝統文法では，これらの要素はそれぞれ，接続詞と前置詞という別の範疇に属するものであると考えられていることが多いが，埋め込み文を導入するという点では同じ機能を持っているので，生成文法では，COMP という同じ範疇に属するという考え方が提案された（*cf.* Bresnan 1970; Bresnan 1972）．COMP とは，complementizer（補文標識）から来ている用語である．that は定形節と共起できる COMP であり，for は不定詞節と共起できる COMP であると分析された．

さて，たとえば，(30) の樹形図に COMP を加えるとすると，どのような形で加えるべきであろうか．次の2つの可能性が思いつく．

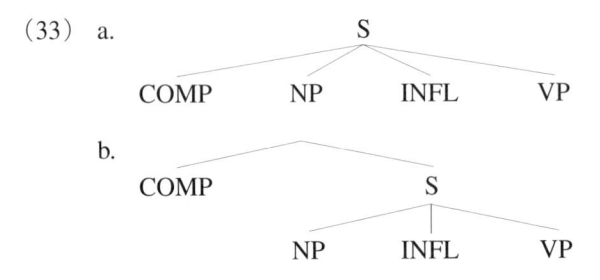

(33) a.
```
          S
  ┌────┬──┴──┬────┐
 COMP  NP  INFL  VP
```
b.
```
     ┌────────┐
   COMP       S
         ┌────┼────┐
        NP  INFL  VP
```

(33a) と (33b) の違いは，前者では COMP を S の一部として加えているのに対し，後者では，COMP を S の一部ではなく，S とともにさらに大きな単位を作り出す要素として導入しているという点である．その結果，(33a) の分析では，COMP を含まないまとまりは存在しないという主張をすることになるが，(33b) の分析では，COMP のあとに現れる複

数の要素が，Sとして1つのまとまりを成すと主張することになる．

この2つの分析は，それぞれ異なる予測をもたらし，次のような現象の詳しい観察・分析を通して，(33b) の分析のほうが適切であると主張された．まず，次の (34) を見てみよう．

(34) a. I've been wondering [COMP whether] [α your theory is correct].
b. I wouldn't positively want to state [COMP that] [α your theory is correct].

文というものが (33b) の構造になっているとしたら，(34a, b) の α の部分は1つの構成素となる．一方，文が (33a) の構造になっているとしたら，α は1つの構成素にはなっていないことになる．さて，ここで (35) の文の解釈に着目する．

(35) I've been wondering **whether**, but wouldn't positively want to state **that** [α *your theory is correct*].　　(Bresnan 1974, 618)

(35) では，whether のあとに α の部分が現れていないが，意味としては次の (36) の文と同意になっている．

(36) I've been wondering **whether** [α *your theory is correct*], but wouldn't positively want to state **that** [α *your theory is correct*].

つまり (35) では，α の部分を共有した形で (34a) と (34b) が等位接続されていることになる．そして，(37a–e) の例からうかがえるように，文の右側の要素を共有した形でのこのような等位接続は，共有部分が1つの構成素であるときにのみ，可能であると考えられている．

(37) a. Jack may be — and Tony certainly is — [NP a werewolf].
　　　　　　　　　　　　　　　　　　　　　　(Postal 1974, 126)
b. Tom said he would — and Bill actually did — [VP eat a raw eggplant].　　　　　　　　　　　　　　　　(*ibid.*)
c. *John offered, and Harry gave, [Sally] [a Cadillac].
　　　　　　　　　　　　　　　　　　　　　　(Hankamer 1971, 76)

d. *John told, and Harry showed, [Seymour] [that Sally was a virgin].　　　　　　　　　　　　　　　　　　(*ibid.*)
　　　e. *Chomsky asserted, and McCawley denied, [that a level of "deep structure" existed] [at the semantics conference] [last week].　　　　　　　　　　　　　　　　　(*ibid.*)

そうすると，(35)のような構文が可能であるということは，埋め込み文の構造として，(33a)ではなく(33b)を仮定したほうが適切だということになる．

(33b)の最上位の単位である[COMP S]の部分は，Sより少し大きなまとまりであるという気持ちをこめて，$\bar{S}$というラベルがつけられた．($\bar{S}$はS'と書かれることもあるが，どちらの場合も「エス・バー」と読む．)つまり，(33b)は(38)のようになり，これが埋め込み文の基本的パターンを表すと考えられた．

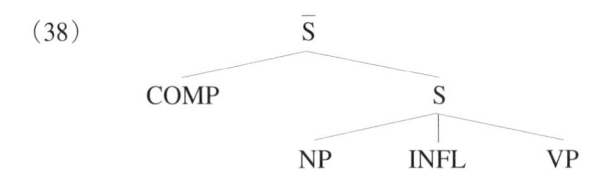

(38)　　　　　　　　　$\bar{S}$
　　　　　　　　　／　　　＼
　　　　　　COMP　　　　　S
　　　　　　　　　　　　／｜＼
　　　　　　　　　　　NP INFL VP

文のパターンがこのように一定のものであるとしたら，そのパターンが生成される規則を仮定すれば，文構造を構築できることになる．たとえば，(38)の樹形図は，(39)の2つの句構造規則から生成されると考えられた．

(39)　a.　$\bar{S}$ → COMP S
　　　b.　S → NP INFL VP

(38)では，COMPとINFLという，単語を導入する範疇が出てきている．たとえば英語でCOMPやINFLに該当する要素としては，次のようなものを紹介してきたが，このようなリストが文法の語彙目録の中に含まれていると考えればよい．

(40)　a.　COMP: that, whether, for, ...
　　　b.　INFL: PAST, PRES, must, ...

2.2.5　まとめ

上で述べたような文の句構造分析を採用すると，第1章で紹介した句構造規則は，次のように変更されることになる．（太字の部分が新たに加えられた変更を示す．）

(41) a.　S　→ NP **INFL** VP
　　 b.　VP → V ($\begin{Bmatrix} \text{NP} \\ \text{PP} \end{Bmatrix}$) ($\begin{Bmatrix} \text{PP} \\ \overline{\text{S}} \end{Bmatrix}$)
　　 c.　NP → (Det) (AP) N ($\overline{\text{S}}$)
　　 d.　AP → (Adv) A (PP) ($\overline{\text{S}}$)
　　 e.　PP → (Adv) P ($\begin{Bmatrix} \text{NP} \\ \text{S} \end{Bmatrix}$)
　　 f.　$\overline{\text{S}}$　→ **COMP S**

上で述べたように，句構造規則とは，文とその内部構造のパターンを表現したもので，その組み合わせによって無数の文を生成しようという考え方である．このような考え方に立った場合，文を生成するシステムの手順は次のようにまとめられる．

(42) a.　まず，(41a) の規則から始める．
　　 b.　(41) の規則は，どれを何回適用してもかまわない．
　　 c.　どの規則も，すべての構造がそれ以上細かく分析できなくなるまで (= 具体的な単語がはいる形になるまで)，何回でも (41a–f) を適用し続けなければならない．

◇ 考

(42a) に関しては上では特にふれなかったが，たとえば Chomsky (1965, 66) などにおいて，S が句構造規則の初発記号 (initial symbol) であると宣言されているため，それに従っている．初期の句構造規則では，まだ $\overline{\text{S}}$ という範疇が導入されていなかったので異論は起きなかったが，その後，(41a) から始めるべきか (41f) から始めるべきか，議論が分かれるようになった．本書で COMP を占める要素として上で紹介したものは，どれも埋め込み文に現れる要素であったこともあり，仮に (42a)

のように書いておく.

さらに, ここまで見てきた句構造規則の特徴とその利点を, (43) にすべてまとめておこう.

(43) a. (定形・非定形の)時制と一致の情報を, INFL という範疇に属するものとして S の下に直接, そして例外なく導入することによって, これらが動詞とは独立した, 文を形成するうえで欠かせない特性であることをとらえる.
b. 埋め込み文は普通, COMP (補文標識)に伴われて $\bar{\text{S}}$ として導入される.
c. 少数の書き換え規則を組み合わせて適用することによって, 文字どおり無数の文のパターンが生成できる.
d. $\bar{\text{S}}$ を再び書き換え規則の右辺に導入することによって, 人間が脳の中に記憶している知識は有限でありながら, 無限の文を生成する能力が備わっていることをとらえている.

第 1 章では, 「文法」の中核は, 単語を組み合わせて文を自由に, そして無限に作り出せる能力だと考えるべきであり, そして, そのような「文を生成するメカニズム」の原理は, すべての人間言語に共通の知識(普遍文法)として私たちの頭の中に備わっているというチョムスキーの主張を紹介した. この第 2 章では, ここまで, そのようなメカニズムの具体例として提案された句構造規則を取り上げたが, その中でも特に注目したいのは, INFL と COMP を文の特性や構造を決定する中心的な要素とみなす分析である. この分析を採用すると, 主語や述語とはまったく独立に, 時制や一致などの文法的な情報のみを導入する範疇が存在すると仮定することになるが, この「文法的情報のみを導入する範疇」が, その後の統語論発展の方向性を定める重要な仮説となった.

2.3 句構造規則の限界

前節では, 文法の中核となる「文を生成するメカニズム」として提案された句構造規則の例を取り上げて, その仕組みと働きを見てきた. 句構造

規則を用いた文の生成のメカニズムは具体的でわかりやすいが，実は，大きな問題点がある．1つは，動詞ごとに異なる語彙情報の多様性にうまく対応できず，非文法的な文を過剰に生成してしまうということであり，もう1つは，範疇ごとにパターンを記述せざるをえないため，範疇間の共通性をまとめて述べることができないということである．この節では，これらの問題を具体的に説明し，どのような解決案が提案されてきたかを紹介する．

2.3.1　主要部の特質と句構造

句構造規則による文の過剰生成の問題は，1960年代前半にはすでに問題視され，その対応策も検討されていた．具体例を見てみよう．たとえば，上ではVPのパターンを次のように規定した．

(41)　b.　VP → V ($\{\begin{array}{c}NP\\PP\end{array}\}$) ($\{\begin{array}{c}PP\\S\end{array}\}$)

この句構造規則に従って，たとえばaskという動詞を含んださまざまな動詞句が展開できる．

(44)　a.　He [$_{VP}$ asked [$_{NP}$ a question]].
　　　b.　He [$_{VP}$ asked [$_{NP}$ me] [$_{PP}$ about my job]].
　　　c.　He [$_{VP}$ asked [$_{\bar{S}}$ when I was coming back]].
　　　d.　He [$_{VP}$ asked [$_{NP}$ me] [$_{\bar{S}}$ whether I was coming back]].

それぞれの例に現れる動詞句はみな解釈が異なるが，どの動詞句も，Heという主語が「たずねる」という行為をしたことを表現していることにかわりはない．つまり，askという動詞は，それぞれの動詞句で中心になる概念を表している主要な語である．私たちが持つ「句」に関するこのような直観をとらえるために，句の「主要部」（head）という概念が導入された．たとえば，動詞は動詞句の主要部と呼ばれる．

◇ 考

「句の主要部」は，生成文法の理論的発展において中心的な役割を果たしてきた概念の1つである．しかし，この概念には長い間，「その句の解

釈の核となる意味を表す語」という程度の，比較的曖昧な定義しか与えられずにきている．おそらく，それがとらえようとしている内容があまりにも直感的に明確であるために，その定義の曖昧さがあまり問題にされず，比較的すんなりと多くの研究者に受け入れられてきてしまっている理論的概念の1つである．

たしかに，(45) に示すように，VP にはさまざまなパターンがある．

(45)　a.　John [VP cried].
　　　b.　John [VP kissed [NP Mary]]
　　　c.　John [VP leaned [PP against the wall]].
　　　d.　John [VP believes [S̄ that Mary is the prettiest]].
　　　e.　John [VP sent [NP a letter] [PP to Mary]].
　　　f.　John [VP told [NP Mary] [S̄ that he should go]].
　　　g.　John [VP said [PP to Mary] [S̄ that he should go]].

しかし，(41b) の規則に正直に従って文を生成すると，実際には非文法的な文がたくさん生成されてしまう．

(46)　a.　*John [VP sent].
　　　b.　*John [VP leaned [NP Mary]].
　　　c.　*John [VP believes [PP against the wall]].
　　　d.　*John [VP kissed [S̄ that Mary is the prettiest]].
　　　e.　*John [VP cried [NP a letter] [PP to Mary]].
　　　f.　*John [VP said [NP Mary] [S̄ that he should go]].
　　　g.　*John [VP told [PP to Mary] [S̄ that he should go]].

たとえば，(45d) に見られるように，(41) の句構造規則は動詞の直後に S̄ が現れるのを許すが，動詞を believe から kiss に換えて (46d) のような動詞句を導き出そうとすると，うまくいかない．つまり，S や S̄ のパターンとは異なり，VP のパターンというものは，範疇だけを指定した外枠からすべて決めるわけにはいかず，主要部となる動詞の特性を反映させなければ，正しくとらえられない．

動詞の特性を句構造規則によってとらえようと試みられたこともあったが，そうすると，句構造規則そのものがあまりにも煩雑になってしまう．そのため，とりあえず句構造規則そのものは単純なものを仮定し，それによって構造を作り，そのうえで実際の単語の性質と照らし合わせて，不適切な構造であれば排除するという方法がとられるようになった．ただ，一口に「単語の性質と照らし合わす」と言っても，それぞれの単語の性質をどのような概念によって記述し，どういう方法で文の構造と一致させるかということを考えなければ，具体的な分析としては成り立たない．まず，1960年代までの標準理論の枠組みの中で提案された，その後のアプローチの基盤となった考え方を紹介しよう．（第1章の1.4.2節も参照のこと．）

　Chomsky (1965) で注目されたのは，動詞によって，そのあとにどういう範疇の要素が続くかが決まっているようだ，ということであった．たとえば，次のような例があげられる．まず，目的語となる名詞句が動詞のあとに現れない場合，elapseやsneezeなどの動詞は問題ないが，devour, bring, persuade, tellなどは受け入れられない．

(47)　a.　Two years have [VP [V elapsed]].
　　　b.　John [VP [V sneezed]].
　　　c.　*John will [VP [V devour]].
　　　d.　*John [VP [V brought]].
　　　e.　*John [VP [V persuaded]].
　　　f.　*John [VP [V told]].

逆に，そのような名詞句が現れるときにはelapseとsneezeは受け入れられないが，devourとbringは問題ない．persuadeとtellは，この場合でも受け入れられない．

(48)　a.　*Two years have [VP [V elapsed] [NP John]].
　　　b.　*John [VP [V sneezed] [NP his nose]].
　　　c.　John will [VP [V devour] [NP apples]].
　　　d.　John [VP [V brought] [NP some books]].
　　　e.　*John [VP [V persuaded] [NP Bill]].

f. *John [VP [V told] [NP Mary]].

persuade と tell が使えるようになるのは，名詞句のあとにさらに $\bar{\text{S}}$ が続いたときであるが，その場合，こんどは他の 4 つの動詞は使えなくなる．

(49) a. *Two years have [VP [V elapsed] [NP John] [$\bar{\text{S}}$ that he quitted his job]].
b. *John [VP [V sneezed] [NP his nose] [$\bar{\text{S}}$ that he would like to leave the room]].
c. *John will [VP [V devour] [NP apples] [$\bar{\text{S}}$ that he is hungry]].
d. *John [VP [V brought] [NP some books] [$\bar{\text{S}}$ that he liked them]].
e. John [VP [V persuaded] [NP Bill] [$\bar{\text{S}}$ that there was no hope]].
f. John [VP [V told] [NP Mary] [$\bar{\text{S}}$ that he would resign]].

これらの動詞の特性をとらえるため，それぞれの動詞に対して語彙目録に次のような指定があるとする．

(50) a. *elapse, sneeze*: +[VP ___]
b. *devour, bring*: +[VP ___ NP]
c. *persuade, tell*: +[VP ___ NP $\bar{\text{S}}$]

(50a–c) は，それぞれ，下の (51a–c) が適用した場合の V としてしか使えないという指定である．

(51) a. VP → V
b. VP → V NP
c. VP → V NP $\bar{\text{S}}$

(50) のような指定は，古くは「(厳密)下位範疇化素性」((strict) subcategorization feature)，その後は「範疇の選択」(categorial selection: c-selection) と呼ばれるようになった．語彙目録にこのような情報が含まれていると仮定すると，(47)–(49) で見られたすべての制約をうまくとらえることができる．

◇ 考

(50)は，動詞が他のどのような要素と共起するかを，範疇を用いて指定したものと見ることもできる一方，それに着目して，動詞を何種類かの下位のグループに分類する性質と見ることもできる．この後者の見方から，下位範疇化 (subcategorization) という用語が生まれた．この用語は，そもそもは，たとえば「動詞 bring は (50b) のように下位範疇化される」というように用いられるはずのものであったが，いつのまにか，「下位範疇化する」=「共起できる要素を指定する」というように意味が変化し，現在のように，「動詞 bring は，NP を下位範疇化する」という言い方で用いられるようになってしまった．

2.3.2　θ規準と投射原理

第1章では，(52)の述語を例にして，単語の持つ意味の一部としてのθ役割と，それが文の中で与えられる参与者という概念を紹介した．

(52)　a.　*resemble*:　（EXPERIENCER, THEME）
　　　b.　*kiss*:　（AGENT, THEME）
　　　c.　*believe*:　（EXPERIENCER, PROPOSITION）

もちろん，文の中には，指定された参与者以外の要素も現れることがある．

(53)　a.　[John] resembles [his father].
　　　b.　[John] resembles [his father] [PP in character].
(54)　a.　[John] believes [that Mary is a genius].
　　　b.　[John] believes [that Mary is a genius] [PP from the bottom of his heart].

しかし，そういう要素は，生起してもしなくても文法性には影響しないのに対して，θ役割を与えられるべき参与者は，生起しないと英語では非文になる．

(55)　a.　*[John] resembles.
　　　b.　*[John] resembles [in character].

(56) a. *[John] believes.
b. *[John] believes [from the bottom of his heart].

したがって，語彙的に(52)のような指定があるというだけでは不充分であり，(57)のような制約で，語彙情報と文構造の対応を保証する必要がある．

(57) 使用された述語の持つ θ 役割をになう参与者が，必ず文構造の中に現れなければならない．

また，(58)に示されるように，英語では参与者以外の要素が名詞句として現れることは(yesterday などの特殊な場合を除いては)ない．

(58) a. *[John] resembles [his father] [$_{NP}$ his mother].
b. *[John] resembles [his father] [$_{NP}$ character].

(58a)がどうして変かと聞いたら，[$_{NP}$ his mother]をどう解釈したらいいかわからないから，という答えが返ってくるに違いない．(もちろん，[$_{NP}$ his father and his mother]のように，1つの名詞句にまとめてしまえば話は別である．) John と his father については，resemble が示している状況の中の役割が決まっているが，his mother については，その役割がないので解釈のしようがない．これに対して(53b)では，in という前置詞が character に対する役割を与えていると言ってもよい．

(53) b. [John] resembles [his father] [$_{PP}$ in character].

英語では，名詞句には「役割」を指定してくれるものが必要なのである．同様に，(59a)と(59b)を比べると，埋め込まれた文にも「役割」を指定してくれるものが必要だということがわかる．

(59) a. [John] believes [that Mary is a genius].
b. *[John] believes [that Mary is a genius] [$_{\bar{S}}$ that she is good-looking].

つまり，(57)とは別に，次のような効果を持つ制約が必要である．

(60) 文中に現れる名詞句や文には，適切な θ 役割を付与するものがなければならない．

このような考察に基づき，Chomsky (1981) は，Freidin (1978) の提案を発展させ，(61) のような θ 規準（θ-criterion）と呼ばれる文法の制約を提案した．

(61) θ 規準:
a. 項（argument）はそれぞれ，1 つの(そしてたった 1 つの) θ 役割を持っていなければならない．　かつ，
b. 述語の θ 役割はそれぞれ，1 つの(そしてたった 1 つの)項に与えられていなければならない．

(Chomsky 1981, 36)

ここで言う「項」とは，文の「参与者」になりうる統語的要素，すなわち，文および(指示内容を持つ)名詞句を指す．

　θ 規準は，語彙の特性として述語が与える θ 役割と句構造に現れる項の数が 1 対 1 対応することを要求するもので，特に (61b) の部分では，単語の意味情報が統語構造に忠実に反映されることを保証する．言語習得において，単語の習得はどうしても避けては通れない，必要不可欠な部分である．それならば，θ 役割など，どうしても習得が必要な語彙項目の情報を統語構造の中で忠実に反映せよ，と文法で規定することによって，それまで統語派生の過程で規定していたさまざまな情報を語彙の習得に還元することができ，統語分析そのものを単純化することができる．たとえば，θ 規準が満たされるためには，resemble という動詞は，主語以外に THEME として解釈できる語句を 1 つ伴って現れなければならない．ということは，動詞句の中でこの動詞は，必ず名詞句に伴われていなければならないことになる．

　このように，動詞ごとに θ 役割の指定があり，θ 規準という制約があると仮定すれば，このような情報は，もはや「VP → V NP」という句構造規則そのものでとらえる必要がなくなる．つまり，句構造規則の過剰生成の問題を，下位範疇化素性を用いなくても解決できることになる．(各

述語に関して指定される下位範疇化素性と θ 役割の余剰性に関する議論は，2.3.3 節で「格」という概念との関連で紹介する．）このように，θ 規準は動詞の語彙的な特性を文構造に「投射する」働きを持つことから，その後半 (61b) の部分だけを指して「投射原理」(Projection Principle）と呼ぶこともある．（ただし，Chomsky (1981, 39) では，投射原理は「D 構造・S 構造・LF 表示のすべての統語表示で満たされなければならない」とされ，統語派生にかかる制約のようにとらえられていた．この点に関しては第 4 章の 4.3.6 節で再び取り上げ，議論する．）

θ 規準が対象にしているのは，あくまで文法性の区別であるが，容認性の低い文の中で，どのようなものを非文法的とみなすかという問題は理論全体とかかわることであり，研究者によって意見が食い違う場合もある．たとえば Grimshaw (1979) は，次のような違いは，文法によって説明されるべき現象だと主張した．

(62)　a.　I believe [$_{\bar{S}}$ that he is angry].
　　　b.　*I believe [$_{\bar{S}}$ why he left].
(63)　a.　I believe [$_{NP}$ his story].
　　　b.　*I believe [$_{NP}$ his computer].
(64)　a.　I would like to ask [$_{\bar{S}}$ why he had to leave].
　　　b.　*I would like to ask [$_{\bar{S}}$ that he had to leave].
(65)　a.　I would like to ask [$_{NP}$ a question].
　　　b.　*I would like to ask [$_{NP}$ a lot of money].

(62)–(65) は，項の数や範疇ということでは説明できない．むしろ，believe は，「真であるか偽であるかが決定できる内容」を表す語句が続くことは許すが，それ以外のものは許さず，ask は「疑問の内容」を持つ語句が続くことは許すが，それ以外の語句は許さない，と考える必要がある．つまり，文法は θ 役割の数だけでなく，θ 役割の中身にも言及するべきであると Grimshaw (1979) は主張した．

(62)–(65) に見られる対立の場合は，平叙文と疑問文という違いを連想させることもあり，これが文法的な違いであるという議論も説得力を持ち

やすいが，同様のことを押し進めていくと，θ役割の中身を細かく規定していくことにもなりかねず，そうなると文法性とかけ離れていく恐れがある．たとえば，次のような例が容認不可能であっても，それは，文法によって説明するべきことではないと言われている．（例文に示された「#」は，文法以外の何らかの理由で容認性が低いことを示す.）

(66) a. #John will eat the window
b. #the teddy bear will eat the book

eat と言うからには，その主語は，食べるという行為が可能なものでなければならず，目的語は，食べられるものでなければならない．これを「選択制限」（selectional restriction）と言う．(66) の場合は，それぞれの名詞句の内容と動詞の選択制限がうまく合わないために，容認性が低くなっている．

しかし，(66) は θ 規準には違反していない．eat という動詞は 2 つの θ 役割を与えるものであり，(66) では 2 つの項が現れていて，その数がきちんと一致しているからである．むしろ，(66a) の容認性が低いのは，私たちが普通，窓を食べたりしないからである．つまり，(66) の文が表している内容と現実世界が合致しない（ように見える）だけのことであり，このことと，文そのものが不適格であることとを混同してはならない．その証拠に，お菓子で作った家の話をしているのならば，(66a) もたちどころに容認される文となる．この問題を，θ役割の種類の違いに着目して解決しようとすると，(66) の 2 つの文と "John will open the window" や "John will read the book" のような容認可能な文との違いを，「食べられるものに与えられる THEME」，「読めるものに与えられる THEME」などのように，細分化された θ 役割を設けてとらえていかなければならなくなる．そうすると，どの程度までそのような意味的な細分化を行なうべきなのか，定かでなくなる．容認可能性の低い文のうち，どのようなものが文法とかかわっており，どのようなものが無関係か，一概に判断できない場合もあるが，次の (67) も (68) も，同じタイプの例だと考えていいだろう．

(67) a. #John has [VP [V elapsed]]
　　 b. #two years [VP [V sneezed]]
　　 c. #John will [VP [V devour] [NP the news]]
　　 d. #John [VP [V brought] [NP time]]
　　 e. #John [VP [V persuaded] [NP the shelves] [S̄ that there was no hope]]
　　 f. #John [VP [V told] [NP the month] [S̄ that he would resign]]
(68) a. #colorless green ideas sleep furiously
　　 b. #golf plays John
　　 c. #the boy may frighten sincerity
　　 d. #misery loves company
　　 e. #they perform their leisure with diligence
　　　　　　　　　　　　　　　　　　　(Chomsky 1965, 149)

Chomsky (1965, chapter 4)ではこの問題が取り上げられ，(68) は，厳密には非文法的な文ではないと結論づけられている．このように考えると，(62)–(65) で見たような，θ役割の中身が要因となって容認性が低くなる例も文法で扱うべきであるかどうかは，はっきりしない．むしろ，文法はθ役割と項の数の対応を保証するだけで，θ役割の種類や，より細かい選択制限は，文法の出力が実際に意味解釈されるときに私たちが持つ世界観などとのかかわりで生じてくる問題であると考えたほうがすっきりする．

◇ 考

　述語によって参与者がいくつ必要かということは意味から自動的に決定され，統語構造の中でも反映されるという投射原理・θ規準は，さまざまな統語現象をうまく説明し，生成文法の中で広く受け入れられてきた仮定である．しかし，項を含まない文が非文になるかどうかは，本来，自明なことではない．述語の意味の中に参与者が含まれているということと，それが文法構造の中に反映されるということとは，根本的には別のことだからである．たとえば Rizzi (1986) では，述語の意味の中に含まれている参与者が文法構造の中に反映されていない例として，(69a, b) があげられている．

(69) a. This leads ___ to the following conclusion.
　　 b. This sign cautions ___ against avalanches.
　　　　(___ = people / us)

これとは逆の問題も存在する．たとえば，よく知られているように，日本語では，少なくとも一見，θ役割を指定されていない名詞句が現れることがある．

(70) a. ［このスイカは］種がない．
　　 b. ［この映画は］誰でも絶対泣く．
　　 c. ［勉強は］努力が大切だ．
　　 d. ［新聞を読みたい人は］ここにありますよ．（三上 1960, 82）
　　 e. ［分数方程式は］まず分母を払え．　　　（三上 1959, 53）

(70a)の「は」句の場合，「種が」は「ない」の参与者であるが，「このスイカは」は「ない」の参与者ではない．したがって，「このスイカは」が「ない」からθ役割を指定されているとは考えられない．(70b–e)についても同じことが言えるが，(70)の文はどれも日本語の文として適格であり，解釈に困ることはない．明らかに，「は」という助詞が何らかの働きをしていることがうかがえるが，だからと言って，この助詞がθ役割を指定していると結論づけるのは早計かもしれない．理論内でのθ役割という概念の位置づけも含めて，根本的なところから考えるべき問題である．

～～～～～～～～～～～～～～～～～～～～～～～～～～～～～～

2.3.3　格フィルター

項はθ役割によって指定されるという考え方を述べてきたが，句構造規則に照らし合わせても，θ規準に訴えても，うまく説明できない場合がある．たとえば，(71b), (72b)のように，θ役割に関しては何の問題もないはずなのに，埋め込み文の主語が現れると非文になり，逆に(71c), (72c)のように，それが現れなければ文法的になるという，不思議な現象が観察される．

(71) a.　Please tell me who [$_S$ I should see].
　　 b.　*Please tell me who [$_S$ {I / me} to see].

   c. Please tell me who [$_S$ ___ to see].
(72) a. I want [$_S$ him to win].
   b. *I want very much [$_S$ him to win].
   c. I want very much [$_S$ ___ to win].
    (*cf.* I want very much for [$_S$ him to win].)

これらの現象は，句構造そのものにも θ 役割にも問題はないので，別の理由で説明されなければならない．

 Chomsky (1981) および Stowell (1981) は，格という概念を用いてこの問題を解決することを提案した．英語では，名詞句が起こる位置が決まっている．簡単に言うと，次の4種類である．

(73) a. 他動詞の目的語の位置（例: love *him* / *them*）
   b. 前置詞の目的語の位置（例: for *him* / *them*）
   c. 定形文の主語の位置（例: *He* / *They* will sing.）
   d. 名詞句内の主語／所有者の位置（例: *his* / *their* rejection of the offer）

そこで，Chomsky (1980), Chomsky (1981) は，このような位置でのみ名詞句が現れる条件が整うと考え，Jean-Roger Vergnaud の示唆に従って，その条件を抽象格（abstract Case）という概念を用いて，(74) のような原理として表現した．

(74) 格フィルター（Case Filter）:
   音形のある名詞句には，抽象格が付与されていなければならない．
               (*cf.* Chomsky 1981, 49)

抽象格とは，英語では he / his / him や they / their / them などのように，代名詞がその現れる位置によって特定の異なる形態をとることを要求する，文法上の抽象的な情報であり，このような抽象格が付与される条件として，(75) が仮定された．

(75) a. 目的格の付与者: V と P
    (i) [$_{VP}$ love *him*]

(ii) [$_{PP}$ for *him*]
b. 主格の付与者: INFL [+ FIN]
[$_S$ *He* [$_{INFL}$ [+ FIN]] sings].
c. 属格の付与される構造: [$_{NP}$ ___ ...]
[$_{NP}$ *his* rejection of the offer] / [$_{NP}$ *his* father]

「抽象格」という概念は，he / his / him などの目に見える格の形態を直接の説明の対象としているものではない．むしろ，(英語では)音形のある名詞句が起こる位置が決まっていることをとらえるために考えられたものなのである．

たとえば，(75b) にしたがって，[+ FIN] が INFL の位置に導入されたときにのみ主格が与えられるという仮説を採用すると，(71) のパターンを説明することができる．(71b) では，埋め込み文の INFL は [+ FIN] ではないので，その主語が主格になることはできず，また，これは主文の動詞 tell の目的語の位置にはないので，目的格になることもできない．これに対して，(71c) では，埋め込み文の主語の位置に音形を持った名詞句が現れているわけではないので，格フィルターには抵触しない．次のような対比も，埋め込み文の主語の it に格が与えられるかどうかに注目すると，同様に説明できる．

(76) a. The president asked his military advisor how soon [$_S$ **it is** likely that the enemy would surrender]. (INFL = [+ FIN])
b. *The president asked his military advisor how soon [$_S$ **it to** be likely that the enemy would surrender]. (INFL = [− FIN])

さらに，(77a) の文を名詞化すると (77b) のようになるが，意味関係は同じであるにもかかわらず，(77b) では目的語に of がついて現れなければならない．

(77) a. [$_{NP}$ the enemy] [$_V$ destroyed] [$_{NP}$ the city]
b. [$_{NP}$ the enemy's] [$_N$ destruction] of [$_{NP}$ the city]

この現象も，格フィルターを用いて説明された．(75a) のように，初期の

GB 理論では，目的語に抽象格を付与できるのは V と P だけであり，N や A に属する単語は抽象格を付与する力がない，と仮定されていた．そして，項である名詞句に抽象格が付与されない場合，意味的には何の機能も持たない格付与者を導入して格フィルターの違反を防ぐ方策が認められていると考えられた．英語においては，この目的で用いられる格付与者が of であり，そのため，(77b) では，目的語に of が伴って格フィルターの違反を避けなければならないのである．次の (78) と (79) の例における of の有無に関する差も，同じような考え方でとらえることが可能である．

(78) a. I am [$_{AP}$ [$_A$ proud] of [$_{NP}$ my son's success]].
　　 b. We are [$_{AP}$ [$_A$ aware] of [$_{NP}$ this problem]].
(79) a. I am [$_{AP}$ [$_A$ proud] [$_{\bar{S}}$ that my son has succeeded]].
　　 b. We are [$_{AP}$ [$_A$ aware] [$_{\bar{S}}$ that this is a problem]].

ここでは，(78) と (79) のどちらの例も，主要部としての形容詞が補部を選択しているが，(78) ではその補部が名詞句であり，(79) では $\bar{S}$ という節である．名詞句に対しては，格フィルターが適用するので of の導入が必要であるが，$\bar{S}$ に対しては格が必要ないので，of の導入も必要ない．

さらに，Stowell (1981) は，少なくとも英語の文法には，抽象格に関してもう 1 つ，次のような制約が存在すると指摘した．

(80) 格付与の隣接条件：
　　 名詞句は，格の付与者に隣接していなければならない．

これを仮定することによって，さらにいろいろな語順の制限を説明することができる．たとえば，(81) に示すように，quickly のような動詞を修飾する副詞の位置は，動詞句内では比較的自由である．

(81) a. Paul [$_{VP}$ *quickly* opened the door].
　　 b. Paul [$_{VP}$ opened the door *quickly* when he heard the knock].
　　 c. Paul [$_{VP}$ opened the door *quickly*].

また，目的語が名詞句ではなく文や前置詞句の場合，動詞とその埋め込み文の間に副詞が現れてもかまわない．

(82) a. I [VP believe *sincerely* [that he is honest]].
　　 b. They [VP replied *quickly* [to our inquiry]].

ところが，目的語が名詞句の場合には，動詞と目的語の間に副詞が現れた語順は，特別な息つぎや強勢をおいた読み方をしないかぎり，容認可能性が低い．

(83) *Paul [VP opened *quickly* the door].

このことは，動詞が目的語に抽象格を付与していると考えれば，(80) の「格付与の隣接条件」と (74) の「格フィルター」を組み合わせることによって，説明することができる．(83) では，動詞に隣接していない the door に抽象格が与えられず，結果的に格フィルターが満たされなくなるために，非文法的である．また，抽象格の付与というものが名詞句にのみ求められるとすると，目的語が文の場合には (80) は関与しないことになり，(82) と (83) の違いも自動的に導かれる．上であげた (72) も，同様に説明できる．

(72) a. I want him to win.
　　 b. *I want very much him to win.
　　 c. I want very much __ to win.
　　　　 (*cf.* I want very much for him to win.)

(72b, c) では，副詞句の very much が動詞と名詞句との間に割ってはいっているため，この名詞句が音形を持っていると格フィルターに抵触してしまう．((72) の *cf.* の例のように，動詞の代わりに COMP の for が格を与えることによって格フィルターが満たされる場合もある．)

また，主語以外に項を複数とる動詞の場合，名詞句である項は，動詞に隣接した位置に現れるのが普通である．

(84) a. We promised [NP him] [that we would start business with him].
　　 b. *We promised [that we would start business with him] [NP him].

(85) a. I put [NP a book] [on the table].
b. *I put [on the table] [NP a book].

こうして見ると，音形のある名詞句の現れる位置に関する制約は，ほぼすべて，(74) の格フィルターと (80) の隣接条件を仮定することによって説明することができることになり，句構造規則によって表現する必要がなくなる．

◇ 考

このアプローチを採用すると，下の (86) のような，いわゆる二重目的語の構造で，動詞と間接目的語のあとに現れる直接目的語には，どのようにして格が与えられるのかという疑問が生じる．

(86) John [V gave] [NP Mary] [NP *a diamond ring*].

この問題はしばしば論じられてきたが，Kayne (1981), Larson (1988) などの影響で，1990 年代以降は，この構文は抽象的な動詞や埋め込み構造を含んでいるという分析が主流になっている．たとえば，Kayne の分析では，(87) に示されたように，いわゆる直接目的語は埋め込み文の中の要素であり，隣接している抽象的な動詞 ($\emptyset_{HAVE}$) によって抽象格が与えられているのである．

(87) John [V gave] [IP [NP Mary] $\emptyset_{HAVE}$ [NP *a diamond ring*]].

Pesetsky (1982) はこのような考え方をさらに一歩進めて，動詞には，θ 役割と付与する格があるかどうかだけが指定されれば，下位範疇化素性を指定しておく必要はないという考え方(canonical structural realization と呼ばれる)を提示している．格を付与する動詞ならば，NP が直接後続することが自動的に保証されるからである．つまり，語彙項目に関して下位範疇化素性と θ 役割との間に存在した余剰性を排除することができると主張したわけである．

このように，1980 年代の GB 理論では，格という考え方に着目して句構造をさらに簡素化する試みがなされた．

2.3.4 句構造規則の「一般型」の設定

句構造規則には，動詞ごとに異なる語彙情報の多様性にうまく対応できず，非文法的な文を過剰に生成してしまうという問題点があることを上で指摘した．逆に，句構造規則のもう1つの問題点は，Chomsky (1970b) で指摘されたように，範疇ごとにパターンを記述せざるをえないため，範疇間の共通性をまとめて述べることができないということである．次の (88), (89) を見てほしい．

(88) a. V: [$_{VP}$ destroy [$_{NP}$ the city]]
　　　　V: [$_{VP}$ envy [$_{NP}$ others]]
　　　b. N: [$_{NP}$ destruction of [$_{NP}$ the city]]
　　　c. A: [$_{AP}$ afraid of [$_{NP}$ death]]
　　　　A: [$_{AP}$ envious of [$_{NP}$ others]]
　　　d. P: [$_{PP}$ in [$_{NP}$ the box]]
(89) a. V: [$_{VP}$ believe [$_{\bar{S}}$ that he is honest]]
　　　b. N: [$_{NP}$ belief [$_{\bar{S}}$ that he is honest]]
　　　c. A: [$_{AP}$ aware [$_{\bar{S}}$ that he is honest]]
　　　d. P: [$_{PP}$ except [$_{\bar{S}}$ that he is honest]]

V, N, A, P のどの範疇にも，似たパターンが見られることがわかる．(88) では (88b, c) だけに of が現れているが，上で紹介したように，of は目的語の名詞句に格を与えるために挿入される，意味的に内容のない要素であると考えられる．この仮説を採用すると，of は句構造によって導入されない要素，あるいは，導入されても存在しないに等しい要素だと考えられる．そうすると，どの範疇でも，NP もしくは $\bar{S}$ が後続しうるという共通性があるにもかかわらず，句構造規則では，次のように範疇ごとの別々の規則となるため，その共通性を表現することができない．

(90) a. VP → V NP
　　　b. NP → N (of) NP
　　　c. AP → A (of) NP
　　　d. PP → P NP

(91) a. VP → V S̄
　　 b. NP → N S̄
　　 c. AP → A S̄
　　 d. PP → P S̄

また，どの範疇をとっても，その主要部の内容をさらに具体的に指定するような働きの要素が，主要部に先行して現れうる．

(92) a. V: [_VP completely [[_V destroy] the city]]
　　 b. N: [_NP their [[_N destruction] of the city]]
　　 c. A: [_AP much [[_A afraid] of death]]
　　 d. P: [_PP right [[_P on] the table]]

Chomsky (1970b) では，さまざまな範疇に共通する句構造規則の一般型を定める試みが提案された．たとえば，(93) のように句構造規則の「型」を決めておくことによって，上であげたような範疇間の共通性を表現することができる．(指定部 (specifier)，補部 (complement) は，それぞれ Spec, Comp と略されることがある．)

(93) a. X″ → 指定部　X′　((92) を参照)
　　 b. X′ → X　補部　　((88), (89) を参照)

(93) が規定する句構造の一般型を樹形図で表すと，(94) のようになる．

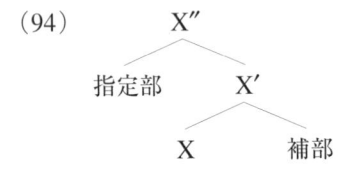

(94)
```
           X″
          /  \
      指定部　 X′
              / \
             X  補部
```

名詞，動詞，形容詞，前置詞のすべてに関する句構造規則が (93) の型に従っているという仮説は，「X バー理論」(X-bar theory) と呼ばれる．(93) では，N, V, A, P という範疇に共通する句構造規則の一般型を，X という変項を用いて表現し，各々の句の内部における階層レベルを，「バー」と呼ばれるマーク (「′」) の数によって示している．たとえば，変項 X の値

がVであれば(95)のようになり,それを生成する句構造規則は(96)のような形式になっていなければならない.

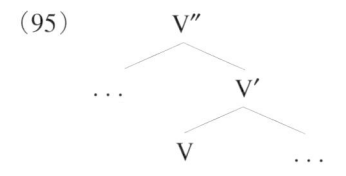

(95)
```
        V″
   ...       V′
           V     ...
```

(96) a. V″ → ... V′
    b. V′ → V ...

(93)では,主要部 X が X′ に,そしてさらに X″ に投射されていっており,句というものはすべて,その根幹の範疇の投射(projection)であるという制約を述べていることになる.つまり,たとえば動詞を根幹とする句は必ず動詞句であり,(97)のような句構造規則は存在しないという考え方である.

(97) a. VP → A NP
    b. NP → V PP

X バー理論ではもともと,X の上に線(バー)を1本もしくは2本引いて投射レベルを表現していたが,タイプライターやワードプロセッサではそれが面倒なので,X′, X″ などと表記するようになった.その後,X^0, X^1, X^2 のように数字を使う表記も用いられたが,どの表記においても「Xシングル・バー」,「Xダブル・バー」という元来の読み方がそのまま継承されている.句の最上位の X″ を最大投射(maximal projection),それに対して X を最小投射(minimal projection)と呼ぶこともある.

また,(93)のような一般型を仮定することによって,まず,どの範疇をとっても,補部が主要部の右に現れ,指定部が主要部の左に現れるという,英語における範疇間の共通性も新たにとらえることができる.もちろん,日本語と英語とでは語順が異なるが,(93)の「型」では語順まで指定されていない,と考えればよい.(93)とは独立に,英語では補部が主要部に後続するという特性があり,日本語では逆に,主要部が補部に後続

するという特性があると仮定するのである．

(98) a. 英　語: [x′　X　補部]
　　　b. 日本語: [x′　補部　X]

句構造規則をまるごと習得しなければならない考え方とは異なり，主要部と補部の語順だけならば，子供が身の回りのデータに基づいて決定しなければならないと考えても，それほど不自然ではない．このように，Xバー理論は，句構造の普遍性を抽出する第一歩になった．

2.3.5　機能範疇と文の構造

　さて，今まで紹介してきた句構造規則の中には，(93)のパターンに沿っていないものもあったことを思い出してほしい．

(93) a. X″ → 指定部　X′
　　　b. X′ → X　補部

すなわち，文の基本パターンを表現した(39)である．

(39) a. $\bar{S}$ → COMP S
　　　b. S → NP INFL VP

そもそも，(39)で表されている文のパターンは，常に一定だからこそ，句構造規則で指定するのが適していたわけであるが，句構造についての理解が進んできた段階で，これが異質なものとして残る皮肉な結果となったのである．

　しかし，この問題は文の主要部となるものを仮定することによって解決できるという提案が，Stowell (1981), Pesetsky (1982), Huang (1982), Chomsky (1986a) などにおいてなされた．この提案の基になったのは，時制や一致などの概念を導入するINFLこそが，文を形成するうえでもっとも重要な役割を果たしている範疇である，という考え方であった (⇒ 2.2.3節)．つまり，Sと呼ばれてきた単位の主要部はINFLであり，また，Sを埋め込むときにCOMPを加えることによって形成される$\bar{S}$の主要部はCOMPである，という考え方が提案されたのである．（この考

え方は，Ken Hale が最初に提唱したと言われている．)

この仮説を採用すると，INFL も COMP も，それぞれ (93) の型に従った句構造規則によって句へと投射されることになる．(これを期に COMP と INFL はさらに短縮され，それぞれ C, I と表されることが多くなった．)

(99) a. C″ → 指定部　C′
　　 b. C′ → C　補部
(100) a. I″ → 指定部　I′
　　　b. I′ → I　補部

すると，それまで S と呼んできた単位は I″ (= IP)，S̄ と呼んできた単位は C″ (= CP) と読み替えられ，下に繰り返す (38) のように考えられていた埋め込み文の構造は，(101) のように分析されることになる．

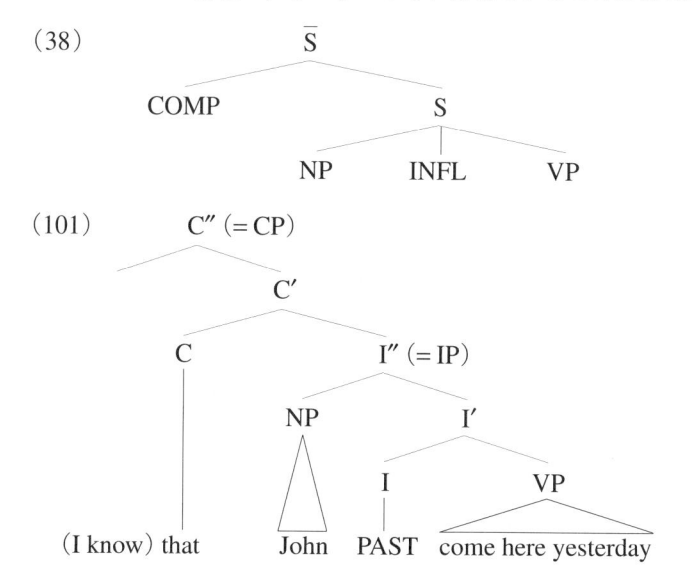

(38)
```
            S̄
          /   \
       COMP    S
             / | \
           NP INFL VP
```

(101)
```
      C″ (= CP)
         |
         C′
        /  \
       C    I″ (= IP)
       |    /  \
       |   NP   I′
       |   |   /  \
       |   |  I    VP
(I know) that John PAST come here yesterday
```

(101) のように，主語の名詞句は INFL の指定部，述語の動詞句は INFL の補部とみなされ，さらに，I″ が COMP の補部として現れることになる．COMP の指定部は，句構造規則が生成する言語要素としては想像しにくいかもしれないが，(102) のように，Chomsky (1986a) は，wh 疑

問文で文頭に現れる wh 句の位置が COMP の指定部であるとし，X バー理論の考え方に沿った分析を支持した．

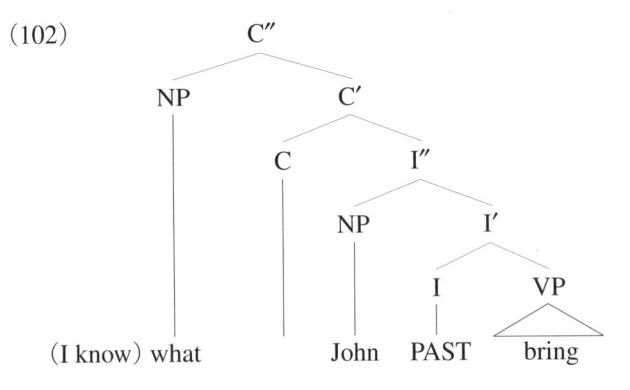

(102)
```
              C''
           /     \
          NP      C'
          |      /  \
          |     C    I''
          |         /  \
          |        NP   I'
          |        |   / \
          |        |  I   VP
     (I know)what John PAST bring
```

wh 句が CP の指定部に位置しているという分析を厳密な意味で証明するのは難しいが，そう考えると都合のよい現象は，いろいろ指摘されている．たとえば，下の (103a, b) に見られるように，wh 句と現代英語の that にあたる補文標識が共起できる言語があることが知られているが，その場合，必ず wh 句のほうが補文標識よりも前に現れる．このことも，(102) の分析と一致している．

(103)　a. フランス語ケベック方言:
　　　　　Je me　　demande **quoi que** tu　fais.
　　　　　I　myself ask　　　**what that** you do
　　　　　'I wonder what you do.'　（Koopman 1983, 389, fn 17）
　　　b. 中期英語:
　　　　　Men shal　wel　knowe **who that** I am
　　　　　'Men shall know well who I am.'
　　　　　　　（1485 Caxton, R67; Lightfoot（1979, 322）より引用）

このような分析を採用すると，(93) のパターンが VP, NP, AP, PP だけでなく，すべての句構造規則に広げられることになる．これまでは，単語の範疇と言うと，動詞・名詞・形容詞・前置詞など，述語になりうる意味内容を持つ範疇が中心であったが，INFL や COMP のような文法的

な内容のみを持つ範疇も，同等の扱いをされるようになった．どちらのグループの範疇も X バー理論に従うという点では同じであるが，異なっている点もあるので，前者（V, N, A, P）を語彙範疇（lexical category），後者（C, I）を機能範疇（functional category）と呼んで区別することが多い．

IP, CP などの概念の導入によって，文という単位も，他の句と同様にとらえられることになった．しかし，それでもまだ問題がある．θ 役割の面から考えると，destruction も destroy も同じような特性を持っている．

(104) a. *destruction*:（AGENT, THEME）
　　　 b. *destroy*:（AGENT, THEME）

しかし，それぞれの構造は次のようになる．つまり，destruction の項はすべて NP 内に現れているのに対して，destroy の項は，THEME は VP 内にあるものの，AGENT は VP 外に現れている．

(105) a.

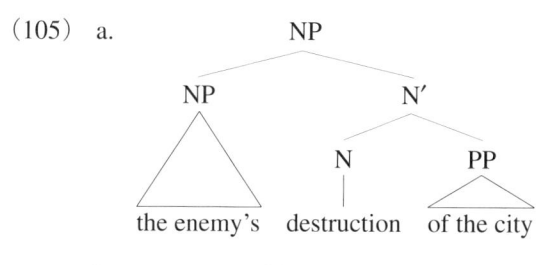

```
              NP
            /    \
          NP      N'
         /\      /  \
        /  \    N    PP
       /    \   |   /  \
  the enemy's destruction of the city
```

b.

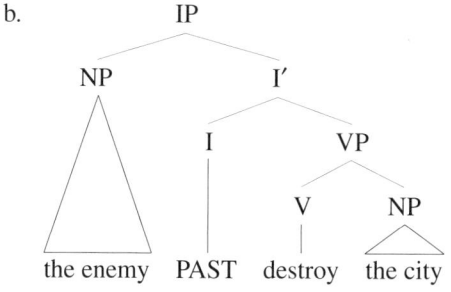

```
              IP
            /    \
          NP      I'
         /\     /   \
        /  \   I     VP
       /    \        / \
                    V   NP
                    |   /\
  the enemy  PAST destroy the city
```

そこで，Kitagawa (1986), Koopman & Sportiche (1986), Kuroda (1988) などにおいて，(105b) の英語の構造は，(106a) から派生したものではないかという考え方が提案された．（この考え方は，「内主語仮説」(Internal

Subject Hypothesis) と呼ばれるが，これについては第4章の4.4節で詳しく説明する．）

(106) a. D構造:

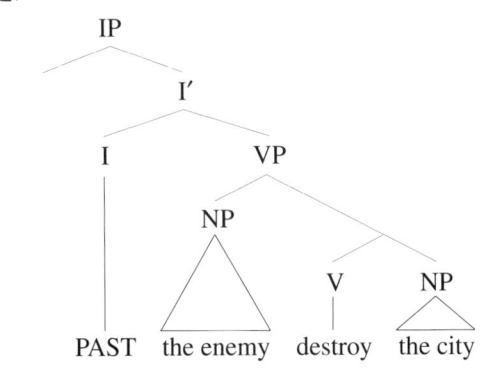

```
         IP
         |
         I'
        / \
       I   VP
       |   /\
       |  NP  \
       |  △   V  NP
       |         |  △
     PAST the enemy destroy the city
```

b. S構造:

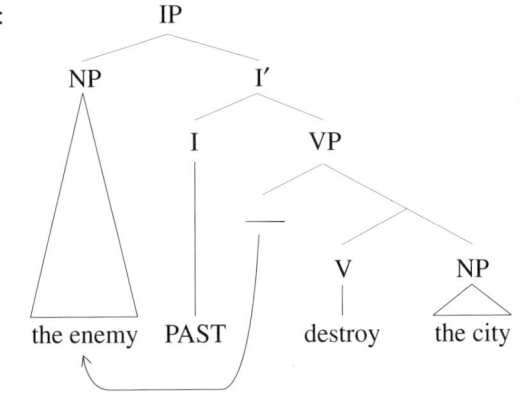

```
             IP
            /  \
           NP   I'
           △   / \
               I   VP
               |   /\
               |  V  NP
               |  |   △
    the enemy PAST destroy the city
```

(106a) ならば，すべての項が VP 内に現れているという点で，(105a) の NP の構造と平行的になり，範疇を越えた共通性がさらに表現されることになる．（つまり，あらゆる述語のすべての θ 役割が同一の句の中で与えられることになるという，理論の簡素化が可能になる．）そして，AGENT は，θ 役割の観点から (106a) のような位置に生成されるが，この位置では AGENT の NP が抽象格を付与されないために，(106b) のような位置に移動すると考えればよい．（移動という概念については，第3章で詳し

く説明する．）さらに，名詞句の場合にも AGENT の NP の移動があり，(107) のようになっているという分析もある (Hale 1980; Brame 1981, 1982; Abney 1987).

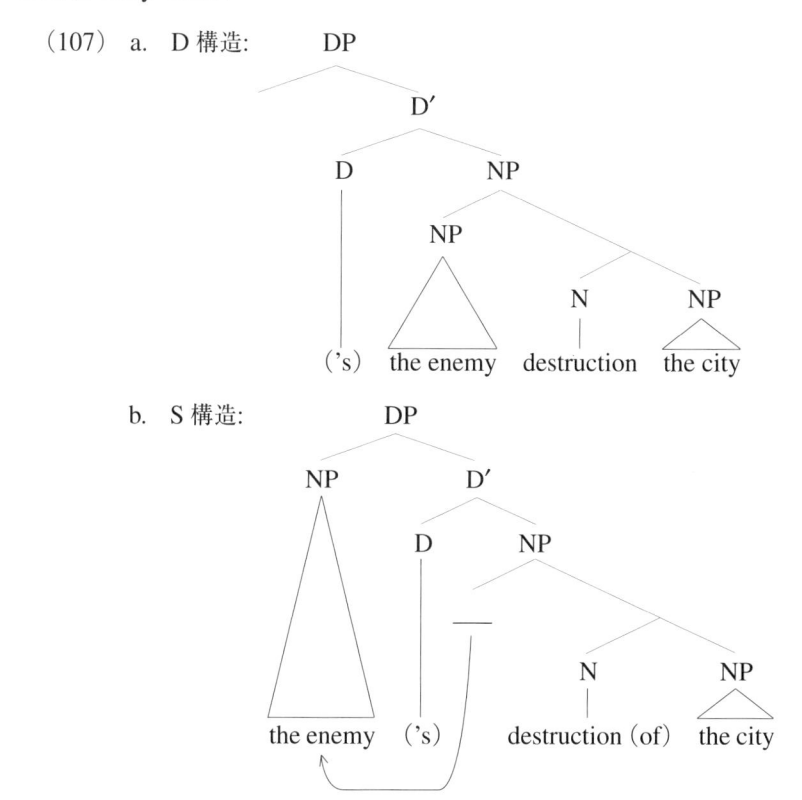

(107) a. D 構造:

```
                    DP
                    |
                    D′
                   / \
                  D   NP
                      |
                      NP
                     / \
                   NP   
                   /\   / \
                  /  \ N   NP
                 /    \|   /\
               ('s) the enemy destruction the city
```

b. S 構造:

```
                    DP
                   /  \
                  NP   D′
                  /\   / \
                 /  \ D   NP
                /    \     \
               /      \    / \
              /        \  N   NP
             /          \ |   /\
          the enemy   ('s) destruction (of) the city
```

DP の D とは，定冠詞の the などの品詞名である determiner (限定詞) から来ていて，C, I とともに機能範疇の 1 つとみなされている．従来の分析では，名詞句の指定部に限定詞が含まれていたが，この分析では，D が主要部であり，その補部に名詞句(= 従来の N′) が含まれた構造になっている．この分析は「DP 仮説」(DP hypothesis) と呼ばれ，これを採用すると，(107) と (106) を比較してわかるように，名詞句と文の平行性が，より直接的に表現できることになる．

このように考えると，IP・DP ともに，その指定部の位置は，何か句が動いてくる位置ということになる．CP の指定部に位置する wh 句も，その位置に動いてきたとすると，すべての機能範疇について，指定部の位置は，移動の着地点という共通性が得られることになる．Chomsky (1970b) の時点では，(92) のように主要部に先行するものが指定部と呼ばれ，その共通性が念頭におかれていたが，しだいに指定部という概念が「句が動いてくる位置」という位置づけに変容してきている．

(92) a. V: [$_{VP}$ completely [[$_V$ destroy] the city]]
b. N: [$_{NP}$ their [[$_N$ destruction] of the city]]
c. A: [$_{AP}$ much [[$_A$ afraid] of death]]
d. P: [$_{PP}$ right [[$_P$ on] the table]]

◇ 考

(106) の内主語仮説と (107) の DP 仮説については，特に深刻な反論は提出されておらず，広く受け入れられている考え方であると言うことができる．しかし，これらの仮説が取り入れられているにもかかわらず，(105a, b) のような樹形図が書かれていることも多い．特に (106), (107) との違いが関与しない議論の場合には，名詞句を NP と書いたり，VP 内主語の位置を書かなかったりすることが，よくある．内主語仮説については，第 4 章の 4.4 節で詳しく説明する．

2.4 句構造規則からの脱却: ボトムアップ方式

2.4.1 先駆け: Stowell (1981)

何度も指摘しているように，もともと句構造規則というものは，文のパターンを明示的に表現しようという試みであった．しかし，2.3 節で述べてきたように，その考え方には，(i) 構造のパターンは単語の特性と切り離せない面がある，そして，(ii) 句構造規則だけでは，さまざまな範疇間の共通性や句構造に関する普遍性を充分に表現できない，という大きな問題点があった．句構造規則による文の生成のメカニズムは，具体的でわかりやすい面があり，初期の生成文法の考え方が広く知られるようになった

重要な要因の1つであったが，このような問題が認識されるようになり，生成文法はその考え方から脱却せざるをえなくなっていった．

その先駆けとなったのが，Stowell (1981), Chomsky (1981) で提案された理論である．Stowell (1981) は，Hale (1978), Hale (1980), Farmer (1980) などが日本語やワルピリ語などの言語を分析する際に提案した，「範疇中立的」(category-neutral) な基底部という考え方を発展させ，(108) のような句構造規則を提案した．((108) と (93) の違いについては，すぐ下で説明する．)

(108) a. $X'' \rightarrow$ 指定部　X'
　　　b. $X' \rightarrow X$　補部

ここで，語順に関する言語の多様性を考慮して，語順に関する指定を取り除くと，X'' と X' のどちらの展開に関しても，(109a, b) と (110a, b) のように，それぞれ2通りの可能性を許すことになる．

(109) a. $X'' \rightarrow$ 指定部　X'
　　　b. $X'' \rightarrow X'$　指定部
(110) a. $X' \rightarrow$ 補部　X
　　　b. $X' \rightarrow X$　補部

さらに Stowell は，バーのレベルをまとめて次のような句構造規則を提案した．

(111)　$X^n \rightarrow \ldots X^{n-1} \ldots$

この (111) は，範疇の情報や語順の指定は含まず，あらゆる人間言語に共通の句構造の骨格を生成する，「普遍的な句構造規則」である．

主要部は必ず X' 内の左の端もしくは右の端に位置するという仮定や，指定部や補部は最大投射でなければならないという仮定があるので，結果的には，(111) は，Chomsky (1970b) の (93) の型で許される範囲の句構造規則と，変わりがないように見えるかもしれない．しかし，この2つには，考え方の面で大きな違いがある．(93) は，句構造規則の一般型を X という変項を用いて表現しただけであり，(93) そのものは句構造規則

ではなく，句構造規則が満たさなければならない**形式的条件**である．したがって，(93) とは別に具体的な句構造規則を仮定する必要があった．それに対して，Stowell (1981) で提案された (111) は，そのものが**句構造規則**であり，範疇は，主要部に挿入された単語の持つ範疇素性が上に伝わっていくことによって決定されると考えられた．つまり，句構造規則によって作られる構造は (112a) のようなものであるが，その X に何らかの単語が入れられた時点で，その単語の持っている範疇素性が X′ や X″ にも伝わり，たとえば X に動詞が挿入されれば，(112b) から (112c) で示されているように X′ は V′ に，X″ は V″ になるという仕組みである．

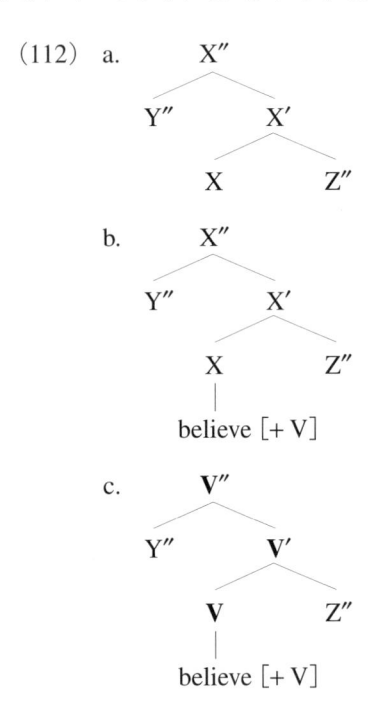

(112) a.
```
       X″
      /  \
     Y″   X′
         /  \
        X    Z″
```
b.
```
       X″
      /  \
     Y″   X′
         /  \
        X    Z″
        |
     believe [+ V]
```
c.
```
       V″
      /  \
     Y″   V′
         /  \
        V    Z″
        |
     believe [+ V]
```

範疇素性が主要部から上向きに浸透 (percolate) するという考え方は，もともと Ray C. Dougherty が 1960 年代後半に統語構造に関して提案したものだったが，この考え方は，Lieber (1980), Williams (1981b) など

によって，むしろ形態論において広く採用された．単語の範疇というものは，次に示すように，単語内の一番右に現れる形態素によって決まっているのが一般的である．

(113) a. [_A [_N education]-al]
　　　 b. [_A [_N tradition]-al]
　　　 c. [_A [_N magic]-al]
(114) a. [_N [_A valid]-ity]
　　　 b. [_N [_A public]-ity]
　　　 c. [_N [_A humid]-ity]
(115) a. [_N nation]
　　　 b. [_A [_N nation]-al]
　　　 c. [_N [_A [_N nation]-al]-ity]

たとえば，(115c)は次のような構造をしていると考えられるが，語全体の範疇は，その主要部となる形態素の範疇素性が樹形図を上方に浸透していくと分析すれば，(115a)の名詞から(115b)の形容詞へ，(115b)の形容詞から(115c)の名詞への範疇の変化が，すっきりと説明できる．

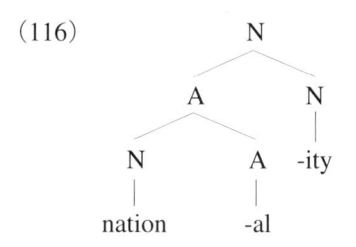

(116)
```
          N
         / \
        A   N
       / \  |
      N   A -ity
      |   |
    nation -al
```

統語構造でも，これと同じように，範疇が句の主要部の単語の情報に基づいて決まると考えれば，句構造規則そのものでは，もはや範疇に関して何の指定もしなくていいことになる．

Stowell が提案した，この X バー理論の改造は，従来の句構造規則が文型の延長としてトップダウンに指定していた情報のほぼすべての部分を，語彙の特性として句構造に導き入れるという点で，画期的であった．これは，言うならば，実質のない骨組みをトップダウン方式で作ってお

たうえで，下から実質を浸透させる方法である．生成文法の初期にはトップダウン方式でとらえられた文の構造も，INFL や COMP という機能範疇を中心とした句として分析され，the などの限定詞すら自身の句（DP）を構成しているとすると，文の構造を各単語の特性に基づいてボトムアップ方式で構築するのが，むしろ自然になってくる．つまり，文のパターンをトップダウンで規定しようとした当初の方向性は形骸化してしまい，実質のない骨組みをトップダウン方式で作るという作業が本当に必要なのだろうか，という疑問がわいても不思議ではない状況になった．しかし，当初の句構造規則のイメージが鮮烈だったためか，句構造生成のメカニズムが完全にボトムアップ方式に移行したのは，1990年代のミニマリスト・プログラムの時代になってからであった．

2.4.2 併合と numeration

　Chomsky (1994), Chomsky (1995) において，ようやく句構造規則がなくなり，文構造が完全にボトムアップ方式で構築される理論になった．ここで句構造規則の代わりに提案されたのが，「併合」（Merge）と呼ばれる操作である．併合とは，平たく言うと，まず2つの単語または句 A と B を取ってきて，それらを1つに結合する．そして，A か B のどちらかをその結合したものの主要部と認め，結合物全体のラベルとして選ぶ，という一連の操作である．A と B に併合が適用した場合，結果としては，(117a) か (117b) のどちらかの樹形図が生成されたのと同じ効果が得られる．

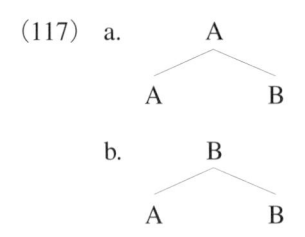

(117) a.　　　　A
　　　　　　 ／＼
　　　　　　A　　B

　　　b.　　　　B
　　　　　　 ／＼
　　　　　　A　　B

このように，2つの単位を1つに結合していけば，ボトムアップ方式で文

の構造ができあがる．たとえば，(118) の文は (119) に示された手順で生成される．

(118) The children ate the turkey.

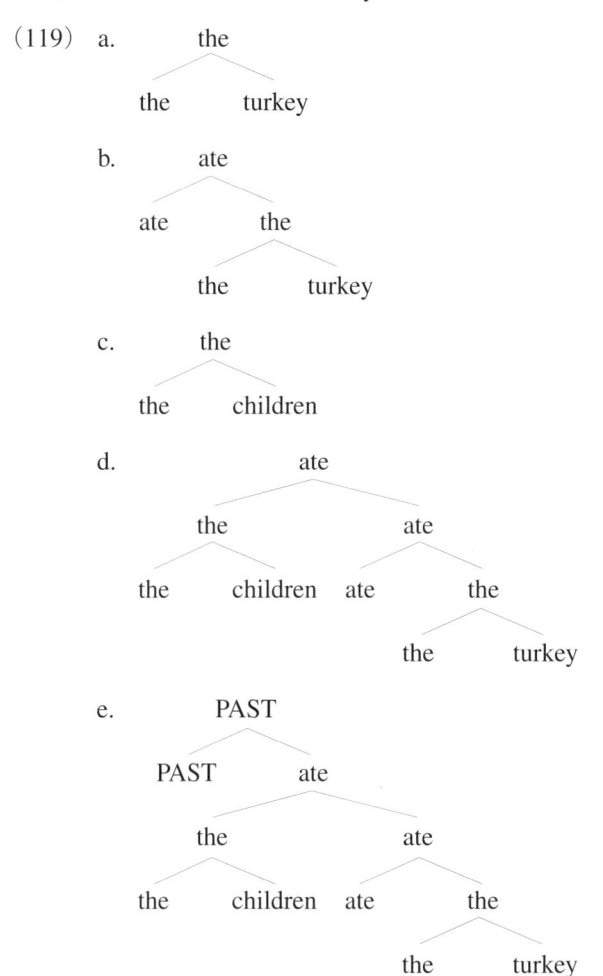

(119) a.
```
      the
     /   \
   the   turkey
```
b.
```
         ate
        /   \
      ate   the
           /   \
         the   turkey
```
c.
```
       the
      /   \
    the   children
```
d.
```
              ate
             /   \
           the    ate
          /  \   /   \
        the children ate  the
                        /   \
                      the   turkey
```
e.
```
                PAST
               /    \
            PAST    ate
                   /   \
ții            the     ate
              /  \    /   \
            the children ate  the
                            /   \
                          the   turkey
```

ここで，併合によって生成された句のラベルを，従来のように NP, VP などと，主要部の範疇を用いて述べることも可能であるが，そのような操作

はある意味で，主要部の数ある特性の中の1つだけを任意に選び出していることになる．しかし，あらゆる句は，主要部となる単語の特性をすべてボトムアップに反映したものであると考えると，このように範疇だけを選び出して句のラベルとする根拠は何もなくなる．このような考えのもとで，句は主要部の単語の特性すべて(いわば，単語そのもの)が投射したものであると提案され，そのことが単語そのものをラベルとすることで表された．(ただし，実際には句がどの範疇の特質を持つかということが，言語分析を進めていくうえで非常に重要な手がかりであることに変わりはないし，(119e)のような樹形図は，句構造をわかりやすく示した実用的な図とは言いがたいので，併合を仮定した研究においても，従来のようにIP，NP，VPなどの表示を採用しているものが多い.)

◇ 考

併合は，樹形図で表されているような構造そのものをボトムアップに生成する操作と言うよりは，より小さな単語や句の集合と，それを含むより大きな集合との関係をとらえるものである，という考え方もある．

併合という操作とともに，もう1つ新たに導入された仮定がある．句構造規則による文の生成では，文の生成のスタートは，(120a)もしくは(120b)のような規則からであった．

(120) a. S → NP Aux VP
　　　 b. X″ → YP X′

それに対して，Chomsky (1994), Chomsky (1995)では，文の生成メカニズムの入力となる numeration というものが仮定されるようになった．numeration とは，1つの文を構築するときの材料となる語彙項目の集合で，私たちが記憶している膨大な単語・形態素のリストから選び出されたものである．たとえば，(119)の場合ならば，(121)のようなものと考えてもよい．(同じ単語が文の中で2度以上使われるときには，numerationの中で数字を用いた指標で表すことになっているが，簡素化のため，本書ではその点は考慮に入れない．Chomsky (2000b)では，指標を示してい

ないリストを lexical array と呼んで numeration と区別している．）

（121）｛turkey, the, ate, children, the, PAST｝　（順不同）

1つの文が生成される場合には，必ず1つの numeration が形成され，その numeration が，文を構築するメカニズムである「併合」の操作対象となり，具体的な文の生成が始まることになる．こうして，これまで，文生成のメカニズムは，何の入力もなく自動的に文を生成する仕組みであったのに対して，ミニマリスト時代の枠組みでは，材料となる単語を入力とし，文という1つの構築物を出力として提出するメカニズムとなった．

◇ 考

　　numeration は，発話される文の情報源であり，そこに語彙を指定することによって文を定義する性格を持つ．第3章の3.7節で紹介するミニマリスト・プログラムでは，適格な統語表示を導く派生が2通り以上ありえる場合，その中でもっとも「効率のよい」ものだけが採用されるという，「経済性の原理」という考え方を追求するが，その際に「異なる派生で導かれた同一文」(reference set) という定義は，numeration によって与えられるとしている．しかし，統語派生への入力として，どのような語彙項目を集めるかということそのものは，文生成のメカニズムが関知するところではない．実際，私たちは日本語の文を構築する能力があると言っても，そのことと適切な語彙を選択できる能力とは原則的に別のものであり，生成文法が説明の対象としているのは，前者の能力である．

2.4.3　ボトムアップ方式がもたらした新たな視点

　ミニマリスト時代の枠組みによって生成された文構造は，GB 理論時代の枠組みによって生成された文構造と，実質的には大きな違いはないが，理論全体の中での位置づけが異なるために，GB 理論時代以前とは問題の方向性が変わってしまったことがいくつかある．

　主文において，$\bar{\text{S}}$（ないし CP）が常にあると仮定するべきなのか，必要なときにのみあると仮定するべきなのか，ということが問題視されたことがあった．トップダウン方式によって文構造を生成する場合には，当然，

何から始めるのかということが問題になる．Chomsky (1965) などでは，S が初発記号と呼ばれ，(120a) が出発点となる句構造規則であると指定されていたが，wh 疑問文では，$\overline{\text{S}}$ を頂点とする文構造が生成されていたほうが都合がよく，「生成の始まり」をどこに定めるのかということがあまりはっきりしていなかった(⇒ 2.2.5 節)．ボトムアップ方式の場合には，この問題は特に生じない．主文の構造を構築しているときに，C という範疇の語彙項目が用いられれば，文の頂点となる節点は CP となり，用いられなければ，頂点が IP になる．

また，X バー理論においては，X, X′, X″ という 3 つの投射レベルが区別されていたため，たとえば，X′ レベルに付加するタイプの副詞と，X″ レベルに付加するタイプの副詞の区別などが，よく論じられた．しかし，併合に基づく文構築においては，(117) に示されたように，どちらの要素が主要部かということだけが問題であり，投射レベルの区別は存在しない．そもそも，どのレベルにつく要素か指定するというのは，文のパターンを外枠から定める発想につながるものなので，それが説明の対象とするべき現象なのかどうかということも含めて，根本的な再考察が求められるところである．

句構造規則の場合には，1 つの節点が 2 つにしか枝分かれしないと定めるべきか，それ以上枝分かれする可能性を認めるのか，ということも問題になっていた．併合の場合には，初めから，「2 つのものを 1 つに結合する操作」と定義されているので，必ず「2 つに枝分かれする」(binary branching) ということを定義の中に盛り込んだことになる．もちろん，このような定義のほうが望ましいのかどうか，さらに考察が必要な点ではあるが，これも，問題のあり方が変化したものの 1 つであろう．

また，X バー理論に基づく句構造では，次のように，枝分かれのない構造がしばしばあった．

（122）　N″
　　　　｜
　　　　N′
　　　　｜
　　　　N
　　　　｜
　　　　John

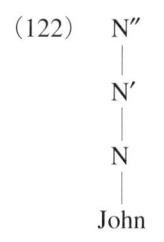

このような，無駄とも言える投射の仕方は，外枠として定められたXバーの型を守ろうとするからこそ，必要なのであった．これに対して，併合という操作は必ず2つの語や句を対象とするので，(122)のような構造はけっして現れることがなくなる．John のように句が1語で構成されているときには，投射を起こす必要がないので，John が主要部であると同時に，句として機能する．したがって，この名詞句が併合によって like John という動詞句を作り出すときには，(123)のように表示されることになる．

（123）　　　　like
　　　　　　／　＼
　　　　like　　John

2.5　ま　と　め

句構造規則は，人間の持つ無限の言語生成能力をうまくとらえている面もある一方，いくつかの根本的な問題があった．1つは，動詞ごとに異なる語彙情報の多様性にうまく対応できず，文を過剰生成する(つまり，本来許してはいけない文を生成してしまう)こと，もう1つは，さまざまな範疇に共通する統語構造の特性がとらえられないことであった．生成文法の枠組みの中でこれらの問題を解決しようとする努力が，結果的に句構造規則から普遍的な部分を抽出し，句構造規則の簡素化を押し進め，ひいては，句構造規則そのものをなくしてしまうという結果をもたらした．過剰生成に関しては，「単語に含まれる情報」と，それが文の中でどのように反映されるべきかを定めた θ 規準((61))・格フィルター((74))などの，文法の制約を組み合わせることによって防ぐことが提案された．さまざまな範疇に共通する統語構造の特性に関しては，まず，それぞれの句構造規

則が満たさなければならない形式として，Xバー理論が提案され，それがやがて，文の骨格だけを生成する，普遍的で抽象的な句構造規則へと昇華された．

　また，句構造規則に基づく文生成の理論には，言語習得に関する問題もある．たとえば，下に繰り返す 2.2.5 節の (41) であげた句構造規則は，英語の文を生成するための規則である．

(41)　a.　S　→　NP INFL VP
　　　b.　VP → V ($\left\{\begin{array}{c}\text{NP}\\\text{PP}\end{array}\right\}$) ($\left\{\begin{array}{c}\text{PP}\\\overline{\text{S}}\end{array}\right\}$)
　　　c.　NP → (Det) (AP) N ($\overline{\text{S}}$)
　　　d.　AP → (Adv) A (PP) ($\overline{\text{S}}$)
　　　e.　PP → (Adv) P ($\left\{\begin{array}{c}\text{NP}\\\text{S}\end{array}\right\}$)
　　　f.　$\overline{\text{S}}$　→　COMP S

日本語の場合には基本的な語順が違うこともあり，明らかに，これらの規則をそのまま用いることはできない．ということは，その句構造規則自体が普遍文法に含まれているわけではないということになり，子供は，それぞれの言語において適切な働きをする規則を，限られた言語経験の中から習得していることになる．しかし，(41) のような複雑な規則がそういう方法で習得可能であるとは，非常に考えにくい．言語は多種多様であるが，その中にも共通点と相違点がある．共通点を取り出して普遍文法の中に含め，子供は相違点だけを習得すればよいようにしておくべきであるが，個々の句構造規則では，その区別がされていないということが大きな問題である．この問題も，もとをただせば，文の型というものを外枠から規定し，文の構造をトップダウン方式で決めようとする考え方に起因している．外見的には，各言語の「文」はいろいろな様相を呈しており，それだけでは，なかなか共通点を抽出することができない．

　1990 年代に入って，それまで文のパターンをトップダウンに定めていた句構造規則そのものを排除し，その代案として，句構造をボトムアップ

に生成していく方法が提案された．この考え方においては，文というものは，単語の持つ情報に基づいて，語と句を2つずつ併合することによって形成されるものである．こうして，文の生成は S という初発記号から始まるという見方から，単語から始まるという見方へと，180度転換されたことになる．ある意味では，句構造が語彙に完全に還元されてしまったと言ってもいいだろう．この考え方に従うと，各言語における句構造を習得するということは，まずその言語での基本的な語順に関する特性がどうなっているか，たとえば主要部が補部の前にくるか後にくるかを見きわめること，そして，θ役割や格の指定など，それぞれの単語についての情報を記憶すること——これらの作業に還元できることになる．句構造を形成するメカニズムそのものは，併合という非常に単純な形で普遍文法に含まれているし，単語の情報は自動的に句構造に投射されるので，元来の句構造規則に見られた言語習得に関する問題も解決することができる．

　さらに，生成文法は「句構造を生成するメカニズム」の問題を追求する過程で，文と名詞句の内部構造や特性をとらえるために，INFL・COMP・D という機能範疇を導入するに至ったが，これらの「文法的情報のみを導入する範疇」という仮説は，句構造に関する理論だけでなく，第3章以降で取り上げる「移動」の概念や，文法全体に関する仮説そのものを大きく変化させることになっていく．この点に着目した理論の変遷は，第4章の4.6節で詳しく紹介する．

第3章
音と意味の分離: PF 表示と LF 表示

3.1 PF 表示と LF 表示

3.1.1 「音」と「意味」

　第1章では，「文法」とは「文を作り出せる能力」とみなすべきであるというチョムスキーの文法観を紹介し，さらに第2章では，1990年代以降の生成文法では「文の生成はその文を構成する単語の集合を入力とする」という考え方が採用されるようになったということを述べた．単語の持つ情報が文を生成する文法の出発点にあたるとすると，その終点にあたるのは何であろうか．

　一般に，文法とは音と意味とを結びつけるものであるとよく言われるが，音と意味とをどのような形で関連づけるかは，理論によってさまざまであり，まさにここに，それぞれの理論の特徴が出ていると言ってよい．(「話しことば」における「音」は，「書きことば」では「文字」，手話では「サイン」や「ジェスチャー」に対応することになるが，以下，話を簡略化するために，「話しことば」のみを対象とする．) チョムスキーが押し進めてきた生成文法においては，一貫して，音も意味もいわば文法の出力の先にあるものであり，文法という仕組みに対する直接の入力にはならないという立場をとってきた．つまり，文法の中核を成しているのは文の生成メカニズムであり，それが音に関する表示と意味に関する表示を出力し，その表示を人間の脳の他の体系が活用して，実際の発音・聴音や理解に結びつけるという考え方である．

発音や聴音をつかさどる音声の情報と，解釈をつかさどる意味の情報は異質なものであると思われるので，文法の出力となる情報の集合体も，音声に関するものと意味に関するものに分離し，それぞれの体系が運用できるようにしなければならない．つまり，大まかに言うと，文法とは，最終的には言語運用への指令となる「音に関する表示」と「意味に関する表示」の組み合わせを出力する手順である，とみなされる (Chomsky (1995, 219) 参照)．チョムスキーは，これらの表示をそれぞれ「PF (phonetic form) 表示」と「LF (logical form) 表示」と呼んだが，PF 表示とは，あくまでもある種の構造表示であり，それ自体が音声表示であるわけではない．同様に，LF 表示も文法によって派生される統語表示で，意味解釈に使われうる情報を含んだものであるが，意味そのものではない．(LF という用語は logical form という語の略語として生まれたものではあるが，論理学における論理形式 (logical form) とは意味そのものを形式的に表現しようとしたものなので，区別する必要がある．LF 表示に関しては，下の 3.6 節でさらに詳しく紹介する．)

　ここで，生成文法では，「意味」と言っても，かなり限られた側面に注目しているということに注意しておいてほしい．つまり，生成文法で扱う「意味」とは，私たちが日常このことばを使うときにイメージするものとは，必ずしも一致しない．たとえば，私たちは日常の会話で，(1) に示したような会話をよく耳にする．

（1）［Aさんの発言を聞いてBさんの顔色が変わった．それを見て,］
　　　a.　Aさん: あ，そんな<u>意味</u>で言ったんじゃないんです．
　　　b.　Bさん: じゃあ，どんな<u>意味</u>で言ったんだい．

(1a) の「意味」とは，ある発話が誤って伝わったためにBさんの頭の中に生まれてしまったとAさんが認識した概念を指し，(1b) の「意味」とは，Aさんがその発話では伝わらなかったと宣言した，彼(女)の頭の中にあることを指している．このように日常で「意味」というときは，文が直接表している内容にかぎらず，ことばが予想外に伝えてしまうことやことばでは伝わらない意図なども含めて指すことが多い．

「目は口ほどに物を言い」,「以心伝心」,「行間を読む」などという表現からもうかがえるように,私たちの生活にとっては,ことばそのものの意味よりも,それによって伝えようとされている意図のほうが大切であることが多い.しかし,発信者の意図の理解というものは,その状況,受け手の持つ知識,信念,感情など,ことばそのものをはるかに超えたさまざまな要因に左右されている.下の (2) の俳句の伝える意味としてよく言及される「静けさ」や「作者のある種の心情」なども,「ことばを超えた意味」の典型的な例であろう.

(2) 古池や蛙飛び込む水の音 (松尾芭蕉)

ことばが芸術の媒介となりうるということ,すなわち,私たちがことばというものを介してさまざまなことを伝えたり感じたりすることができるということも非常に興味深いことであるが,これは,生成文法における研究の対象ではない.

これに対して,生成文法で対象にしているのは,単語と単語の関係(つまり構造)のあり方によって左右される「意味」の側面である.文の解釈は,個々の単語が持つ意味内容から出発するのであるが,文の意味というものは,1つ1つの単語の意味の単なる集合ではない.それぞれの単語がより大きな構造の中で関係づけられることによって,さまざまな意味解釈が生み出されるのである.それこそが,構造によって生まれる「意味」だと言うことができるだろう.生成文法は,単語を構造の中に位置づけていくメカニズムを提案することによって,構造から生まれる意味のあり方を説明しようとしている.もちろん,構造がいったいどのような意味を生み出すのかは,初めから正確にわかっているわけではないので,さまざまな言語現象の観察と分析を通して仮説を立てるしかない.この節では,これまでに「統語のもたらす意味」の候補としてあげられてきた主なものを,例をあげて紹介しよう.

3.1.2 θ 解釈

まず,一番簡単でわかりやすい例としては,第1章の1.4.3節で紹介し

た，述語と参与者の関係があげられる．たとえば，(3) の文では，「ジョン」は (4a, b) に示したように，「思っている」の参与者としても「来る」の参与者としても，解釈可能である．

(3) ジョンは来ると思っている．
(4) a. ジョンは [誰かが来る] と思っている．
    b. 誰かが [ジョンは来る] と思っている．

この多義性は，(3) のような単語の連鎖に，(5a, b) のような2通りの異なる句構造を与えることができると考えれば，簡単に説明できる．

(5) a. [$_{IP}$ ジョンは [$_{IP}$ ___ 来る] と思っている]
    b. [$_{IP}$ ___ [$_{IP}$ ジョンは来る] と思っている]

それぞれの述語にどのような参与者があるかということは，述語そのものの意味から発するものではあるが，構造の違いを考慮にいれなければ，文の意味を正しくとらえることはできない．このような構造に基づいて，(5a) の「ジョン」には，「思っている」の経験者の θ 役割が，そして，(5b) の「ジョン」には，「来る」の行為者の θ 役割が付与されるので，θ 解釈も構造の違いに左右される意味の1つと言える．((5a, b) の下線の部分のように，言語表現が現れないのに解釈が与えられる現象については，3.2.1 節で分析する．)

3.1.3 修飾関係

いわゆる修飾関係も，文法が生成する句構造が直接導き出す意味の1つである．たとえば，次の (6) のような文を例にとって考えてみよう．

(6) We need [$_{NP}$ more intelligent people].

この文では，角括弧 [ ] で示されている名詞句が，2通りに解釈できる．すなわち，「知性の程度がより高い人びと」というふうに，more が質的な意味合いを持っている解釈ができるのと同時に，「より大勢の，知的な人びと」という量的な意味合いを持っている解釈も可能である．文字として書くと同じ名詞句であるが，2通りの解釈を許すということこそが，単語

の組み合わせ方(すなわち,統語的な構成の仕方)によって異なった解釈が生まれるということを示唆している.問題の名詞句には3つの単語が含まれているので,それらを2つずつ組み合わせていく方法としては2つの可能性があり,(7)に示したように,2通りの統語構造が可能である.

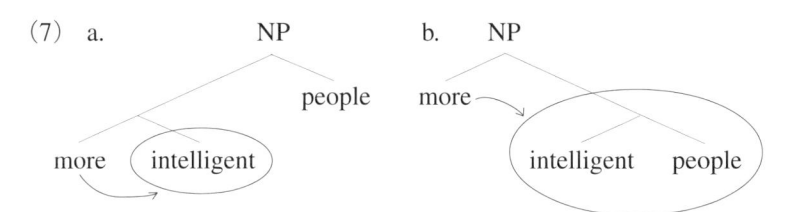

(7) a.　　　　　NP　　　　b.　　　　NP

　　　　　　　　　　people　　more
　　more　intelligent　　　　　intelligent　people

ここで,修飾関係は,統語構造において姉妹関係にある2つの要素間においてのみ成り立つ,と仮定してみよう.(7a)では,more と intelligent が先に組み合わさって1つの構成素を作っているため,(矢印で示したように) more が intelligent と修飾関係を結ぶ統語構造になっている.つまり,この構造になった場合に,「知性の程度がより高い人びと」という解釈が生まれると考えることができる.これに対して(7b)では,more は (intelligent ではなく) intelligent people という構成素全体と修飾関係を結ぶ統語構造になっている.そのため,「より大勢の,知的な人びと」という解釈がもたらされているのである.

次の日本語の文でも,同じような多義性が見られる.

(8)　今日,大学で,[NP かっこいいスーツの先生]を見かけた.

この文では,「かっこいい」のが「スーツ」の場合と「先生」の場合の,2通りの解釈が考えられる.つまり,(8)の[　]で示されている名詞句は,「かっこいいスーツを着た,(かっこよくない)先生」でも「(かっこよくない)スーツを着た,かっこいい先生」でも指しうる,ということである.この場合も(9)に示したように,統語構造が2通りありえるということから,2通りの解釈のあることが説明できる.

(9)　a.　[NP [カッコいいスーツ]の先生]
　　　b.　[NP カッコいい[スーツの先生]]

このように，修飾関係というものは，構造によって説明できる意味の側面の1つである．

3.1.4 演算子の作用域

θ解釈や修飾関係は，2つ以上の単語の内容が，比較的限られた範囲の句構造の中で局所的に関係づけられることによって，意味解釈を生み出している現象である．これに対して，ある語が，(文などの)より大きな構造全体や，文中の離れた位置にある他の要素と意味関係を結ぶ現象が存在することも指摘されていて，しかもそれは，θ解釈や修飾関係とは質的にも異なるものだと言われている．

そもそもこのような現象が指摘されたのは，論理学においてであった．論理学には，文の構成要素の間に見られる論理関係を扱う「述語論理学」(predicate logic) と呼ばれる分野があり，たとえば下の(10a)の文は，(10b)の文とはまったく異なる特殊な論理関係を表しているということが指摘されてきた．

(10) a. The boss accepted *no applicant*.
　　　b. The boss accepted *Bill*.

(10b)は，the boss という表現で指されている人物が，Bill という表現で指されている人物に対して，accept という行為を行なったことを示している．それに対して，(10a)の場合には，「the boss という表現で指されている人物が，no applicant という表現で指されている人物に対して，accept という行為を行なった」ということを意味しているのではない．no applicant は，特定の誰かを指している表現ではないからである．そこで，(10a)のような文の論理関係は，簡略化すると，(11)に示したような論理形式で表されると主張されてきた．

(11) for *no applicant* x, the boss accepted x

この略式の論理形式(11)は「応募者であるどの x をとっても，ボスは x を採用しなかった」という，(10a)の文に見られる論理関係を表現したも

のである．ここで特徴的なのは，accepted という述語の目的語が，一定の指示対象物を持つ表現ではなく，x という変項（variable）によって表されているという点である．変項とは，いわば「実体を持たない参与者」であり，何らかの演算子（operator）に結びつけられる（この状態を「束縛される」と言う）ことによって，初めて解釈が可能になるものである．(11)では，for *no applicant x* という部分が，その演算子の役割を果たしている．(11) を読み下すと，「no applicant x に関して the boss accepted x という命題があてはまる（つまり真である）」というように，演算子の部分と，変項 x を含んだ文の部分の 2 つに分かれるが，この後者の部分は，しばしば演算子の「作用域」（scope）と呼ばれる．つまり，演算子が影響を及ぼす領域という意味である．

このように，変項を用いないと表現できない論理関係を持った文は，他にもいろいろある．(12a) のように every ～ という表現を含んだ文や，(13a) の文のように some ～ という表現を含んだ文も，通常，変項を含んだ論理表示で表現され，every ～，some ～ はそれぞれ演算子と関係づけられる．(every ～，some ～ などの表現は，数量詞（quantifier）とも呼ばれている．)

(12) a. The boss accepted *every applicant*.
b. for *every applicant x*, the boss accepted *x*
（すべての applicant x に関して，the boss accepted x という命題があてはまる．）
(13) a. The boss accepted *some applicant*.
b. for *at least one applicant x*, the boss accepted *x*
（少なくとも 1 人の applicant x に関して，the boss accepted x という命題があてはまる．）

これらの例で注目されるのは，たとえば (12a) の every applicant という名詞句は，(12b) の論理形式において，演算子の中身を指定する役割と，この演算子と結びつけられる変項 x が述語の項として文のどの位置に現れるかということを指定する役割の，両方を果たしているということであ

る．このように，演算子のかかわる文の意味関係は，演算子と変項という，文中の離れた位置にある2つの要素の間の依存関係を介して成立する．つまり，これも，統語構造を考慮に入れなければ解明できない意味関係を含んでいると言えるだろう．

さらに，このような論理学における分析が言語学にも取り入れられるようになると，(14a)のような(埋め込まれた)wh疑問文の統語表示も，論理的には(14b)のように解釈されているのではないかと指摘されるようになった．(Chomsky (1975b, 94), Chomsky (1977, 16) などを参照．)

(14) a. I wonder [*which actor* John resembles ___].
b. for *which actor x*, John resembles *x*

つまり，疑問詞も，述語の項としての側面と，演算子に相当するという側面の二面性を持っているという考え方である．wh 疑問文の解釈が統語構造によって左右されることは，具体例によっても示すことができる．たとえば，次の2つの文を英語の話者に見せると，((15a)のほうが(15b)よりも解釈しやすいという違いはあるが)どちらもおおむね，容認可能な間接疑問を含んだ文であると言う．

(15) a. Bill knows [$_{CP_1}$ (that) John knows [$_{CP_2}$ **who** Mary dated ___]].
b. Bill knows [$_{CP_1}$ **who** John knows [$_{CP_2}$ (that) Mary dated ___]].

しかし，2つの文の意味内容は，まったく異なる．簡単に言うと，(15a)の文は，ビルが知っている内容は「ジョンがメアリーのデートの相手の正体を知っていること」であると述べているが，ビル自身がその人物の正体を知っているかどうかに関しては何も述べていない．それに対して，(15b)の文が述べているビルが知っている内容とは，「誰に関して，ジョンがメアリーがデートしたことを知っているか」である．つまり，この場合，ビル自身もメアリーのデートの相手の正体を知っていると述べていることになる．この2つの文が異なっているのは，dated の目的語として解釈される who が，CP_1 の文頭に現れているか，CP_2 の文頭に現れているかという点においてのみである．つまり，この wh 句は，同じ述語の項と

して解釈されてはいるが，それぞれ異なる埋め込み文の文頭に現れているため，演算子としての作用域が異なり，その結果，(15a)ではCP$_2$が疑問文として解釈されているのに対して，(15b)ではCP$_1$が疑問文として解釈されるという違いが生まれている．つまり，wh疑問文という構文は，このように，統語構造に左右される意味を生み出すものなのである．

3.1.5　「音」に対する構造の影響

　ここまで紹介してきた「構造に左右される意味」のうち，θ解釈は，簡単に言ってしまえば「誰が何をする(した)か」などを表し，修飾関係とはさらに「それがいつ，どこで，なぜ，どのように起こったか(あるいは名詞句内であれば，その物体や概念がどのような状態・性質であるか)」などの細部の情報を加えているのであるから，子供が言語を通さなくても認識できるような，文の中核をなす認識論的(epistemological)な意味を形成しているという位置づけができる．そして，これらは第2章で紹介したような句構造から直接導き出せる性質を持っている．これに対して，wh句その他の演算子を含む文などは，文中からある言語要素だけを取り立てて文全体との関係を示すなど，明らかにθ解釈を超える特殊な意味解釈をもたらし，句構造規則(あるいは第2章の2.4.2節で紹介した「併合」)が生成した句構造からは直接導き出せない性質のものである．このような2種類の異なるタイプの構造的意味を認識することが，生成文法における統語分析に，移動による派生の概念を持ち込む動機づけの1つになったと言ってもよいだろう．(「移動」の概念は，3.3節であらためて詳しく紹介する．)

　ここまでは，生成文法で扱う意味とは統語構造に由来するものを指すという話をしてきたが，意味解釈だけではなく，ある種の音声の運用に関しても，統語構造に言及する規則性が存在する可能性がある．上で，[more intelligent people]という名詞句には2通りの意味解釈があるということを説明したが，実は(16)に示したように，この名詞句は，意味解釈によってそれぞれ異なった強勢(stress)のパターンを伴う．(母音の上につけられた数字は，「1」が第一強勢，「2」が第二強勢，「3」が第三強勢を表す．)

(16)
      3 2   1
 a. [NP [more intelligent] people]
  （知性の程度がより高い人びと）

     2 3   1
 b. [NP more [intelligent people]]
  （より大勢の，知的な人びと）

上で述べた意味解釈の違いが，(7) に示した2通りの構造からきているものであるとするならば，(16) に示した2通りの強勢パターンも構造の違いからきていると考えて不思議はない．

ここで示した強勢パターンと修飾関係の対応を見て，統語構造など介さなくても，音と意味が直接結びつけられていると考えればいい，と思う人がいるかもしれない．しかし，そのような分析をすると，たとえば (16a, b) に見られる強勢パターンと修飾関係の組み合わせは，なぜそのようになっていて，逆の組み合わせではないのか，あるいは，なぜまったく異なる強勢パターンを示さないのか，などの疑問には答えられない．一方，(16a, b) のような組み合わせは構造を介してもたらされているという分析を採用すると，その必然性は，音声と意味解釈それぞれに関する一般的な法則性から導き出すことができる．実際，さまざまな現象の研究を通して，句の中の強勢パターンを決める規則や，単語の意味から句の意味を介して全体の文の意味を合成していく意味論の分析が提案されてきている．

◇ 考

このように見てくると，文法内における統語の役割と，さらにはその宿命のようなものもはっきりと見えてくる．すなわち，統語こそが句や文の音声と意味を解明し，それらを結びつけるもっとも重要な鍵である．しかし，私たちは統語構造を直接知覚することができないため，音や意味と違ってその存在を自覚することも少ないし，その重要性もあまり認識されない．つまり，組織立った言語研究の鍵となる，ある意味ではもっとも重要な部分が一番よく見えないという，皮肉な状況になっているのだ．Kuroda (1979) では，この状況が，"Syntax is like the (w)hole of the doughnut."（統語とはドーナツの{すべて / 穴}のようなものだ）と表現されている．

生成文法は，頭の中にある意図（や実際の発音）を直接扱うものではない．単語などの言語要素が組み合わされることによって，統語構造がどのようにして作られ，それが構造的意味や音声をどのように発生させているのかという，メカニズムを解明しようとするものなのである．

3.2　名詞に関する音と意味の分離

言語表現の持つ情報を，音声と意味の2つの異なる側面に完全に分離して解釈するという生成文法の文法観は，名詞句の分析においても，文の統語派生においても，重要な役割を果たしている．以下，「音と意味の分離」という仮説が可能にしたさまざまな統語にかかわる分析を紹介し，それらの分析に基づいて生成文法がどのように考え方を発展させてきたかを見ていこう．まず3.2.1節では，意味解釈の面では機能を持っているのに音を持っていない要素（空範疇）について説明する．そして3.2.2節では，逆に，音はあるのに意味解釈としては機能を持っていない要素（虚辞）について説明する．

3.2.1　音を持たない言語表現

次の例を見てほしい．prefer という述語は一見，いろいろな補部のとり方をするように見える．

(17)　a.　I would prefer that I leave first.
　　　b.　I would prefer myself to leave first.
　　　c.　I would prefer to leave first.

たとえば，学校文法ならば，(17a) は prefer が that 節をとっている場合，(17b) は名詞(句)と to 不定詞をとっている場合，(17c) は to 不定詞だけをとっている場合，ということになるだろう．しかし，注目されるのは，(17a–c) はどれも，「私は（どちらかと言えば）こうしたい」ということを

述べており，その「こう」の内容は「私が{先に/最初に}発つ」ことだということである．つまり，主文の述語である prefer と，埋め込まれた補文 (complement sentence) の述語である leave は，(18a, b) に示したような意味関係を持っている．

(18) a. *prefer*：(EXPERIENCER, PROPOSITION)
EXPERIENCER =「私」
PROPOSITION =「私が{先に/最初に}発つこと」
b. *leave*：(AGENT)
AGENT =「私」

ここで特に注目したいのは (17c) である．文の意味解釈としては (18) のような関係が成り立っているにもかかわらず，(17c) では，leave の AGENT となる名詞句が表現されていないように見える．生成文法では，(18) のような述語と項の意味関係は，LF において表示するべき意味の側面であると考えているので，(17c) にかぎって (18b) の関係が LF で表されていないという仮定はとっていない．そこで，(17c) の補文には leave の主語が見あたらないが，「発音はされなくても解釈されている主語」が項として存在しており，それに AGENT の θ 役割が与えられているはずだという分析が生まれた．そのように仮定すると，prefer という述語は (17) に示したどの場合についても，ある種の文を補文として埋め込んでいると考えることができ，述語と項の意味関係について統一的にとらえることができる．このような状況は一見，矛盾しているように思われるが，音声と意味が分離されて，PF 表示と LF 表示が別々に派生され，それらが解釈される生成文法のモデルでは可能になる．つまり，次の (19) に示したようになる．

(19) a. I prefer [that I leave first].
b. I prefer [myself to leave first].
c. I prefer [[$_{NP}$ ___] to leave first].

このような考察を背景にして仮定されるようになったものが，空範疇 (empty category) と呼ばれる概念であると考えてもよいだろう．以下で

は，[NP e] と書いて空範疇を表すことにする．空範疇は，音声にかかわる内容を持たないので発音されない．しかし，意味にかかわる内容は持っているので，LF 表示では解釈される．言い換えれば，空範疇を仮定することによって，述語の持つ θ 役割と文中に現れる項の 1 対 1 の関係が保たれることになり，「文法的な文はすべて θ 規準を満たしているはずである」という仮定が保持されることになる．

(19) では，空範疇が「私」として解釈されているが，次の (20a, b) では，それぞれ「彼」，「彼女」，「私たち」として解釈されている．(便宜的に，同一の下付きの数字をつけることによって，その名詞句が同一の指示物を持つことを表すことにする．)

(20) a. He$_1$ would prefer [[$_{NP}$ e]$_1$ to leave first].
b. She$_2$ would prefer [[$_{NP}$ e]$_2$ to leave first].
c. We$_3$ would prefer [[$_{NP}$ e]$_3$ to leave first].

(19) や (20) のような空範疇は，主文の主語を指すことによってその指示内容が決まるので，ある種の代用表現 (proform) であるとみなされた．仮に，代名詞の he, she, we が，(21) に示されたような「人称・数・性」の特性を持つものであると考えるならば，(19) や (20) の空範疇は (22) のように，より中立的なものであると思われる．

(21) a. *he*: [3rd person, − plural, − female]
b. *she*: [3rd person, − plural, + female]
c. *we*: [1st person, + plural]
(22) [$_{NP}$ e]: [α person, β number, γ gender]

(22) の α, β, γ は，この空範疇の人称・数・性の値が不定であり，先行詞を持つことによって，この空範疇の内容が規定されるということを表している．このようなタイプの空範疇は，PRO というニックネームが与えられている (常に大文字で表記されるので，"big" PRO もしくは "large" PRO と呼ばれることもある)．PRO は，(19) や (20) で見られたように，一般に非定形の時制を持つ文の主語としては認められるが，下の

(23a)に見られるような(現在もしくは過去の)定形の時制を持つ文の主語や，(23b)に見られるような動詞の目的語としては許されないことが知られている．

(23) a. *John thought that [$_S$ PRO would win].
b. *John never expected Mary to [$_{VP}$ blame PRO].

統語的にPROが存在することを示すテストの1つとして，次のような現象が指摘されている．まず，(24a)と(24b, c)との対比に見られるように，selfを伴う英語の再帰表現が動詞の目的語として現れると，(大まかに言って)その文の主語と照応関係を結ばなければならないという制約がある．

(24) a. **Mary**$_1$ should behave **herself**$_1$.
b. *{__ / It} should behave **herself**$_1$.
c. ***Mary**$_1$ knows that [$_S$ John should behave **herself**$_1$].

同様に，(25)では，不定詞節が主文の主語として埋め込まれているが，(25a)のように，再帰表現のherselfがその埋め込み文の主語であるMaryと照応関係を結んでいれば，何も問題は起こらない．これに対して，(25b)のように，先行詞となるMaryがその文の中に含まれていない場合には，非文となる．

(25) a. [$_S$ For **Mary**$_1$ to behave **herself**$_1$] should be our first goal.
b. *[$_S$ That it should behave **herself**$_1$] is **Mary**$_1$'s first goal.

ところが，次の(26)では，(25b)と同様，埋め込み文の中に先行詞が見あたらないにもかかわらず，再帰表現のherselfは何の問題も起こしていない．

(26) [To behave **herself**$_1$] should be **Mary**$_1$'s first goal.

ここで，(26)の埋め込み文が，(27)のように「発音されないが統語的に存在する」PROを主語として持っていると仮定すると，(26)の文法性が

うまく説明できる．

(27) [s **PRO**₁ to behave **herself**₁] should be **Mary**₁'s first goal

(27) においては，再帰表現の herself は，埋め込み文の中でその主語である PRO と照応関係を結んでいるし，上の (19) のケースと同様に，この分析は θ 規準とも矛盾しないのである．

3.2.2 意味を持たない言語表現

空範疇のような「意味解釈はされるが発音はされない」言語要素とは逆に，「発音はされるが意味解釈はされない」言語要素というものも提案されている．こんどは，それを紹介する．

まず，下の (28a, b) の文を，θ 役割に関する意味解釈の観点から分析してみる．

(28) a. [That John will come back in time] is likely.
b. [Unicorns] exist (in this world).

主語として文が埋め込まれている (28a) の文は「ジョンが間に合うように帰って来るということが，実現しそうだ」(=「ジョンは間に合うように帰って来そうだ」) という解釈が与えられる．つまり，述語の likely が与える θ 役割は 1 つだけで，それが，主語として埋め込まれた文に与えられていると考えられる．また，(28b) の文は「(この世界には) 一角獣が存在する」と解釈される．ここでも，述語の exist が与えている θ 役割は 1 つだけである．(第 1 章で紹介したように) θ 規準に従えば，述語の与える「θ 役割」の数と，文中に必ず現れなければいけない「項」の数が，1 対 1 に対応しなければならない．つまり，(28) の文はどちらも，項が 1 つだけの文ということになる．

ところが，下の (29a, b) の文を見ると，ちょっとした矛盾に突きあたる．

(29) a. **It** is likely [that John will come back in time].
b. **There** exist [unicorns] (in this world).

(29) では，それぞれの文の「ただ 1 つの項」である [that John will come

back in time] と [unicorns] が，主語としてではなく，それぞれが補文，あるいは目的語にあたる位置に登場している．そして新たに主語として，It と There が現れている．つまり，それぞれの文中で，新たに項が 1 つ加わったような印象を受ける．しかし，本当にそうなのだろうか？ 意味関係の面から見れば，(29) と (28) はほぼ同じ関係を表しており，(29a) では何が likely かと言えば，(28a) と同様「ジョンが間に合うように帰って来る」ということであり，(29b) で何が exist するかと言えば，(28b) と同様「一角獣」であり，それぞれ他の意味関係が存在しているわけではない．つまり，(29) であとから足した項に見えた It と There は，θ 役割を持つものではなく，意味解釈の面からは，実は項として機能していないのである．このように θ 役割を持たない名詞句は，虚辞(expletive または pleonastic)と呼ばれ，「発音はされるが意味解釈はされない」特殊な名詞句とみなされている．このように考えれば，(29) においても θ 規準は満たされていることになる．θ 規準は，上でも繰り返したように，述語の与える「θ 役割」の数と，文中に必ず現れなければいけない「項」の数が，1 対 1 に対応しなければならないという原理だからである．

　虚辞には意味内容や指示物がないということを裏づけるような事実も，いくつか指摘されている．たとえば，虚辞の it は指示物がないのであるから，どのような場合でも複数形の they にとって代わられることはない．

(30) ***They** are unlikely [that he will come back in time] (and [that he will bring a doctor]).

また，その内容を問うような疑問形にすることもできない．

(31) a. ***What** is unlikely that he will come back in time?
b. ***Where** exist unicorns? There!

　さて，虚辞には意味内容や指示物がなく，これを θ 役割を持たない NP だと仮定する考え方を紹介してきたが，だからと言って，文の中で何の機能も果たしていないわけではない．たとえば，(29a, b) の It と There は，文の主語としての機能は持っている．(32) に示されているように，疑問

文にした場合，助動詞の部分と倒置を起こすというのが，英語の主語の文法的な特徴の1つであり，この特徴が (33a, b) の it と there にも見られるのである．

(32) <u>Do you</u> love me?
(33) a. Is **it** likely that John will come back in time?
    b. Do **there** exist unicorns (in this world)?

このように，虚辞は，θ役割が与えられていないだけで，文法的な役割はきちんと果たしているのである．

虚辞のもう1つの大きな特徴は，下の (34) で観察されるように，「それが現れることができる位置では必ず現れなければいけない」ことである．

(34) a. *__ is likely [that John will come back in time]
    b. *__ exist [unicorns] (in this world)

(34) が非文であるということは，(35) が非文であることと同じように扱えると思うかもしれないが，そうではない．

(35) *__ resembles his father

(35) では，述語 resemble の与える θ役割を受け取るべき項が1つ現れていないので，θ規準によって排除することができる．しかし，(34a, b) では，それぞれの述語は1つしか θ役割を与えないし，それは述語の右に現れている項によって正しく受け取られているので，虚辞が省かれて主語が現れない場合でも，その非文法性は θ規準によっては説明できないのである．

このような観察に基づいて，Chomsky (1982) は，文に主語が現れることを要求する異なる要因として，次の2つをあげた．まず，述語が語彙的な特性として持つ θ役割を文構造に「投射する」ことを要求する「投射原理」がある(⇒ 2.3.2 節)．つまり，与えられるべき θ役割が述語によってもたらされる場合，主語は θ規準を満たすために文中に現れなければならない．さらにそれとは独立に，下の (36) のような，「拡大投射

原理」(Extended Projection Principle: EPP)と命名されたものがあると仮定した.

(36) 拡大投射原理:
　　　文には主語がなければならない.

(36)は，主語を要求するという点で「投射原理」と同じ効果をもたらすというので，「投射原理」の延長線上にある「拡大投射原理」と名づけられた.

◇ 考

(36)は，「原理」という名称がついてはいるが，文法の原理と言うよりは，単に観察から得られた一般化を記述しただけのものである．明らかに，最終的には文法の他の部分から定理として導き出されるべき性質のものであろう．しかし，与えられるべき θ 役割の有無にかかわらず，文には主語が必要であるという一般化はたしかに可能なようなので，とりあえずはこのような制約があると仮定して，研究を進めようというのである．

最終的にどのような形で規定されるにせよ，とにかく拡大投射原理のような制約が存在すると考えることによってもたらされる具体的な統語分析もある．たとえば，空範疇を紹介した3.2節で，下の(37a, b)のような，不定詞を中心とした部分を文として扱ったことにとまどいを感じた読者もいたかもしれない.

(37) a. I would prefer [$_S$ **myself to leave first**].
　　　b. I$_1$ would prefer [$_S$ [$_{NP}$ e]$_1$ **to leave first**].

しかし，下の(38)のような埋め込まれた不定詞節の中でも，虚辞が主語として現れないと非文が生じる.

(38) We consider [$_S$ *(**it**) to be likely that he will come back in time].

この事実は，(36)の拡大投射原理を仮定し，不定詞節も文であると仮定すれば説明することができるので，不定詞節を文として分析する根拠にな

りうるものである.

　この節では，空範疇とは対極に位置する「発音はされるが意味解釈はされない」名詞句として，「虚辞」という概念が提案されていることを簡単に紹介した.このような考え方も，音と意味を分離してPF表示とLF表示を派生し，それらを解釈するという生成文法の仮説を採用して，初めて可能になる.「拡大投射原理」と「虚辞」のテーマは，第4章で「主語」という概念を考察する際に再び取り上げる.

◇ 考

　虚辞という概念は，PF表示とLF表示を取り入れた文法のモデルと，うまく話のつじつまが合う.しかし，虚辞の位置づけについては，さまざまな問題が残っている.たとえば，「虚辞」となる語はどうして代用表現なのか，しかも，どうしてitやthereとそれに対応する代用表現に限られるのか.（英語でも，意味的には近いように思われるかもしれないが，thisやhereを虚辞として用いることはできない.これは英語だけでなく，他のインド・ヨーロッパ語にも見られる現象である.）そして，意味内容や指示物を持たないと言いながら，itが後続の文を指し示すという比較的はっきりした母語話者の直観がはたらく.「虚辞」が存在すると言われているどの言語にも共通して，このような数多くの疑問が残る.「虚辞」という概念を，このような観点からもう一度検証してみる必要があるだろう.

3.3　文の派生における音と意味の分離

3.3.1　移動: 音声と意味解釈の「ずれ」

　いろいろな構文を観察すると，ある単語が持っている役割や解釈が，その単語が現れている位置とは別の位置から来ていると考えざるをえない場合がある.このような現象に対して，チョムスキーは一貫して，「移動」という概念を用いて分析してきたが，これも，音に関する表示と意味に関する表示の2つがあるという考え方が可能にしたと言ってよい.

　wh疑問文と呼ばれる構造を例にとって見てみよう.たとえば，(39a)に現れるWhoという疑問詞は，文頭で発音されているにもかかわらず，

普通なら動詞のあとに来るはずの目的語として解釈されている．このことは，この疑問詞が whom という目的語の形をとることからも，そして，この疑問文の答えにおいて，who(m) に相当する名詞句が，(39b) のように動詞のあとの目的語として現れることからも，明らかである．

(39) a. **Who(m)** does John resemble?
b. John resembles **his father**.

つまり，ここでは，ある種の音声と意味解釈の「ずれ」が許されていることになる．このような矛盾をとらえるべく提案されたのが，(40) に示した「変形規則 (transformational rule) による派生」という考え方である．

(40) a. John resembles **who(m)**
b. **who(m)** does John resemble ___

この分析によると，(39a) の wh 疑問文は，いきなりこのような形で生成されるのではなく，まず，(40a) のような基底表示 (underlying representation) として生成され，この表示に変形規則が適用して，(40b) のような派生表示 (derived representation) がもたらされる．つまり，私たちが文と認識しているものは，実際の語順を反映している表示以外に，そのまま表面に現れるとはかぎらない抽象的な表示を持つ，2 つ(以上)の異なるレベルの集合体として分析されているのである．

　この移動の分析を完結させるためには，意味と音声の解釈が，それぞれどの統語表示のレベルで行なわれるべきなのかを見きわめなければならない．詳しいことは 3.4 節以降で，文法モデルの変遷を追いながら述べることにするが，話を単純化すると，大きく分けて 2 通りの分析ができる．まず，初期の生成文法では，意味は移動が起こる前に，そして音声は移動が起こったあとで決定されると考えられていた．したがって，たとえば (40) では，wh 句は (40a) において目的語として意味解釈され，移動のあと，(40b) の文頭の位置で発音されることになる．

　これに対して，のちの理論の枠組みの中では，音声と意味のどちらも，

移動のあとで解釈されるという考え方が採用されるようになった．この考え方を可能にしたのが「痕跡理論」(trace theory) と呼ばれるもので，これは，Emonds (1970) や Perlmutter (1972) が発案したものを，のちに Chomsky (1973)，Chomsky (1975b) が統合・整備した仮説である．痕跡理論とは，たとえば (40b) の wh 疑問文において，目的語の名詞句が移動したあと，その目的語の位置が消失するのではなく，下の (41) に示されたように，移動した名詞句と関係を持ったある種の空範疇が，痕跡 (trace) として残されるとする分析である．(痕跡としての空範疇は t と略されることが多い．そして，どの要素が移動したあとの痕跡かということを示すために，(41) の「₁」のような指標が用いられることが多い．)

(41) **who(m)**₁ does John resemble t_1

この痕跡が，移動した名詞句の代理として目的語の位置で θ 役割を与えられ，それが移動した名詞句に伝えられると仮定された．移動した名詞句は移動先で発音されるが，痕跡は空範疇なので発音されない．このようにして，音声と意味のずれは，移動のあとの統語表示の中でとらえられている．

◇ 考

　以下で述べるように，チョムスキーを中心とした研究者の間では，文法に「移動」という操作が含まれていると考えられているが，生成文法と呼ばれる研究の中にも，「移動」という操作を仮定しない考え方もある．たとえば，上の (39a) ならば，Who(m) がもともと文頭に生成されていたとしても，目的語の位置と結びつける別の手立てがあればいいのである．このような方向で文法を構築しようとする試みに，一般化句構造文法 (Generalized Phrase Structure Grammar: GPSG)，さらにそれを発展させた主要部駆動句構造文法 (Head-Driven Phrase Structure Grammar: HPSG)，語彙機能文法 (Lexical Functional Grammar: LFG) などがあり，それぞれ Gazdar et al. (1985)，Pollard & Sag (1994)，Bresnan (1982) などの代表的な研究がある．

3.3.2 音に影響を与えない統語派生

ここまで 3.3.1 節で紹介した例では，疑問詞が目的語以外の位置に現れて発音されているにもかかわらず，目的語としての機能を持っているという点に注目し，これを説明するために「移動」という操作が起こっているという分析をしたが，移動の分析には，さらなる利点がある．たとえば，3.1.4 節で紹介したように，(42a) で埋め込まれているような，疑問詞を含む wh 疑問文は，論理的には (42b) のように解釈されていると考えられる．

(42) a. I wonder [which actor John resembles].
　　　b. for *which actor x*, John resembles *x*

つまり，疑問詞は述語の項としてだけではなく，演算子としての意味機能も持っている．このような，疑問詞の持つ特殊な意味機能も，移動と痕跡理論を組み合わせた (43) のような分析を採用することによって，うまくとらえられる．

(43) I wonder [$_{CP}$ **which actor**$_1$ [$_{IP}$ John resembles t_1]]

ここで注目すべきは，(43) の埋め込まれた疑問文の統語表示と，(42b) の論理形式の平行性である．(43) の統語表示の中で，痕跡 t_1 は，[John resembles t_1] という文 (IP) の中で動詞の目的語として現れているが，これは (42b) の，論理形式における変項 x の位置と合致している．そして wh 句の which actor は，(43) では埋め込まれた IP のさらに外側に移動されているが，これは，(42b) の論理形式の中で演算子として機能している wh 句が，その作用域となる文 John resembles x の外側に位置しているのと合致している．このようにして，痕跡を伴った移動の分析を採用すると，統語表示における痕跡の存在が論理表示における変項の存在にそのまま翻訳でき，wh 疑問文における論理関係を，特別な操作を加える必要もなく，統語構造から直接導き出すことができる．ここでは，wh 句の項としての役割は痕跡に与えられ，演算子としての役割は，移動したあとの位置で与えられると考えられる．

さて，そもそも wh 疑問文が演算子と変項を含んだ論理関係を示すのではないかと考えられたのは，その解釈が，数量詞を含む文の論理関係と非常によく似ていたからである．たとえば（44a）の文は，（44b）に示したような論理形式で表すことができる．

(44) a. The boss accepted *every applicant*.
b. for *every applicant x*, the boss accepted *x*

そして，同様に（45a）の wh 疑問文に関しても，（45b）のような論理形式を与えるのが理にかなっていると考えられた．

(45) a. I wonder [$_{CP}$ which actor$_1$ [$_{IP}$ John resembles t_1]]

b. for *which actor x*, John resembles *x*

ここで，もし，wh 疑問文の論理形式（45b）が，wh 句が文頭へ移動し，残された痕跡が文中で変項として解釈されることによって成立するのであれば，数量詞を含む文の論理形式（44b）も，（46）に示すように，（44a）の数量詞が移動し，痕跡を残したことによって成立するものなのではないか，という考え方が生まれてきた（May 1977; May 1985）．

(46) **every applicant**$_1$ [$_{IP}$ the boss accepted t_1]

つまり，every 〜, some 〜, no 〜 などの数量詞を含んだ文では，（46）に示したように，「数量詞繰り上げ」（Quantifier Raising）と呼ばれる移動が起こっており，数量詞の項としての意味役割はその痕跡の位置で，そして演算子としての役割はその移動後の位置で与えられる，という分析が提案されたのである．もちろん，wh 疑問文の場合とは異なり，この場合は，（46）のような語順で文が発音されるわけではない．つまり，もしここで本当に数量詞が移動しているのであれば，音声面には影響を与えない移動というものが存在することになる．この考え方は，一見矛盾しているように思われるかもしれないが，音と意味が分離される文法のモデルを採用し，LF 表示を派生する LF 部門というものを文法内にもうけることによっ

て，実現可能になる（⇒ 3.6 節）．生成文法の流れの中で，このような移動操作の存在が意識され始めたのは，1970 年代ごろからである．モデル全体として，どのように仮定されていたかということは，この章の後半の節でまとめて述べることにしよう．

　音声面に影響を与えるかどうかという点は異なっているが，意味解釈の面では，数量詞を含む文と疑問詞を含む文に関してさまざまな類似点が指摘され，数量詞繰り上げ分析を支持する現象であるとみなされてきた．Higginbotham (1980, 687–689), Chomsky (1981, 196), May (1985, 6) は，次のようなものをあげている．まず，(47a) と (47b) を比べてほしい．

(47)　a.　**Who**$_x$ saw **his**$_x$ mother?
　　　b.　**Who**$_x$ did **his**$_{*x}$ mother see?

ほとんど似たような文であるにもかかわらず，(47b) には，(47a) には見られない解釈の制約がある．(47a) では代名詞と wh 句が同じ人を指せるのに対して，(47b) では（*x で示してあるように）そのような解釈が許されない．(48a, b) に示したように，どちらの解釈も，論理形式で表現することそのものは可能なのであるから，これは論理形式そのものの問題ではない．

(48)　a.　for *which person x*, x saw x's mother
　　　b.　for *which person x*, x's mother saw x

それにもかかわらず，(47b) では，代名詞の his が which という演算子に束縛された変項 x に相当する解釈が不可能なのであるから，これは統語論の問題だということになる．この観察を wh 移動の仕方に結びつけて述べたのが Wasow (1972) であり，(47b) に見られる現象を「弱交差 (weak crossover) 現象」と呼んだ．この現象に対する分析はいろいろあるが，このような名称になったのは，(47b) で問題となる解釈ができない理由が，(49b) に示されているように，wh 句が文頭に移動する際に，代名詞を飛び越え交差 (crossover) している点と関係があると考えられていたためである．（なぜ「弱」と言われているのかという点については，ここでの議

論には特に関与しないので，ふれないことにする．交差の現象そのものに初めて着目したのは，Postal (1971) であり，そこでは，いろいろなタイプの交差の現象について取り上げられている．）

(49) a. **who**$_x$ t_x saw **his**$_x$ mother

　　 b. **who**$_x$ did **his**$_{*x}$ mother see t_x

おもしろいのは，同じような現象が，数量詞を含む文でも見られることである．

(50) a. **Everyone**$_x$ saw **his**$_x$ mother.
　　 b. **His**$_{*x}$ mother saw **everyone**$_x$.

(50a) の文では，(51a) に示したように，代名詞の his を変項 x として解釈できるが，(50b) ではこれが不可能で，(51b) のようには解釈されない．

(51) a. for *every person x*, x saw x's mother
　　 b. for *every person x*, x's mother saw x

Higginbotham (1980) は，数量詞が (52) に示したような移動をすると仮定すれば，(50) に見られる対比は，(47) の対比とまったく同じように，弱交差の現象としてとらえられると指摘した．

(52) a. LF: **everyone**$_x$ t_x saw **his**$_x$ mother

　　 b. LF: **everyone**$_x$ **his**$_{*x}$ mother saw t_x

つまり，英語の「目に見える」wh 移動が引き起こす解釈の制限が，数量詞繰り上げという「目に見えない」移動でも同様に引き起こされているということである．この観察は，数量詞を含む文に，目には見えない統語的な操作が適用しているという仮説に対する，大きな原動力となった．

このようにして，音声に影響を与える移動と与えない移動の両方を仮定

し，さらに痕跡理論を採用すると，wh 疑問文における論理関係の解釈と，数量詞を含んだ文の解釈を融合することが可能になる．これは，痕跡理論の大きな利点の 1 つであると考えられた．

3.3.3 論理関係に影響を与えない移動

「意味には影響を与えるが，音声には影響を与えない移動」があるならば，逆に，「音声には影響を与えるが，意味には影響を与えない移動」はないのだろうか．実際，そのような移動の存在の可能性も早くから指摘されていて，下の (53) に見られる「重名詞句移動」(Heavy NP Shift) と呼ばれる現象や，(54) に見られる「名詞句からの外置 (extraposition)」と呼ばれる現象などが，その候補にあげられている（Ross 1967; Chomsky 1981; Chomsky 1986a; etc.）．

(53)　重名詞句移動
　　a.　I gave [NP **the coin I had inherited from my grandfather**] to my brother
　　b.　I gave ＿＿＿＿＿＿＿＿＿＿＿＿＿ to my brother [NP
　　　　the coin I had inherited from my grandfather]

(54)　名詞句からの外置
　　a.　I gave [NP a coin [CP **which I had polished**]] to my brother
　　b.　I gave [NP a coin ＿＿＿＿＿＿＿] to my brother [CP **which I had polished**]

ただし，これらの移動は，wh 移動のように必須ではなく，任意の移動である．「文体規則」(stylistic rule) という名称が与えられ，区別されてきてはいるが，3.3.2 節の数量詞繰り上げ移動などに比べると，その位置づけについてはいろいろな仮説が並び立っている状態であり，まだ決定的な議論がないと言ってもよい．

◇ 考

　　標準理論のころの文体規則は，GB 理論では PF 移動に相当するという

ことになるところだが，従来，文体規則によって派生すると考えられてきた現象において，本当に意味解釈に影響が出ていないかどうかは，さまざまな意見があり，文体規則とPF移動を同一視するべきでないと示唆する研究もある（Nakajima 1984/1985, 122; Nakajima 1989, 329）．文体規則は，おそらく，文を知覚するときの情報処理機能とも深くかかわっていると思われるが，その多くはまだ不明のままである．

3.3.4 移動の位置づけと生成文法のモデルの変遷

このように，文を構成している要素には，さまざまな二面性がある．それらを説明するためには，(i)語順と論理関係の両方に影響を与える移動，(ii)語順には影響を与えないが論理関係には影響を与える移動，(iii)論理関係には影響を与えないが語順には影響を与える移動，の3種類を認めることが望ましいと考えられる．しかし，このことは，生成文法の流れの中で，初めから意識されてきたことではない．また，語順と論理関係に関する二面性を移動を用いて説明しようとする際に重要な問題となるのが，いったいどの表示で音声の解釈や意味の解釈を行なうか（たとえば，移動の前に行なうのか，あとに行なうのか）ということで，この点に関する仮説は，今まで何度か修正され，それにつれて文法のモデルも変遷をとげてきた．以下では，その動きを簡単に追ってみる．

3.4 深層構造＝「意味」の時代

3.4.1 標準理論

移動の分析というものが，最初に本格的に理論の中心的役割をになったのは1950～60年代で，そのころの生成文法のモデルは「標準理論」（Standard Theory）と呼ばれている．統語派生の出発点となる表示は深層構造（deep structure），変形規則によってそれから派生する表示は表層構造（surface structure）と呼ばれ，(55)の図で示されているように，深層構造に基づいて意味解釈が行なわれ，表層構造に基づいて音声の解釈が行なわれるという仮説が採用された．（Chomsky (1965), Katz & Postal (1964)などが代表的である．）

(55)

```
          語彙目録
            ↓
          深層構造  ──→ 意味の解釈
            ↓
音声の解釈 ←── 表層構造
```

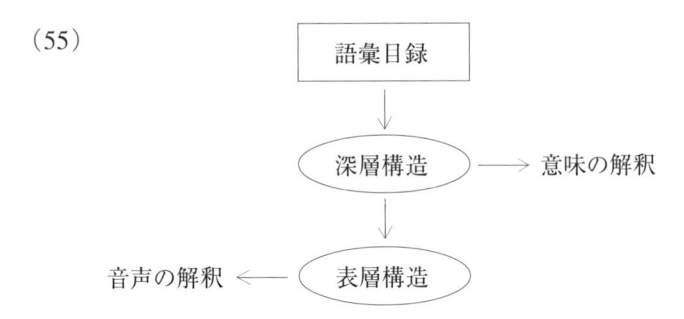

たとえば，下に繰り返す (39a) の Who(m) は，(40a) の深層構造において目的語の位置で意味解釈され，(40b) の表層構造において文頭の位置で発音される．

(39) a. **Who(m)** does John resemble?
(40) a. John resembles **who(m)**
     b. **who(m)** does John resemble __

つまり，3.3.1 節で観察された「音と意味のずれ」は，音声の解釈と意味の解釈をそれぞれ異なる表示で行なう，という仮定に還元されたことになる．

下の (56b) の，いわゆる受動態の文においても，主語として文頭で発音されている John という名詞句が，目的語としての θ 役割を与えられているという「音と意味のずれ」が見られるが，これも，(56a) のような深層構造に移動の変形が適用して派生された，と分析された．

(56) a. 深層構造: __ is respected **John**
     b. 表層構造: **John** is respected __

この時代のモデルでは，深層構造すなわち移動前の構造が意味解釈に用いられるという仮定から明らかなように，意味解釈だけに影響を与える移動というものは仮定されていなかった．言い換えれば，すべての移動が音声面だけに影響を与えるものだととらえられていたことになる．

◇ 考

標準理論では，受動文において by に伴われて現れる，いわゆる「意味上の主語」も，(57a) のような深層構造での主語が移動したものとして分析されていたことがある．

(57) a. 深層構造： **everybody** respects John by ＿＿

b. 表層構造： John is respected by **everybody**

しかし，この仮定はほどなく破棄され，「意味上の主語」は by NP の形で句構造規則によって基底で生成される，とみなされるようになった．

3.4.2 生成意味論

1960 年代の後半から 70 年代の初めにかけて，「生成意味論」(Generative Semantics) と呼ばれる動きが台頭した．生成意味論とは，下の (58) の図に示したような文法のモデルを採用した考え方であり，標準理論における深層構造の抽象化をさらに押し進めたものと言うことができる．

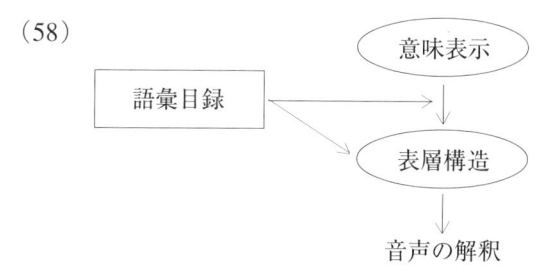

(58)

```
                    ┌─────────┐
                    │ 意味表示 │
          ┌───────┐ └────┬────┘
          │語彙目録│──→    ↓
          └───────┘   ┌─────────┐
                 └──→ │ 表層構造 │
                      └────┬────┘
                           ↓
                       音声の解釈
```

このモデルでは，統語派生は深層構造のような統語表示から出発するのではなく，**意味表示そのものから出発する**という立場をとっていて，この意味表示によって，論理学で扱われるような論理関係が表示されていると主張された．しかし，このモデルは，その不備や矛盾が指摘されたり，文法を用いてあまりにいろいろなことを説明しようとしすぎたこともあり，1970 年代半ばまでには，次節で紹介する拡大標準理論や改訂拡大標準理論に取って代わられるようになる．

生成意味論は，現在この形では残っていないが，その議論の過程において，「文の論理関係を直接表している統語表示のレベルを仮定する必要がある」という認識が研究者の間に高まっていったという点で，功績が大きい (Newmeyer 1980, 173)．このことが，3.6.2 節で紹介する「LF 表示という統語レベルの設定」へとつながっていくのである．

3.5　表層構造も「意味」に関与する

3.5.1　深層構造＝「意味」と考える仮説の問題点

1960 年代後半から 70 年代前半にかけて，意味解釈が深層構造のみに基づいて行なわれるという標準理論(そして生成意味論)の仮説に対する反例が，次々にあげられるようになった．

たとえば，Jackendoff (1972, 326–327) は，(59a, b) の意味の違いに注目している．

(59)　a.　Many of the arrows didn't [$_{VP}$ hit the target].
　　　b.　The target wasn't [$_{VP}$ hit ＿ by many of the arrows].

(59a) の能動文の意味は「的にあたらなかった矢が数多く存在した」ということである．一見，この文の意味は (59b) の意味と同じだと思うかもしれない．しかし，(59b) の受動文の意味は「的には数多くの矢があたったわけではない」ということである．すなわち，「的にあたった矢の数は多くない」ということをはっきりと述べている．これに対して，(59a) では，「的にあたらなかった矢が数多く存在した」と言っているだけであり，「的にあたった矢も数多く存在した」かどうかに関しては，何も言っていない．したがって (59b) は，「的にあたった矢が数多く存在した」という状況と矛盾するが，(59a) は，その状況とは矛盾しないのである．言い換えると，(59a) の文のあとに (60a) のように文が続いたとしても，矛盾にはならないが，(59b) の文のあとに (60b) のように文が続いたとすると，矛盾を引き起こすということである．

(60)　a.　Many of the arrows didn't hit the target, **but many of them hit it**.

b. The target wasn't hit by many of the arrows, **but it was hit by many of them**.

　標準理論では，(59a)と(59b)はどちらも，同じ深層構造を持っていると分析していた．受動文としての変形が適用されて表層構造が派生した場合が(59b)であり，その変形が適用されないまま表層構造が派生した場合が(59a)である．つまり，名詞句の the target は，(59a)では目的語であり，(59b)では主語であるが，どちらの場合も，深層構造では the target が目的語となっているので，the target が hit という述語から THEME という θ 役割を与えられているという共通性がうまく説明できる．しかし，そうすると，(60)で浮き彫りにされた(59a)と(59b)の意味の違いは，両文の深層構造ではなく，表層構造の違いに由来していると考えざるをえなくなる．つまり，標準理論のように，深層構造だけが意味解釈にかかわっているという考え方ではなく，深層構造と表層構造の両方が意味解釈に使われるという結論に達する(Chomsky 1970a)．さらに，複数の変形規則が適用する場合，深層構造と表層構造という2つの表示だけではなく，その間にある統語派生のすべての過程が意味解釈に使われうるということも議論され，その結果，(61)の図で表されるような文法モデルが採用されるに至った(Chomsky (1972) や Jackendoff (1972) などが代表的である)．

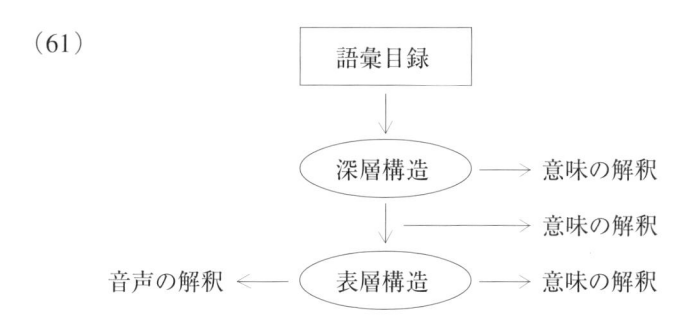

(61)

```
              ┌─────────┐
              │ 語彙目録 │
              └────┬────┘
                   ↓
              ┌─────────┐
              │ 深層構造 │ ────→ 意味の解釈
              └────┬────┘
                   │        ────→ 意味の解釈
                   ↓
              ┌─────────┐
   音声の解釈 ←──│ 表層構造 │ ────→ 意味の解釈
              └─────────┘
```

　このモデルは，標準理論よりも解釈のレベルを拡げたことから，「拡大標準理論」(Extended Standard Theory: EST)と呼ばれる．

3.5.2 痕跡理論

その後，1970年代半ばになると，深層構造から統語派生全体に拡げられた意味解釈を，こんどは表層構造のみにまとめようとする動きが出てくる．この理論的枠組みは「改訂拡大標準理論」(Revised Extended Standard Theory: REST) と呼ばれるが，その中心をなしたのは，Chomsky (1973)，Chomsky (1975b) などで採用された痕跡理論である．

3.3.1 節で紹介したように，痕跡理論とは，たとえば (59b) の受動文において，目的語の名詞句が移動したあと，その目的語の位置が消失するのではなく，下の (62) に示されているように，移動した名詞句と関係を持ったある種の空範疇が，痕跡 (t) として残されるとする分析である．

(62) **the target**$_1$ wasn't hit t_1 by many of the arrows

この痕跡が，移動した名詞句の代理として目的語の位置で θ 役割を与えられ，その θ 役割が移動した名詞句に伝えられると仮定された．それまでは，(62) の主語は移動の前に(つまり深層構造において)目的語の位置で意味解釈されなければならないとされてきたが，痕跡理論を採用すると，移動が起こったあとで解釈されても，痕跡が利用できるため同じ結果が得られることになり，深層構造での意味解釈は不要になる．3.3.2 節の wh 疑問詞と数量詞の分析を通して，その利点をいくつか紹介したが，ここで，痕跡理論の根拠として，他にどのようなものがあげられてきたかを紹介しておこう．

なかでも，wanna 縮約 (*wanna* contraction) と呼ばれる，音声の変化に基づいた議論がわかりやすい．英語の口語においては，(63b) に見られるように，(63a) の want と to の連鎖が wanna と縮約された発音になることが多い．

(63) a. Who do you **want to** kiss?
b. Who do you **wanna** kiss?

しかし，want の次に to があるという点ではまったく同じであるにもかかわらず，(64a) の場合には wanna と縮約されることがない．

(64) a. Who do you **want to** kiss you?
　　 b. *Who do you **wanna** kiss you?

　この現象も，(65) に示したような，表層構造に痕跡を残す移動の分析を用いれば説明できるという議論が Chomsky & Lasnik (1977) などで展開された．(64) では一見，want と to が連続しているように見えるが，wh 移動が痕跡を残すと仮定すると，(65) のように，その痕跡が want と to の間に割って入っており，実は want と to が連続していないということになる．

(65)　who₁ do you want t₁ to kiss you?

　それに対して，wanna 縮約を許す (63) では，wh 移動の痕跡は kiss の目的語の位置にあるため，want と to の連続を邪魔しない．

(66)　who₁ do you want to kiss t₁?

　このように，痕跡の存在が縮約を不可能にする原因であると指摘されたのである．さらに，このことは，表層構造に痕跡が存在すると仮定する根拠となる．wanna 縮約は音声を変化させるものであるから，その条件も表層構造に基づいて行なわれるはずだからである．(wanna 縮約現象に関しては，wh 移動の残す痕跡と名詞句移動の残す痕跡の違い，PRO と痕跡の違いなどをめぐって，その後もさまざまな議論が展開されている．Pullum & Postal (1979)，Jaeggli (1980)，Pesetsky (1982)，Hornstein (1999) などを参照のこと．)

　少し複雑であるが，次のようなパターンも見てみよう．

(67) a. there is$_{[sg]}$ [$_{NP}$ a mouse]$_{[sg]}$ in the kitchen
　　 b. there are$_{[pl]}$ [$_{NP}$ three mice]$_{[pl]}$ in the kitchen

　通常，動詞は主語と数の一致をするが，there 構文では，動詞に後続する NP が単数 (sg) か複数 (pl) かで，動詞の形が決まる．主語である there と動詞に後続する NP に何らかの関係が成り立っていて，there を仲介として数の一致が起こっているというのが，GB 理論における一般的な見方

である．さて，このような数の一致は文 (= IP) の境界を越えて見られることはない．

(68) a. it seems$_{[sg]}$ that [$_{IP}$ there are$_{[pl]}$ [$_{NP}$ three mice]$_{[pl]}$ in the kitchen]
b. *it seem$_{[pl]}$ that [$_{IP}$ there are$_{[pl]}$ [$_{NP}$ three mice]$_{[pl]}$ in the kitchen]

[$_{NP}$ three mice] と関係を持っているのは，埋め込み文の主語の there であって，主文の主語の it には関係ないからである．ところが，次の構文では，IP の境界を越えて一致が観察される．

(69) a. there seems$_{[sg]}$ [$_{IP}$ __ to be [$_{NP}$ a mouse]$_{[sg]}$ in the kitchen]
b. there seem$_{[pl]}$ [$_{IP}$ __ to be [$_{NP}$ three mice]$_{[pl]}$ in the kitchen]

これも，(69) の主文の主語である there が埋め込み文の主語の位置に痕跡を残しており，移動の前後の位置で数の一致があると考えれば，説明できる．

(70) a. there$_1$ seems$_{[sg]}$ [$_{IP}$ t_1 to be [$_{NP}$ a mouse]$_{[sg]}$ in the kitchen]
b. there$_1$ seem$_{[pl]}$ [$_{IP}$ t_1 to be [$_{NP}$ three mice]$_{[pl]}$ in the kitchen]

これは，一致現象という別の角度からの光をあてることによって，移動と痕跡という文法のメカニズムを，目に見える影として写し出したものと言えるだろう．

このように，拡大標準理論のモデルに痕跡理論が加わり，改訂拡大標準理論となったが，ほどなく，さらに LF 表示という新たな文法の表示のレベルが加えられ，GB 理論と呼ばれる理論的枠組みへと発展していく．

3.6 音に関する表示と意味に関する表示の分離

3.6.1 GB 理論

Chomsky (1981) では，「統率束縛理論」(Government and Binding Theory: GB 理論) と呼ばれる理論的枠組みが提案され，(71) のような文法

モデルが採用された．

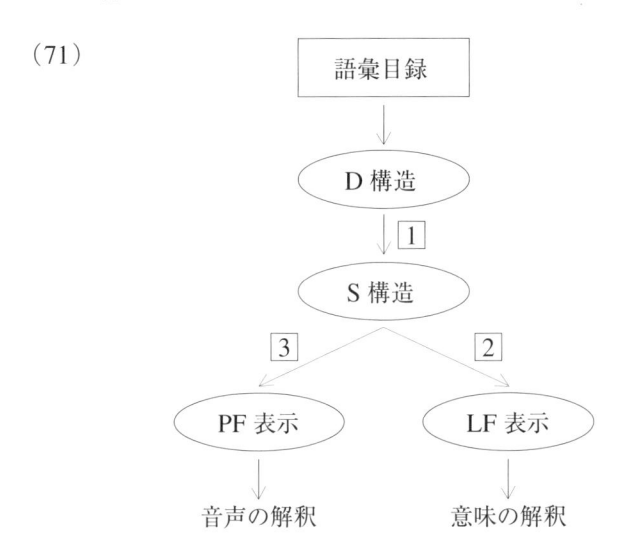

(71)

```
        語彙目録
           ↓
         D 構造
           ↓ 1
         S 構造
         ↙3   ↘2
    PF 表示    LF 表示
       ↓         ↓
    音声の解釈   意味の解釈
```

このモデルでは，音声の解釈に使われる表示としてPF表示が，意味の解釈，特に，文の論理関係の解釈に使われる統語表示としてLF表示が設けられている．(3.1.1節でも指摘したとおり，LF表示という名称は，「論理形式」を意味するlogical formの頭文字を採って命名されたものであるが，厳密に言えば「論理形式」そのものではなく，「それに基づいて論理形式を導く統語表示」を指すことに注意してほしい．)

また，深層構造は新たに「D構造」(D-structure)と命名され，D構造からLF表示に至る途中の段階の統語表示として「S構造」(S[hallow]-structure)が設けられた．S構造は以前のモデルの表層構造に相当すると思いがちであるが，厳密に言うと，以前のモデルの表層構造に相当するのはPF表示であって，S構造ではない．S構造は，それ自体が音声の解釈に使われる表示ではなく，PF表示の一段階前の抽象的な表示だからである．したがって，このモデルでは，音と解釈の両方に影響を与える移動は，D構造からS構造を派生する過程((71)の1)で適用する移動(＝顕在移動(overt movement))，音には影響を与えず意味解釈だけに影響を与える

移動は，S 構造から LF 表示を派生する過程（(71) の ②）で適用する移動（＝LF 移動もしくは潜在移動（covert movement）），意味解釈には影響を与えず音の面にのみ影響を与える移動は，S 構造から PF 表示を派生する過程（(71) の ③）で適用する移動（＝PF 移動）ということになる．

3.6.2　LF と PF

特に注目すべきなのは，D 構造から S 構造への統語派生は，PF 表示と LF 表示の両方に影響を及ぼしうるのに対し，S 構造から LF 表示への統語派生は，PF 表示に何ら影響を及ぼさないということである．このような文法モデルの根底にあったのは，「音声に関する変化は起こさないが意味解釈には影響を及ぼす統語派生が可能である」という，(その当時としては)非常に大胆でユニークな仮説である．これは，文のレベルで音声と意味を分離するという，生成文法の文法観の中でももっとも際立った主張であり，1980 年代，90 年代のチョムスキー派の研究課題の多様化を促した発想である．

あらためて，GB 理論のモデルにおける wh 疑問文の派生と，数量詞を含む文の派生を詳しく見てみよう．3.3.2 節でも指摘したとおり，痕跡理論を採用することによって，統語表示における痕跡の存在が論理形式における変項の存在にそのまま相当すると仮定することができ，wh 疑問文における論理関係の解釈と，数量詞を含んだ文の論理関係の解釈の共通性を表すことが可能になる．これも，痕跡理論を採用した分析の 1 つの利点であると考えられた．

(72)　wh 疑問文
  a.　D 構造：　　（guess）John resembles **which actor**
  b.　S 構造：　　（guess）**which actor**$_1$ John resembles t_1
  c.　PF 表示：　（guess）**which actor**$_1$ John resembles t_1
  d.　LF 表示：　（guess）**which actor**$_1$ John resembles t_1
  e.　論理形式：for *which actor x*, John resembles *x*?

(73) 数量詞を含んだ文
　　 a. D 構造:　　the boss accepted **every applicant**
　　 b. S 構造:　　the boss accepted **every applicant**
　　 c. PF 表示:　 the boss accepted **every applicant**
　　 d. LF 表示:　 **every applicant**$_1$ [$_S$ the boss accepted t_1]
　　　　　　　　　↑_____|

　　 e. 論理形式: for *every applicant x*, the boss accepted *x*

（72）の派生と（73）の派生のほぼ唯一の違いは，移動が音声に影響を及ぼす「D 構造と S 構造の間」(=(71) の ①)で適用したか，意味解釈のみに影響を及ぼす「S 構造と LF 表示の間」(=(71) の ②)で適用したか，つまり，移動が派生のどの段階で起こったかという点だけである．(72) の場合は，顕在統語 (overt syntax) で移動が起こり，(73) の場合は，潜在統語 (covert syntax) で移動が起こったと表現されることもある．したがって，which actor は文頭で発音され，every applicant は目的語の位置で発音されるという違いはあるものの，それ以外の部分では，この 2 つの派生はとても似ている．つまり，「数量詞繰り上げ」という目に見えない統語派生を仮定することによって，これらの現象の意味解釈に関する類似性をとらえることができる．また，統語派生の終点となる LF 表示が，論理関係などの意味解釈の統語的基礎を成すという点が，さらに浮き彫りにされることにもなる．

3.6.3　中国語の **wh** 疑問文

「目に見えない統語派生」の追求にさらに拍車がかかるきっかけとなったのが，Huang (1982) の中国語に関する研究であった．そもそもは，(74) のような文の観察に基づいて，中国語には英語に見られるような疑問詞の移動は起こらないと考えられていた．

(74)　Ni　kanjian-le **shei**?
　　　 you　see-ASP　**who**　(-le は，「完了」に近い aspect を表す)
　　　 'Who did you see?'

しかし Huang (1982, 253) は，この文は下の (75a) に示されているような論理関係を導くのであるから，中国語の wh 疑問文でも，(75b) に示されたような移動が「目に見えない」形で起こっていると分析すべきである，と主張した．

(75) a. for *which person x*, you saw *x*

b. shei$_1$ ni   kanjian-le *t*$_1$
who you see-ASP

この分析を押し進める別の根拠として，次のような観察もあげられている (Huang 1982, 254–258)．まず，英語においては，疑問詞を主文の文頭まで移動させると直接疑問文，疑問詞を埋め込み文の文頭までしか動かさないと間接疑問文の解釈になるが，ask, believe, know を含んだ文では，次のような違いがあることが知られている．

(76) a. *[**Who**$_1$ did Zhangsan *ask* [$_{IP}$ *t*$_1$ bought books]]?
b. [Zhangsan *asked* [$_{CP}$ **who**$_1$ [$_{IP}$ *t*$_1$ bought books]]].
(77) a. [**Who**$_1$ does Zhangsan *believe* [$_{IP}$ *t*$_1$ bought books]]?
b. *[Zhangsan *believes* [$_{CP}$ **who**$_1$ [$_{IP}$ *t*$_1$ bought books]]].
(78) a. [**Who**$_1$ does Zhangsan *know* [$_{IP}$ *t*$_1$ bought books]]?
b. [Zhangsan *knows* [$_{CP}$ **who**$_1$ [$_{IP}$ *t*$_1$ bought books]]].

これらの観察は次の (79a–c) のようにまとめられる．(Huang (1982) では，wh 句が移動する先は，第 2 章の 2.2.4 節で説明した COMP という位置であると仮定されていたので，以下でもその言い方を踏襲する．)

(79) a. ask は，その埋め込み文の COMP に wh 句がなければならない．
b. believe は，その埋め込み文の COMP に wh 句があってはならない．
c. know は，その埋め込み文の COMP に wh 句があってもなくてもよい．

さて，英語の ask と似た意味の動詞 wen（漢字では「問」）を含んだ（80）の中国語の文は，（80a）に示された「直接疑問文」の解釈は許さないが，（80b）のような「間接疑問文」としての解釈は許す．

(80) [Zhangsan *wen* wo [**shei** mai-le shu]].
　　　　　　 ask　I　　 *who* buy-ASP book
　　a. ≠ '**Who** did Zhangsan ask bought books?'
　　b. = 'Zhangsan asked **who** bought books.'

これに対して，believe と似た意味の動詞 xiangxin（「相信」）を含んだ（81）の文の場合は，（81a）のような直接疑問文の解釈は許すが，（81b）のような間接疑問文の解釈は許さない．

(81) [Zhangsan *xiangxin* [**shei** mai-le shu]].
　　　　　　 believe　 *who* buy-ASP book
　　a. = '**Who** does Zhangsan believe bought books?'
　　b. ≠ 'Zhangsan believes **who** bought books.'

そして，know と似た意味の動詞 zhidao（「知道」）を含んだ（82）の文は，このどちらの解釈も許す．

(82) [Zhangsan *zhidao* [**shei** mai-le shu]].
　　　　　　 know　 *who* buy-ASP book
　　a. = '**Who** does Zhangsan know bought books?'
　　b. = 'Zhangsan knows **who** bought books.'

つまり，目に見える wh 移動が起こらない中国語においても，（79）にまとめた英語の wh 疑問文とまったく同様の現象が見られるのである．Huang (1982) が主張するように，中国語において（音声に影響を与えない）潜在的な wh 移動が起こっていると仮定すると，英語でも中国語でも，LF 表示は同じであるということになる．すなわち，ここで観察された両言語の平行性は偶然ではなく，どちらの場合にも（79）の制限が適用していると説明できるようになる．これ以外にも，類似した他の現象が数多く

指摘され，S 構造から LF 表示に至る間にも移動規則が適用しうると仮定されるようになった．

◇ 考

　Huang の中国語の研究は，多くのインド・ヨーロッパ語とは類型的に異なる言語が同じ土俵の上で普遍文法の構築に充分貢献しうることを（おそらく初めて）かなりの説得力を持って示し，その後の日本語，韓国語，中国語などをはじめとするさまざまな言語における研究の呼び水となった．この点で，生成文法研究の歴史における Huang の研究の功績は大きい．

　Huang と May の潜在統語に関する研究の成功のおかげで，異なる言語に取り組んでいる生成文法の研究者の間に，「普遍文法の仮説が正しいとすると，さまざまな言語が，同一の言語現象に関して表面的には異なる様相を示しても，そこにはある特質が必ず内在しているはず」という，研究の信念のようなものが生まれ，個別言語を研究する際にも，それまでになかったダイナミックでスケールの大きい，新たな研究の指針が台頭してきたと言える．

　しかしこの指針は，新しい可能性を秘めていると同時に，「チョムスキーの英語に基づいた仮説を他の言語にもそのままあてはめたい」という動機があまりにも優勢になってしまう，多少危険な状況を作り出したとも言える．この問題には第 5 章で再びふれる．

3.7　音と意味の完全分離

　この章ではここまで，生成文法が音に関する情報と意味に関する情報を分離してきた経緯を紹介してきたが，厳密に言うと，そのような分離が完全な形で行なわれるようになったのは，1990 年代にはいってミニマリスト・プログラム（Minimalist Program）が採用されるようになってからである．ミニマリスト・プログラムは 1980 年代に展開された GB 理論の基本理念を押し進め，それまでに指摘されていた理論の無駄な部分，余剰性などを排除する方向に進み，その結果，文法のさまざまな部分における簡素化を実現したと言われている．その意味でミニマリスト・プログラムは，それまでと異質の理論的枠組みを導入したと言うよりは，理論をさらに洗

練させる新しい視点を導入したと見るべきである．チョムスキーは，ミニマリスト・プログラムを提唱するにあたって，文法は人間の認知体系の一部として他の認知システムからの要請に理想的な形で応えているものなのではないか，という仮説を立てた．このことは，ミニマリスト・プログラムとそれ以前の視点の，もっとも特徴的な違いであると言ってよいだろう．以下，このようなミニマリスト・プログラムと呼ばれる文法観を簡単に紹介する．

3.7.1　ミニマリスト・プログラム

　ミニマリスト・プログラムでは，文法の出力を，最終的には言語運用への指令となる「音に関する表示」(PF 表示)と「意味に関する表示」(LF 表示)の組み合わせであるとみなしている．すなわち，PF 表示と LF 表示は，文法とそれ以外の認知体系 (cognitive system) を結びつける役割を果たしていることになり，その意味で「インターフェイス」の表示レベルと呼ばれている．インターフェイスであるということは，PF 表示と LF 表示は，「文」として認められるための形式的な条件を満たしていなければならないと同時に，それぞれ，音や意味の運用をつかさどる別の認知システムが利用できる形になっていなければならないということである．そこで仮定されたのが，(83) の「完全解釈の原理」(Principle of Full Interpretation) である．

(83)　完全解釈の原理:
　　　音や意味の解釈に使われる，文の最終的な構造表示は，どの要素も「解釈可能な形」になっていなければならない．
　　　　　　　　　　　　　　　　　　　　(*cf.* Chomsky 1986b, 98)

ここで言う「解釈可能な形」とは，たとえば PF 表示に関してならば音声の，LF 表示であれば意味の，運用の手順として使用できるような情報を，そしてそれのみを適切な配列で表示したものとみなされているが，特に具体的な中身に関する議論があるわけではない．あくまでも，これは今後の研究の指針として述べられたものである．しかし，たとえば θ 規準は，も

う少し抽象的に見ると，完全解釈の原理の1つの現れであるとみなすことができる．生成文法では，文の構造表示というものは文法というメカニズムの出力であり，それが，伝達という目的のために，脳の中の別のメカニズムによって，言語音の発声・知覚と意味解釈の両方に活用されると考えられている．そのような活用が正しく行なわれるためには，文の構造表示は，それ自身，矛盾を含まず，筋の通ったものでなければならないはずである．ところが，たとえば下の(84)の文においては，[that she is good-looking]の部分は対応する θ 役割が見あたらないので，文の他の部分とどのように関係づけられるべきなのか不明であり，文の伝える概念や意図の解釈をつかさどる脳の中の別のメカニズムにこの情報が送られると，結果的に解釈不可能になると思われる．

(84) *[John] believes [that Mary is a genius] [that she is good-looking]. (= 第2章2.3.2節(59b))

そこで，このような表示は完全解釈の原理に違反する不適格なものとして，文法内で取り除いてしまう．逆に，動詞の持つ θ 役割というものは，参与者が存在して初めて具体的に解釈されるものであるから，参与者が適切に含まれていない(85)のような文は，これもまた解釈不可能になってしまう不適格な構造表示とみなされる．

(85) a. *[John] resembles.
b. *[John] resembles [in character].
(= 第2章2.3.2節(55a, b))

θ 規準とは，まさにこのような関係をとらえようとしたものであるから，完全解釈の原理の一例であると言える．

また，完全解釈の原理は，PF表示では音声の，そしてLF表示では意味の，運用の手順として使用できるような情報のみが表されていることを要求するのであるから，意味に関する情報がPF表示に含まれていたり，音に関する情報がLF表示に含まれていることを禁ずることになる．GB理論では，PF表示とLF表示の区別はされているものの，1つ1つの単語の情報としては，音に関するものと意味に関するものが両方ある以上，

第3章　音と意味の分離　131

　結果的に，PF表示の中にも意味に関する情報が，LF表示の中にも音に関する情報が，混入してしまっていた．厳密に考えると，これは完全解釈の原理の違反である．

　そこで，ミニマリスト・プログラムでは下の図 (86) で示されたように，Spell-Out と呼ばれる操作が提案され，この操作が統語派生の適切な段階で適用することによって，語彙情報の総合体から音声にかかわる情報が引きはがされ，PF表示へ送られると仮定された．（Chomsky (1995) では (86) のシステム全体，つまり「文法」を「認知体系」と呼んで運用のシステムと対比させているが，本書では，より一般的な慣習に従って，「認知体系・認知システム」という用語は，言語能力を含む人間のあらゆる認知能力をつかさどる体系を指すのに用いる．また，用語の簡素化のため，「統語派生」とほぼ同義に使われているチョムスキーの「計算体系」（computational system）あるいは「計算」（computation）という用語は，そのような概念を際立たせる必要がある箇所以外では用いない．）

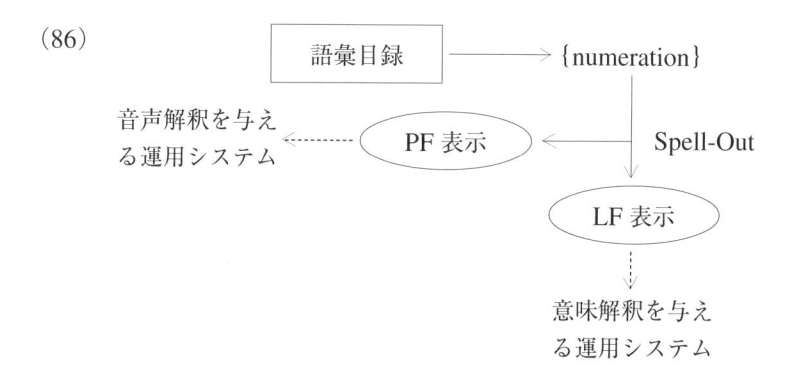

(86)

```
                    ┌─────────┐
                    │ 語彙目録 │ ─────→ {numeration}
                    └─────────┘              │
   音声解釈を与え     ╭─────╮                │
   る運用システム ←---│PF 表示│←── Spell-Out │
                    ╰─────╯                │
                                            ↓
                                        ╭─────╮
                                        │LF 表示│
                                        ╰─────╯
                                            ┊
                                            ↓
                                        意味解釈を与え
                                        る運用システム
```

　つまり，ミニマリスト・プログラムに至って，単語が統語構造に導入した音の情報と意味の情報は，すべて完全に分離されたことになり，原則的に Spell-Out のあとは，音に関する情報だけが PF 表示へ，意味に関する情報だけが LF 表示へと送り込まれることになる．（ただし，この仮説には重要な例外がある．そのことに関しては第4章の 4.6.1 節で詳しく扱う．）

　Spell-Out は，「音に関する情報と意味に関する情報を分ける」という対

称的な操作と言うよりは，むしろ「LF表示へと向かう統語派生から音に関する情報を取り除く」という，非対称的な操作として提案されている．これは，PF表示には，個別言語の多様性や発声・聴覚器官の特質に由来する，さまざまなタイプの特異性を含みやすい傾向があるため，文法というシステムの中心的役割は numeration から LF 表示への派生であるという，チョムスキーの考え方から来ている（numeration から LF 表示への派生は，Narrow Syntax と呼ばれることもある）．これは，音というのは，意味を伝えるための単なる媒体の1つにすぎないという考え方であるとも言える．（たしかに，言語にとって「音」というものは必須ではない．たとえば，手話(音を使わない言語)の使用者は，音声ではなく手や顔の動きを媒体として使用する．）そのため，チョムスキーは，意味解釈という普遍的なものを導く LF 表示から，PF 表示を派生するための情報を取り除く過程があるほうが，文法のあるべき姿として，より自然であると考えているようである．ミニマリスト・プログラムでは，Spell-Out という操作を仮定したことにより，このようなチョムスキーの文法観がいっそう色濃く反映されている感がある．

3.7.2　最小出力条件

さらに，チョムスキーは，最小出力条件（Bare Output Condition）（または解読可能性の条件（legibility condition））という概念を強調した．これは，音の解釈をつかさどる認知システムと，意味解釈をつかさどる認知システムからの要求で，文法の出力というものは，それぞれの運用システムにとって解読可能(legible)な内容を，そしてそれだけを含むものになっていなければならないという考え方であり，上の完全解釈の原理は，この文法外からの必要性と文法内における経済性の原理（⇒ 3.7.3節）の要求とが合致する形で発生したもの，とみなされている．つまり，ミニマリスト・プログラムを提唱するにあたって，チョムスキーは，文法は人間言語に固有の知識体系であるが，そのシステムのデザインは，文法内部における要請だけではなく，文法外の他の認知体系からの要請との相互作用によって定められている，という考えを強く打ち出した．その意味で，ミニ

マリスト・プログラムは，外部の認知体系と文法がどのくらい完全に適応できるか，そして逆に，そのような外部からの要請では説明できない，純粋に言語に固有な特性が存在するかを見きわめたいという，知的関心・欲求から出発していると言える．

3.7.3 経済性の原理

チョムスキーは，理想的な文法のもう 1 つの特質として，「経済性の原理」（Economy Principles）という仮説をかかげている．たとえば，適格な LF 表示を導く統語派生が 2 通り以上ありえる場合，その中でもっとも「効率のよい」ものだけが採用されるという仕組みが，文法のシステムの中に組み込まれていると考えるのである．もちろん，何をもって「効率がよい」とみなすのかということが問題になるが，これまでに，派生操作の回数や性質などを基準にして決めようという試案が提案されてきている．また，Spell-Out によって音の素性が取り除かれてしまったあとで，意味の素性や形式的素性のみを操作するほうが，Spell-Out 前に音の素性をも含めたすべての単語の情報に対して操作をするよりは（いわば「軽い」ので）「効率がよい」という考え方もある．そうだとすれば，原則的には，Spell-Out 前に「目に見える統語派生」を行なうよりも，Spell-Out 後に「目に見えない」統語派生をするほうが経済的であるということになる．たとえば，3.6.3 節でも述べたように，英語では wh 移動が顕在的に起こるのに対して，中国語（そして日本語）では潜在的に起こると考えられているが，直前に紹介した経済性の考え方に従えば，中国語（そして日本語）のほうが「経済的な」形であり，英語では何か特別な理由があって，顕在的に wh 移動が起こっているということになり，そのような非経済的な移動が正当化される根拠が示される必要が生じる．

　また，経済性ということばは，もっと広い意味で用いられる場合もある．たとえば，完全解釈の原理は，インターフェイスの表示に無駄な情報を持ち込むことを禁じているので，表示に関する「経済性」を求めた原理だと言うことができる．また，移動などの統語派生のステップは，それが実行されなければ非文法性が生じてしまう状況でのみ，つまり適格な表示

を派生する「最後の手段」(last resort) としてのみ許されるとすれば，派生に関してある種の経済性が保証されると考えられる．さらには，統語操作を適用するかどうかを，派生の何段階か先の結果を見越さなくても局所的に決定できるシステムのほうが経済的である，ということも論じられている．また，移動は，その適用の動機づけが可能な最小の範囲内でのみ実行される，つまり「最小の距離を移動する」(Shortest Move) という，また別の形での派生に関する経済性が保証されるとも言われている．

3.7.4　理想の文法像

　ここまで簡単に紹介したように，ミニマリスト・プログラムでは，文法が他の認知システムからの要請に理想的な形で応えている——すなわち，最小出力の条件を最適な状態で満たすようにデザインされている可能性がある，という文法観を提示している．具体的には，語彙の情報を与えられさえすれば，他に余分なものを加えなくても，自動的に，しかももっとも経済的に，完全解釈の原理を満たす表示を生成する文法を追究しようとしている．この目標設定が妥当なものであるかどうかは，さらに研究を進めていかなければわからないが，このような姿勢で文法の姿を追求していくことこそが文法の真の姿にたどりつく最良の道であるという，チョムスキーの信念が色濃く現れている作業仮説である．生成文法では初期のころから，無駄を省いた最小限のシステムを作り上げるという単純性 (simplicity) を，文法や言語理論を評価する基準として認めてきているが，1990 年代以降は，この方向性が特に強調されるようになっている．極端な言い方をすれば，美的基準 (aesthetic standard) を科学の追求の支柱の1つとしてもよいという姿勢を，以前よりもさらに強く前面に打ち出したと言えるだろう．

◇ 考

　ミニマリスト・プログラムを採用したことにより，原理とパラメータの理論的枠組みが，もうひとつ洗練度を増したと感じている研究者が多い．たしかに，その基本的な考え方は，直観的には理にかなった部分が多い．ただし，言語学が実証的な学問である以上，観念的な面からだけ評価を下

すわけにはいかない．あくまでも，言語事実や母語話者の直観と照らし合わせて，その仮説がどの程度の説明力を持っているのかということを調べていくことが必要である．チョムスキーは，研究者として晩年と呼んでもいい年齢をむかえて，文法の理想像の追求を急いでいる感がある．ミニマリスト・プログラムが紹介されて以来，少なくとも21世紀の初頭までは，チョムスキーが(説明の対象となる言語事実や母語話者の直観よりも)理論の鋭利化に神経を集中していることに影響されて，言語事実の観察を深めるよりも，システムをいかに簡素化するかという点に注意を注いだ統語論に関する論文の割合が多いように思える．システムの全体像がいかにあるべきかという視点は忘れてはならないものであるが，中身がある程度伴わないうちに全体像の吟味ばかりしていても，実質的な進歩が期待できないという考え方もできる．もちろん，どの時点ならばシステムの簡素化の議論が意味のあるものになるかという判断も，研究者によってまちまちである．自分の判断基準が持てることを目指していくしかないだろう．

3.8 縦の関係と横の関係

　句構造規則が生成する統語表示には，語順という「横の関係」と，構成関係あるいは階層関係という「縦の関係」が，同時に表されている．ここで，構成関係とは，いくつかの言語要素が句をなすこと，たとえば，他動詞のVと目的語のNPがVPを作ることなどを指しており，階層関係とは，ある構成要素が別の構成要素を含んでいること，たとえばVPがNPを含んでいることなどを指している．語順というものは具体的で目に見える関係であるのに対して，構成関係や階層関係は抽象的で目には見えないものであるが，言語を観察していると，それが言語表現に附随している重要な情報であり，意味や音の解釈にさまざまな形で影響を及ぼしているということを示してきた．

　さて，ここで (87) と (88) を比べてみてほしい．

(87)

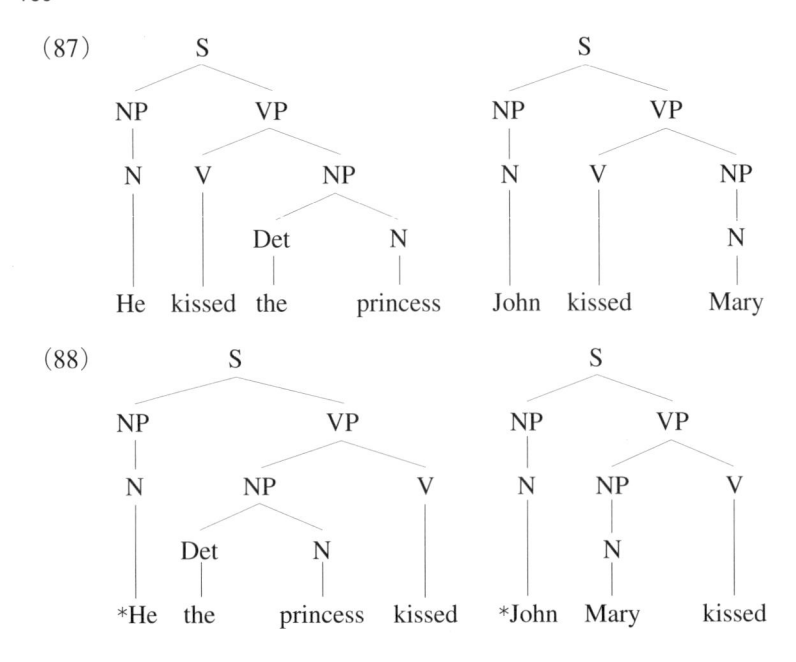

```
        S                              S
       / \                            / \
      NP  VP                         NP  VP
      |  /  \                        |  /  \
      N V   NP                       N V   NP
          / \                              |
        Det  N                             N
      He kissed the princess       John kissed Mary
```

(88)

```
        S                              S
       / \                            / \
      NP  VP                         NP  VP
      |  /  \                        |  /  \
      N NP   V                       N NP   V
        / \                            |
      Det  N                           N
     *He the princess kissed      *John Mary kissed
```

　(87) は文法的な英語の文であるのに対して，(88) のような語順では，適格な英語の文にはならない．しかし，この2つの構造は，構成関係および階層関係という縦の関係については，まったく同じであり，語順という横の関係のみが異なっている．1980年初頭になると，James Higginbotham らを中心に，語順に関する情報は LF 表示に含まれている必要はなく，意味解釈としては，構成関係および階層関係という縦の関係が中心的役割を果たすのではないか，という仮説も検討され出した．実際，日本語では，(88) のような語順で文が成り立っていることから考えても，この仮説は妥当性が高い．そもそも語順とは，話しことばなら時間的にどちらの語を先に発音するかということであり，このような前後関係は，純粋に音に関する情報としてとらえることもできる．つまり，Higginbotham らの提案は，「文法が音声と意味を完全に分離する」という考え方を，極限まで押し進めていったものの1つであるとみなすことができる．

　句構造規則は，その規則の中で語順の関係をすでに指定するものであっ

たが，併合は，語順とは独立に「組み合わせ」だけを問題にすることも可能である．そこで，numeration から LF 表示という派生の「本筋」では，語順という横の関係は存在せず，言語表現を発音するときに初めて生まれる関係であるという仮説の妥当性を追究する研究者もいる．このような仮説を押し進めようとする研究者の間でさかんに議論されている考え方は，縦の関係のみを示した統語構造に「線状化」(linearization)という操作を行なって，PF 表示を派生するというものである．いわば，風にゆられてぐるぐる回る三次元の動きをしていた，棒と糸で作られたモビールを壁に押しあてることによって，横の順序が固定された二次元の物体を作り出すような操作である．

◇ 考

「線状化」という操作そのものは，Williams (1978), Goodall (1983), Chomsky (1982) などの主張に端を発したものである．そこで取り上げられていたのは，and や or などで接続されている等位構造であった．これらの研究では，等位構造は，その意味が解釈されるときには，(89) のように，三次元の樹形図で表示されるような構造をとっており，それが発音されるときに，「線状化」という操作によって二次元の構造になると主張されていた．

(89)　and $\begin{bmatrix} A \\ B \end{bmatrix}$ ⇒ A and B

この「線状化」という考え方と語順の問題に関しては，その後 Kayne (1994) が，これを普遍文法における基本語順という大きなテーマとからめて大胆な論を展開し，Fukui & Takano (1998) がさらにこれに反論するなど，活発な議論が続いている．

発音にかかわる PF 表示において，横の情報(つまり，音の順番の情報)が不可欠であるのははっきりしているが，LF 表示において横の情報が含まれていてはならないかどうかは，必ずしも明らかな問題ではない．特に初期の生成文法研究で頻繁に指摘されたように，代名詞の解釈の可能性を考える際には，構成・階層関係だけでなく，語順という横の関係が大きな

影響を及ぼす面がある．これは，文そのものではなく，談話という概念とかかわっていると指摘する研究者もいるが，これらの現象をどのように説明していくかが，これからの課題の1つであろう．

第4章 「主語」とは

4.1 「文法上の主語」と「意味上の主語」

「主語」という用語は，学校の文法でも当然わかっていることばとして習ってしまうため，知っているつもりになっているかもしれない．しかし，いざ「主語とは？」と問われたら，その定義をはっきり答えられないのではないだろうか．たとえば，（1a）では，Mary が「主語」，John が「目的語」ということで特に問題はないと思うかもしれないが，（1b）の場合はどうだろう？

・(1)　a.　Mary kissed John.
　　　　b.　John was kissed by Mary.

（1b）の場合，よく，John が「文法上の主語」であり，Mary が「意味上の主語」であると言われる．しかし，それはいったい，どういうことなのだろうか．「主語とは何か」という問題は古くからよく取り上げられてきたが，生成文法においても同様である．理論の発展とともに，「文法上の主語」と「意味上の主語」という概念をどうとらえて表すかが移り変わってきており，その変遷がそのまま生成文法の歴史の重要な一部になっていると言ってもよい．この章では，生成文法における「文法上の主語」と「意味上の主語」という概念の変遷をたどることによって，理論そのものもどのように移り変わってきたかを考察する．

4.2 句構造から見た主語

4.2.1 標準理論における主語の概念

標準理論の時代は，いかにして句構造を正確かつ無駄なく生成するかが文法研究の中心課題の1つであった．このような時代の視点を反映して，主語や目的語などの概念は，文の構造上の位置によって定義された．主語や目的語などの概念をまとめて文法関係 (grammatical relation) と呼ぶ．たとえば，次の (2) は，Chomsky (1965, 71) に見られる文法関係の定義である．

(2) (ⅰ) Subject-of: [NP, S]
　　(ⅱ) Predicate-of: [VP, S]
　　(ⅲ) Direct-Object-of: [NP, VP]
　　(ⅳ) Main-Verb-of: [V, VP]

(2) の [A, B] という表記は，(3) のように A という節点が B という節点に直接支配されている場合に用いられ，B に含まれている部分に対して，A に相当する部分が果たしている文法関係を指している．

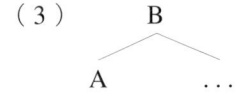

(3)　　　　B
　　　　／＼
　　　A　　...

たとえば [NP, S] というのは，S に直接支配された NP が S 全体に対して持つ文法関係を指し，(2i) では，それがいわゆる「主語」という文法関係であるということが述べられている．たとえば，(1a) の構造が (4) のようになっていると考えれば，(2i) により，Mary が主語という文法関係を持つことになる．

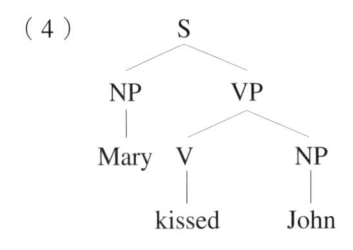

(4)　　　　　　S
　　　　　／　　＼
　　　　NP　　　VP
　　　　｜　　／　＼
　　　Mary　V　　NP
　　　　　　｜　　｜
　　　　　kissed　John

では，(1b) の場合はどうなるだろうか．(1b) の構造がたとえば (5) のようになっているとしたら，上の場合と同様，(2i) により，John が主語ということになる．

(5)
```
        S
     ／  ｜  ＼
   NP   Aux   VP
    |    |   ／＼
  John  was  V   PP
             |   △
           kissed by Mary
```

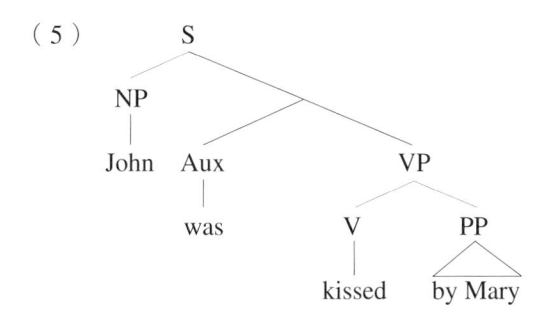

これでは，Mary が意味上の主語であるということが表せないと思うかもしれない．しかし，標準理論では，(1b) の文の表層構造にあたる (5) は，おおよそ (6) のような深層構造から派生したものだと考えられていた(詳しい分析は Chomsky (1965, 130) を参照のこと)．

(6)
```
         S
       ／  ＼
      NP    VP
       |  ／ ｜ ＼
     Mary V  NP  PP
          |   |   △
        kissed John by...
```

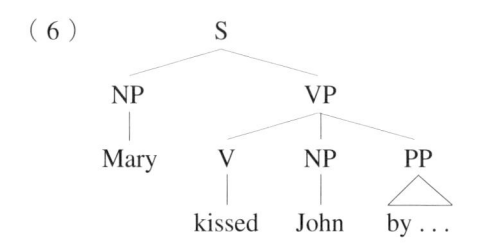

(6) の構造に基づけば，(2i) により，Mary が主語ということになる．このように，主語の定義は 1 通りであっても，1 つの文が 2 つの構造を持っていると仮定することによって，たとえば (1b) の場合，表層構造においては John が「主語」であるが，深層構造においては Mary が「主語」であるという二面性が表現された．

ただし，標準理論の分析は，主語という概念を表現することを目的としていたわけではない．むしろ，そのときに強調されたのは，文の構造は，S, NP, VP などの範疇間の関係を示すことによって表示できるのであり，

主語というような概念は文の構造を示すのには必要なく，かえって混乱を招くだけのものである，ということであった．つまり，(7) のような構造表示は，一見，わかりやすいように思うかもしれないが，不適切だということである (Chomsky (1965, 69) を参照のこと)．

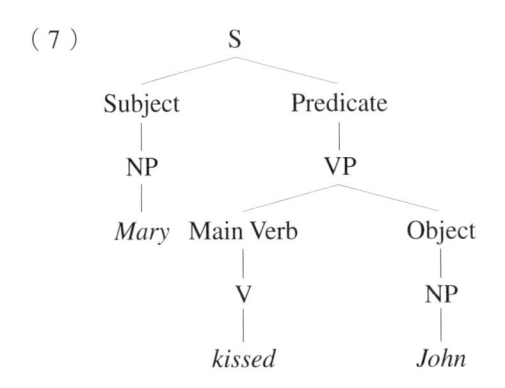

(7)
```
            S
      ┌─────┴─────┐
   Subject     Predicate
      │           │
      NP          VP
      │      ┌────┴────┐
    Mary  Main Verb  Object
             │         │
             V         NP
             │         │
          kissed     John
```

そもそも，範疇の別は単語の固有の特性の 1 つであるが，主語というような概念は，単語の固有の特性ではなく，文の中での他のものとの関係で決まることである．主語や目的語などの概念を総称して「文法関係」という用語が用いられるのも，このような考え方に根ざすものである．文法関係は，まさに樹形図によって表示されているのであるから，それを (7) のように書く必要はまったくなく，主語や目的語などの概念が必要ならば，(2) だけを規定しておけばいいと主張された．つまり，文の構造を見れば規定できる概念を，わざわざ別の基本概念として設ける必要はないというわけである．たとえば，受動態の主語は能動態の目的語に対応していることが多いが，(2) を仮定していれば，(5) が (6) から派生したという分析の中に，その対応関係はすでに述べられていることになる．このことだけを見れば，逆に文法関係だけを規定して構造を仮定しないという方法もありうると思うかもしれないが，それでは文法関係とは直接かかわらない言語現象をうまく扱うことができない．たとえば，3.1.3–3.1.5 節で見たように，修飾関係・演算子の解釈・強勢のパターンなど，統語構造や統語操作を仮定することによって初めて説明できる言語現象が数多く存在する

が，これらを文法関係だけを用いて説明するのは，不可能と思われる．一方，生成文法は，構造という面から見ることによって，文法現象のもっとも核となる部分を切り取ることができるということを主張してきている．

4.2.2　文の「主語」と名詞句の「主語」

「主語」と言うと，普通，文の「主語」のことを連想するが，名詞句の中にも「主語」と呼びたい関係が成り立ちうる．

(8) a.　[the enemy] destroyed the city
　　b.　[the city] was destroyed (by the enemy)
(9) a.　[the enemy's] destruction of the city
　　b.　[the city's] destruction (by the enemy)

(8a) の文と (9a) の名詞句では，「破壊」という行為とその参与者の関係の現れ方が似ている．(8b) と (9b) でも同様である．さらに，(9a, b) の名詞句でも，(8a, b) の文と同様に，能動・受動の関係が成り立っている．

そこで，(2i) に (10) のような定義を付け加えれば，(9a, b) の [ ] で示された要素も「主語」ということになる．

(10)　Subject-of: [NP, NP]

また，(第2章の2.3.5節で紹介した)文のIP分析を採用して，文と名詞句に共通の主語の定義を (11) のように書くこともできる．

(11)　Subject-of: [NP, XP]　(ただし，X = INFL または N)

文と名詞句に共通の「主語」の概念が必要であるという議論は，Chomsky (1973), Chomsky (1980), Chomsky (1986b) などでたびたび展開されてきた．なかでもよく言及されるのが，次の (12) と (13) で見られる平行性である．

(12)　文 (IP)
　　a.　[The men]$_i$ expected [$_{IP}$　　　　to see [each other]$_i$].
　　b.　[The men]$_i$ expected [$_{IP}$ **the boys**$_j$ to see [each other]$_{j/*i}$].

(13) 名詞句 (NP)
    a. [They]$_i$ heard [$_{NP}$ stories about [each other]$_i$].
    b. [They]$_i$ heard [$_{NP}$ [**our**]$_j$ stories about [each other]$_{j/*i}$]].

(12a) の文では [The men]$_i$ が each other の先行詞となれるが, (12b) ではその解釈ができない. (13) でも同様に, (13a) では [They]$_i$ が each other の先行詞になれるのに対して, (13b) ではなれないと言われている. これは, (12b) では [the boys]$_j$ という「主語」が, そして (13b) では [our]$_j$ という「主語」が, 間に割ってはいるためではないかと考えられ,「each other のような照応表現は, 一番近い主語を越えて先行詞を求めることが許されない」という「指定主語条件」(Specified Subject Condition) を設けることが提案された. そのようなアプローチにとっては, (12b) の [the boys]$_j$, (13b) の [our]$_j$ のどちらもが「主語」である必要があり, (11) のような規定が必要となる.

しかし, 文の「主語」と名詞句内の「主語」には違いもある. まず, 文の「主語」は主格で表現されるのに対して, 名詞句の中の「主語」は所有格で表現される.

(14)   a. [They] destroyed the city.
      b. [their] destruction of the city

また, 文の「主語」は省略できないのに対して, 名詞句内の「主語」は省略可能である.

(15)   a. *__ destroyed the city.
      b. the __ destruction of the city

こうして見ると, 文の主語と名詞句の主語の間には共通点もあるが, 相違点もあることがわかる. (11) のように主語を規定することによって, その共通点を表現することはできるが,「主語」という概念でとらえようとしてきたものの中には, それだけでは表現しきれないものがあるということである.

4.3 「意味上の主語」と「文法上の主語」の新たな位置づけ

4.3.1 θ役割と抽象格

GB 理論の代表作である Chomsky (1981) では，従来，主語という概念でとらえられてきたものの中には，次の2つの異なる側面があるという見方が提出された．

(16) a. θ役割
b. 抽象格

大まかに言うと，(16a) は「意味上の主語」という概念と関係があり，(16b) は「文法上の主語」という概念と関係がある．それぞれ，どういう概念であり，どういう仕組みで「主語」性を表現しているのか見てみよう．

destroy という動詞には，語彙部門において，その意味的な特性の一部として (17) のような θ 標示が指定されていると考えられる (⇒ 第1章 1.4.3 節)．

(17) *destroy*: [AGENT [THEME]]

Williams (1981a) の用語を用いて言うと，destroy という動詞は，AGENT である外的 θ 役割 (external θ-role) と，THEME である内的 θ 役割 (internal θ-role) を持っているということになる．この外的 θ 役割と内的 θ 役割の区別によって，それぞれの θ 役割を構造の中のどういう位置にある名詞句に付与するかということが指定されているのである．外的 θ 役割を付与される項は外項 (external argument)，内的 θ 役割を付与される項は内項 (internal argument) と呼ばれる．たとえば (18) の場合，we が外項で，them が内項である．

(18) [[$_{NP}$ We] [$_{VP}$ destroyed [$_{NP}$ them]]].

さて，この述語を使って能動態の文と受動態の文を作ると，たとえば (19a, b) のようになる．

(19) a. [We] destroyed them.　　　[we]: 意味上・文法上の主語

　　　　b. [They] were destroyed by [us]. 　[they]: 文法上の主語
　　　　　　　　　　　　　　　　　　　　　 [us]: 　意味上の主語

そして，それぞれの「主語」がどのような θ 役割と抽象格を持っているかを書いてみると，(20) のようになる．

　(20)　a. [We] destroyed them. 　　　　　[we]: 　AGENT・主格
　　　　b. [They] were destroyed by [us]. 　[they]: THEME・主格
　　　　　　　　　　　　　　　　　　　　　 [us]: 　AGENT・対格

(19a, b) と (20a, b) を比べてみるとわかるように，「意味上の主語」とは AGENT に代表される外的 θ 役割を持つ NP，「文法上の主語」とは主格を持つ NP，と位置づけられたことになる．

　このように考えると，前の節で指摘した名詞句の「主語」にかかわる問題点も解決することができる．名詞の destruction も，θ 標示の特性に関しては，動詞の destroy と同じであると考えてみよう．

　(21)　*destroy / destruction*: [AGENT [THEME]]

(22) の名詞句の「主語」である [our] は，外的 θ 役割である AGENT は与えられているが，主格ではない．

　(22)　[$_{NP}$ [our] destruction of them] 　[our]: AGENT・所有格

したがって，「主語」に関して，文と名詞句の共通点を述べる場合には θ 役割に注目し，相違点を取り上げる場合には抽象格に注目すればよいのである．

4.3.2　θ 役割から見た主語

　4.2.2 節で紹介したように，(12) と (13) の照応関係には，「主語」の存在が影響を与えている．

　(12)　a. [The men]$_i$ expected [$_{IP}$　　　　to see [each other]$_i$].
　　　　b. [The men]$_i$ expected [$_{IP}$ [**the boys**]$_j$ to see [each other]$_{j/*i}$].
　(13)　a. [They]$_i$ heard [$_{NP}$　　　stories about [each other]$_i$].

b. [They]ᵢ heard [_NP_ [**our**]ⱼ stories about [each other]ⱼ/*ᵢ]].

この対立を説明していた指定主語条件は，GB 理論の時代以降，束縛理論 (Binding Theory) と呼ばれる制約の中に事実上含まれ，発展的解消をとげた．ここでは紙幅の都合上，束縛理論全体についての詳説はできないが，「主語」の有無ということがどのような形でとらえなおされたのかという点だけ指摘しておきたい．Chomsky (1986b, 169) では，下の (23) の「完全機能複合」(Complete Functional Complex: CFC) という概念が用いられ，each other がその先行詞を求めることが許される範囲を，「その照応詞を含む最小の CFC」という概念で規定した．

(23)　完全機能複合:
　　　a category in which all grammatical functions compatible with its head are realized（その主要部と矛盾しない文法関係がすべて現れている範疇）

(23) での「文法関係」は θ 役割とほぼ同義に使われており，主語に与えられる外的 θ 役割も，ほとんどの場合「文法関係」の 1 つであるとみなしうる．たとえば，(12b) と (13b) を，第 2 章の 2.3.5 節で紹介した「内主語仮説」を採用して分析してみよう．すると，下の (24a, b) に示したように，文の主語は，(IP の指定部の位置に現れていたとしても) もともとは VP 内に生成されたものということになり，同様に，名詞句の主語の生成された位置は NP 内ということになる．

(24)　a. [the men]ᵢ expected [_IP_ [the boys]ⱼ to [_VP_ tⱼ see [each other]ⱼ/*ᵢ]]
　　　b. [they]ᵢ heard [_DP_ [our]ⱼ [_NP_ tⱼ stories about [each other]ⱼ/*ᵢ]]

すると，(23) によって定義される「最小の CFC」は，それぞれ see, stories を主要部とする VP と NP ということになり，[each other]ⱼ/*ᵢ は，その範囲で先行詞をさがさなければならないので，その候補としては，tⱼ しかない．つまり，それぞれの文で，each other が [the boys]ⱼ, [our]ⱼ を

指す解釈はかまわないが，[the men]$_i$ や [they]$_i$ を指す解釈は許されないことになる．こうして，(12b) と (13b) における照応関係が正しく予測される．

また，第3章の3.2.1節で述べたように，θ規準を仮定している GB 理論の場合，上の (12a) のような従属節の中には，(25) のように空範疇の主語が存在していることになる．

(12) a. [The men]$_i$ expected [$_{IP}$　　to　　see [each other]$_i$].
(25) 　　 [The men]$_i$ expected [$_{IP}$ **PRO**$_i$ to [$_{VP}$ t_i see [each other]$_i$]].

そうすると，(12a) では主語は見えないが，each other が [The men]$_i$ を先行詞にとれるということが「指定主語条件」を用いて説明できる．すなわち，(25) の場合でも，each other を含む最小の CFC とは，see を主要部とする VP ということになり，その中で先行詞をさがすとすれば，PRO$_i$ の痕跡 t_i しかない．その PRO が主文の主語を先行詞としているため，結果的に，each other が [The men]$_i$ を指すような解釈が可能になるのである．

このように，束縛理論では，θ役割に注目して定義された「主語」が重要な役割を果たすと考えられているのである．

4.3.3　抽象格から見た主語

次に，抽象格を用いて主語を規定する必要がある現象について考えてみる．まず，第3章の3.2.2節で紹介した，虚辞を含む文を見てみよう．

(26) 　[It] is unlikely that he will eat it.

虚辞は，発音はされるが意味解釈はなされない特殊な名詞句であるとされており，述語(この場合は unlikely)が表している行為や状態の参与者を指示する表現ではない．つまり，解釈の観点から見ると，(26) の [It] は何の役割も果たしておらず，当然，外的 θ 役割を持つ「意味上の主語」ではない．しかし，3.2.2節でも指摘したように，(27) のような疑問文の中では，[it] は(Aux としてふるまう) Is との間で主語・助動詞倒置を起

こしていて，形式的な主語としての文法的な役割は果たしている．

(27) Is [it] unlikely that he will eat it.

そうすると，ここで [it] に主語性を与えている特質は，主格という抽象格以外には見あたらない．

受動態の分析においても，抽象格という観点から見た主語という概念が活躍する．すでに指摘したように，受動態の主語は，内的 θ 役割である THEME が与えられているという点で，能動態の目的語と共通点がある．

(28) a. They respect [him].
b. [He] is respected by [them].

しかし，主語と動詞との一致現象(すなわち，(28b) では [He] と is の一致)を見ると，意味的には目的語のようなものであっても，形式的には主語として扱われていることがわかる．このことは，(29) の疑問文の中で主語・助動詞倒置が起こることからも，さらに確認できる．

(29) Is [he] respected by them?

このように，θ 役割が同一であっても，(28a, b) の [him] と [He] のように抽象格が異なっていると，文の中での働きがいろいろ異なるのである．

受動態以外にも，「θ 役割の面から見ると非主語でありながら，抽象格という面から見ると主語」という名詞句が観察できる構文がある．たとえば，(30b) の文は，非対格 (unaccusative)（あるいは能格 (ergative)）構文と呼ばれる．

(30) a. He broke [the vases / them].
b. [The vases / They] broke.
c. Did [the vases / they] break?

(30a) と (30b) の対応を見ればわかるように，(30b) の [The vases] は，θ 役割の面では (30a) の [the vases] と同様，THEME という内的 θ 役割を持っている．しかし，(30c) でわかるように，(30b) の [The vases] は，

形式的には，主語として機能している（Fiengo 1974; Perlmutter 1978; Perlmutter & Postal 1984）．(30a)と(30b)では，同じ動詞 break が用いられているように見えるが，θ標示の観点から見ると，それぞれのθ標示の指定は少し異なっていると考えざるをえない．

(31) a. 他動詞文における *break*: [AGENT [THEME]]
b. 非対格構文における *break*: [THEME]

このように考えなければ，(30b)において AGENT である名詞句が出現していないことがθ規準の違反をきたしてしまうからである．すなわち，非対格構文は，(26)の「虚辞」を含む文と同じように，外的θ役割を持たない構文なのである．それでもなお，THEME として解釈される the vases が主格を与えられ，文法的主語としての機能を果たしていることが，上の(30c)の観察からわかる．

さらに，(32a)のような「繰り上げ」(raising)と呼ばれる構文の中でも，抽象格による主語性というものが活躍する．

(32) a. [He] is unlikely [to eat it].
b. Is [he] unlikely [to eat it]?

(32a)の文の意味を考えてみればわかるように，[He] そのものは unlikely という述語と直接の意味関係は持っておらず，不定詞形の述語動詞 eat の AGENT というθ役割を持っている．つまり，[He] は eat を中心とする埋め込み文の意味上の主語ではあっても，unlikely を述語とする主文の意味上の主語としては解釈されていない．しかし，(32b)で明らかなように，この構文で [he] は，主文の Aux として機能している Is との間で，主語・助動詞倒置を起こしている．したがって，意味解釈としては直接関係がないにもかかわらず，主格という抽象格を持っていれば，主文の形式的主語としての文法的機能は果たすということである．

4.3.4 A移動

このように，GB 理論では，それまで「深層構造における主語（[NP,

S])」と「表層構造における主語（[NP, S]）」という形でとらえられていた2種類の主語性を，意味と形式の2つの側面に分離し，それらを θ 役割と抽象格という概念を用いて明示的にとらえなおした．では，ここであらためて，上の観察を文の生成という観点から，文法の仕組みの中に位置づけてみたい．

前節で見たように，受動態や非対格構文では，意味解釈上は目的語と同じ θ 役割を持つ名詞句が主語の位置に現れ，繰り上げ構文では，意味解釈上，埋め込み文の主語である名詞句が主文の主語の位置に現れている．θ 役割と抽象格という2つの概念は基本的に独立した概念なので，それぞれ別々に表示する方法が必要である．いろいろな可能性がありうるが，GB 理論の段階で仮定されていたのは，θ 役割と抽象格は，それぞれが異なるレベルの統語構造で表示されるという考え方であった．具体的には，構造を生み出す段階(=D 構造)では θ 役割の関係を表示し，その情報を保持しつつ，なるべく最小の変更を加えて，抽象格の関係を満たした構造(=S 構造)にする，という方法である．

(33)　GB 理論における仮定:
　　　a.　θ 役割の関係は D 構造において表示する．
　　　b.　抽象格の関係は S 構造において表示する．

受動態・非対格構文・繰上げ構文の場合には，それぞれ次のように，移動という操作によって2つの表示レベルが結びつけられているとされた (Fiengo 1974; Burzio 1981, 1986)．

(34)　a.　受動態:
　　　　　(i)　D 構造:　___ is [$_{VP}$ respected [**he**] by them]
　　　　　(ii)　S 構造:　[**he**]$_i$ is [$_{VP}$ respected t_i by them]

　　　b.　非対格構文:
　　　　　(i)　D 構造:　___ [$_{VP}$ arose [**a storm**] in the South]
　　　　　(ii)　S 構造:　[**a storm**]$_i$ [$_{VP}$ arose t_i in the South]

c. 繰り上げ構文:
    (i) D 構造: ___ is unlikely [IP [**he**] to eat it]
    (ii) S 構造: [**he**]i is unlikely [IP ti to eat it]

つまり，D 構造で項として現れ，θ役割を与えられた名詞句が S 構造で主語の位置に移動し，そこで主格を付与されていると考えることができる．GB 理論では，(34)のような，句構造が項（argument）を生み出しうる位置への移動を「A 移動」（A-movement）と呼んだ．表示レベルという点では，標準理論のころの発想を受け継いでおり，(34a)だけを見れば，4.2.1 節で紹介した標準理論における受動文の分析と変わらないと思うかもしれないが，次に説明するように，θ役割と抽象格という概念を用いて分析をすることによって，標準理論の時代には想像もできなかったような一般性がとらえられるようになったのである．

4.3.5 格フィルター

標準理論の時代には，移動という操作は，たとえば受け身や繰り上げなど，それぞれの構文ごとに指定されているものであった．拡大標準理論の時代には，Chomsky (1975b) などの提案により，それぞれの移動規則を，より一般的な Move NP という規則に還元しようという動きが出ていたが，その傾向が一気に加速されたのが GB 理論の時代であった．θ役割と抽象格という概念をたてることによって，移動というものがさらに一般性の高い規則に昇華し，そればかりでなく，その適用の条件もより厳密に述べられるようになったのである．

そこで大きな役割を果たしたのが，(35)の格フィルター（Case filter）である．

(35) 格フィルター:
    音形のある名詞句には，抽象格が付与されていなければならない．

第2章の2.3.3節でも紹介したように，これは抽象格にかかわる制約で，S 構造に適用すると仮定された．格フィルターを用いた分析を簡単にまと

めると，次のようになる．名詞句が文中でどの述語の項として解釈されるかは，D構造の位置によって決められる．しかし，格フィルターが要求するように，その名詞句が発音されるためには，S構造において抽象格が与えられる位置に現れていなければならない．したがって，もし(36)のように，抽象格が与えられない位置に名詞句が生成された場合，このままS構造に至ると，この名詞句が格フィルターを満たさなくなってしまう．

(36) D構造: INFL [$_{VP}$ V　NP]
　　　　　　　　　　　　　　[−Case]
　　　　　　　　　　　　　　[+θ]

しかし，文法はこのような非文法性を避ける手段として，あらゆる言語要素に自由に適用する Move (α) という規則を備えている．したがって，(37)のように，このような名詞句が抽象格を与えられる位置へ移動することによって，格フィルターを満たすことが可能になる．

(37) S構造: **NP$_1$**　INFL [$_{VP}$ V　*t*$_1$]
　　　　　　　[+Case]

移動規則が「自由に適用する」と，望まれない非文が数多く生成されてしまうという心配が生じる．だからこそ標準理論の時代には，構文ごとに，移動する句やその行き先を明示していたのである．しかし，GB理論では，移動というものの一般的性質を述べることによって，1つ1つの構文でそのような指定をしなくても同じ効果を生み出すことに成功した．

　まず，移動は，非文法性を避ける「最後の手段」としてのみ許されると考えられた(⇒ 第3章 3.7.3節)．これにより，すでに抽象格が与えられている位置にある名詞句が，別の抽象格が与えられる位置に移動することを防ぐことができる．そうすると，A移動を起こすすべての構文において，移動した名詞句の痕跡の位置には，θ役割は与えられていても抽象格は与えられていないと仮定することになる．(34b)の「非対格」とは，内的θ役割のTHEMEは与えるが対格は与えないという，まさにこのよう

な述語の特性をとらえた命名である.

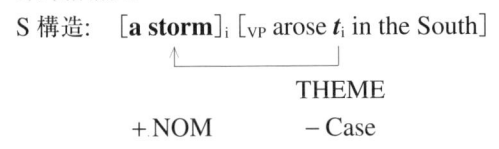

(34) b. 非対格構文:
S 構造: [**a storm**]$_i$ [$_{VP}$ arose t_i in the South]
    ↑_____|
         THEME
    + NOM   − Case

(34a) の受動態に現れる (be -EN) も, 他動詞に同じような非対格の特性を与えると考えられている.

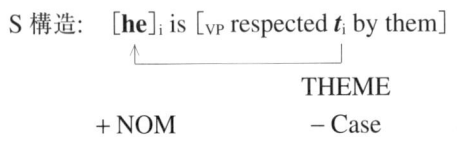

(34) a. 受動態:
S 構造: [**he**]$_i$ is [$_{VP}$ respected t_i by them]
    ↑_____|
         THEME
    + NOM   − Case

(34c) の繰り上げ構文の場合は, 従属節として埋め込まれた IP が非定形節 ([−FIN]) であるため, 主語に抽象格が与えられず, 主格が与えられるように, 主節の主語の位置へ移動したと考えられる.

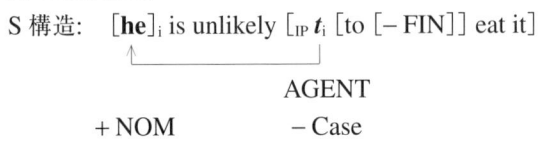

(34) c. 繰り上げ構文:
S 構造: [**he**]$_i$ is unlikely [$_{IP}$ t_i [to [− FIN]] eat it]
    ↑_____|
         AGENT
    + NOM   − Case

このように, 上の (34) で示した構文ではすべて, 格フィルターの要求により, 移動がうながされていることになる.
 また, θ規準は, 1つの名詞句に複数の θ 役割が与えられることを禁じている. したがって, D 構造で θ 役割を与えられた名詞句は, θ 役割のない位置にしか移動できないということになる. つまり, A 移動における名詞句の移動先は, 「抽象格は与えられるが θ 役割は与えられない位置」ということになり, 文中でこのような状況が起こりうるのは, IP の指定部, すなわち文の主語の位置だけである. 虚辞は θ 役割を持っていない

という見方を第3章の3.2.2節で紹介したが，(38a–c)に見られるように，これらの構造の主語の位置に虚辞が現れうるということも，この仮定と矛盾していない．

(38) a. 受動態：　**It** is expected (by everybody) that he will win.
　　 b. 非対格構文：　**There** arose a storm in the South.
　　 c. 繰り上げ構文：　**It** is unlikely that he will eat it.

このように，わざわざ構文ごとに指定しなくても，(34a–c)で見たように，A 移動の行き先は必ず文の主語の位置だということになるのである．

GB 理論における A 移動の特性を表にまとめると，(39)のようになる．

(39)　A 移動：

S 構造の位置	D 構造の位置
$-\theta$	$+\theta$
$+$ Case	$-$ Case

このように，GB 理論では，受動態，非対格，繰り上げという異なる構文に，抽象格を求めての移動という共通性を見出した．移動そのものも，個別のルールではなく，あらゆる言語要素に自由に適用する Move (α) という一般的な規則を 1 種類設ければよいとされた．そして，それだけでなく，その移動の仕方については，何も特定的なことを付け加えなくても，文法の一般的な制約である格フィルターや θ 規準などから，必要な制限が得られるということを示した．つまり，標準理論の時点では，各構文ごとに，どの要素がどの位置からどの位置へ移動するのかということを指定しなければならなかったのに対して，θ 役割と抽象格の概念と派生という概念を組み合わせることによって，そういう個別の指定がいっさい不要のシステムを作り上げたのである．これは，GB 理論の重要な功績の 1 つであった．

4.3.6 GB 理論の問題点

ただし，この GB 理論のとらえ方には，理論的な不満も残る．ここでは，その後の理論の変遷に影響を与えた2つの点を紹介する．

すでに指摘したとおり，ここで言及されている「抽象格」という概念は，he / his / him などの目に見える格形ではなく，抽象的な文法情報を表している．しかし格フィルターは，(違いが目に見えるとはかぎらない)抽象格に関する制約でありながら，発音される名詞句のみを対象としていて，しかも S 構造で満たされなければならないことになっている．このため，格フィルターは結果的に，述語の項として解釈される名詞句がどの位置で発音されるかを規定することになる．つまり，格という「抽象的」な概念に関する制約が，音声にかかわる側面を直接規定するという，不自然な状況が生じていることになる．

このような格フィルターの理論的な問題点を意識してかどうかは定かでないが，Chomsky (1982) は，外的 θ 役割とは無関係に文の主語が現れる現象を説明するために，(40) のような制約が格フィルターとは別に存在すると仮定した．

(40) 拡大投射原理:
　　　文には主語がなければならない．

これは，その後，虚辞や A 移動の着地点の特徴などをとらえる際に，結果的に，格フィルターという原理への依存度を下げる方向へと向かう布石となった．しかし，第3章の3.2.2節でもふれたが，(40) には「原理」という名称がついてはいるが，(40) は文法の原理そのものと言うよりは，単に，常にそのような状態になっているようだという観察を記述しただけのものであり，具体的に文法のどういう要素の働きによってその状態が作り出されるのかという本質が述べられていない．たしかに，与えられるべき θ 役割の有無にかかわらず，文には主語が必要であるという一般化は可能なようなので，とりあえずはこのような制約があると仮定して研究を進めているのである．このように，GB 理論においては，文法上の主語にかかわる現象が，抽象格という概念によって説明されている側面と，拡大投射

第 4 章 「主語」とは

原理によって説明されている側面とがあるが，そのどちらの仮説も位置づけが明らかでない．この問題が，その後ミニマリスト・プログラムにおいてどのように扱われているかについて，4.4.3 節で論じていく．

◆ 考

(40) が言っているのは，単に「主語」が発音されなければならないということではなく，主語の位置を占める要素が存在していなければならない，ということである．したがって，ここでは，英語には「発音されない虚辞」というようなものは存在しないということが前提になっている．

また，これとは別の問題もある．A 移動による受動態・非対格構文・繰り上げ構文の分析が成り立つためには，項の θ 役割は D 構造において決定されるという仮定が必要であるが，その根拠は何かという問題である．標準理論を採用しているのであれば，D 構造は意味解釈への出力であると仮定されているので，表示のレベルと θ 解釈との関係が一致していると言えるが，GB 理論では，意味解釈への出力は LF 表示であると仮定されているので，この 2 者の関係にずれが生じてしまう．

意味解釈への出力が LF 表示である以上，θ 規準の要求は，本質的には LF 表示に対するものだと考えられるが，GB 理論では投射原理を定義することによって，あえて，LF 表示における θ 規準の要求を D 構造と S 構造にも拡げていた (⇒ 第 2 章 2.3.2 節)．これは，見方によっては，LF 表示を仮定した文法メカニズムの中でも，標準理論時代の考え方を保とうとしていた証拠であるとみなすこともできる．すなわち，深層構造はより抽象的・根本的な統語表示であるから，θ 解釈という基本的な意味解釈の側面を純粋に表現しているはずだという考え方が，GB 理論における D 構造の位置づけにも残っているのである．さらに，第 3 章の 3.5.2 節でも紹介したように，痕跡理論を採用することによって，項の θ 役割が D 構造で定められると考える必要はなくなってしまった．LF 表示においても，痕跡を介することによって，移動された項をもともとの D 構造の位置と結びつけることが可能になったからである．

(41) LF: [the vase]$_i$ [$_{VP}$ broke t_i]

　また，3.5.1節で見たように，LF表示を派生することによって初めて発生するような意味(すなわち，D構造だけではとらえられない意味)が存在することが明らかになってきた．そうすると，意味解釈に寄与する統語情報は，LF表示で正しく表示されてさえいれば充分なのではないかという考え方が出てきても当然である．つまり，D構造は独立した統語表示のレベルであると考える必要はないのではないかということが，1980年代の半ばにはすでに指摘されていた（Kitagawa 1986）．このように，D構造とLF表示に関する，表示レベルとしての余剰性の問題が生じたのである．

　この表示レベルの余剰性の問題を解決し，さらに統語派生の理論に新しい視点を持ち込むきっかけとなったのが，第2章の2.3.5節で紹介した「内主語仮説」であった．

◇ 考

　「投射原理は，D構造・S構造・LF表示のすべての統語表示で満たされなければならない」というChomsky（1981, 39）が採用した仮定には，特にはっきりした根拠や議論が提示されていたわけではない．その後，完全解釈の原理が，D構造やS構造には言及しない，インターフェイスに課せられる条件として採用されるようになり，結果的に，投射原理は破棄されることになる．しかし，GB理論を採用していた生成文法の研究のほぼ全体が，投射原理を無批判に受け入れ，仮定しなければならない制約のように扱っていたため，分析に無駄な仮定を加えなければならなかったり，本来可能であるはずの分析が視野の外に置かれるという状況が生じたりもした．この事例は，理論的な仮定というものが，それがどのような根拠があって提案されているのか，ひとりひとりの研究者が批判的に吟味しなければ，その研究分野全体にとっての不利益が生じる可能性があることを私たちに示唆している．

4.4 基底生成された主語と派生された主語

4.4.1 実質的主語と形式的主語

標準理論では，主語という関係が構造的に定義されており，「意味上の主語」と「文法上の主語」の違いは表示レベルの違いによって表されていたのに対して，GB 理論では，構造そのものと言うよりは（θ 役割や抽象格という）抽象的な概念によって，主語という概念が位置づけられた．しかし，θ 役割の関係が表示されるのは D 構造，抽象格の関係が表示されるのは S 構造と仮定されていたことからもうかがえるように，考え方としては，標準理論のときのものが基盤になっていると言うこともできる．これをさらに押し進めて，「θ 役割から見た主語」と「抽象格から見た主語」の違いを，構造上の位置の違いに還元することを提案したのが，「内主語仮説」(Internal Subject Hypothesis) である．

内主語仮説が提案される以前は，たとえば (42) のような能動態の場合，they は D 構造でも S 構造でも同じ位置にあると考えられていた．

(42) 能動態:
D 構造: [$_{IP}$ [**they**] INFL [$_{VP}$ respected him]]
　　　　EXPERIENCER
S 構造: [$_{IP}$ [**they**] INFL [$_{VP}$ respected him]]
　　　　NOM

これに対して，内主語仮説のもとでは，(43a) に示されているように，能動態の主語も（受動態の主語と同様に）A 移動によって主格を与えられる位置に移動してくると分析される．

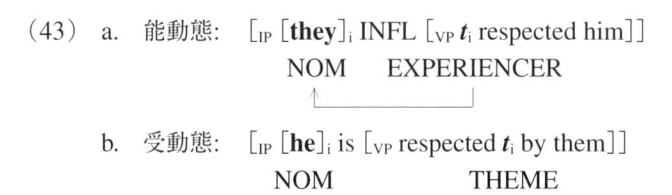

(43) a. 能動態: [$_{IP}$ [**they**]$_i$ INFL [$_{VP}$ t_i respected him]]
　　　　　　　NOM　　EXPERIENCER

　　 b. 受動態: [$_{IP}$ [**he**]$_i$ is [$_{VP}$ respected t_i by them]]
　　　　　　　NOM　　　　　THEME

(43a)では，主語のθ役割はVPなど述語の投射内で決定され，主格はIPの指定部で与えられている．(43b)のような受動態において，目的語の位置でθ役割が定められる名詞句が，A移動を経て文の主語として主格を与えられるようになるのと同様のことが起こると仮定されているのである．このように分析すると，VPの主語の位置(すなわち，標準理論のときの書き方で言うと [NP, VP] の位置：「内主語」(internal subject)と呼ばれることもある)が意味上の主語が占める位置であり，IPの主語の位置(すなわち [NP, IP] の位置：「外主語」(external subject)と呼ばれることもある)が文法上の主語が占める位置となり，この2つの異なる主語の位置を構造上で区別することができるようになる．このように，内主語仮説は，いわば「主語という概念は純粋に構造上で定義できるものである」という標準理論の時代の主張を発展した形で実現したものであると言えよう．

　(42)に見られるように，あるNPが，意味上の主語でもあり，文法上の主語でもあるとしよう．このことは，標準理論の場合には，深層構造と表層構造という2つの構造表示を見比べて，そのどちらにおいても，このNPが [NP, IP] の位置を占めていることでとらえられるとされていた．また，内主語仮説以前のGB理論では，このNPが外項のθ役割と主格の両方を持っているという，2つの抽象的な特性を見きわめることによって確認されると考えられていた．これに対して，内主語仮説に従うと，(43a)のように，LF表示においてこのNPとその痕跡 (t_i) が，それぞれ [NP, IP] と [NP, VP] という異なる位置を占めていることによって，この関係性をとらえていることになる．

　内主語はVPに，外主語はIPに含まれているが，別の言い方をすれば，内主語は語彙範疇 (lexical category) の投射に，外主語は機能範疇 (functional category) の投射に属する概念，と言うこともできる．つまり，内主語仮説のもとでは，意味上の主語とは「実質的な (substantive) 領域における主語」，そして文法上の主語とは「形式的な (formal) 領域における主語」と位置づけられる．このような観点から見ると，述語の意味という実質的な面と密接な関係のあるθ役割が内主語の位置と結びつき，形

式的な概念である抽象格が外主語の位置に帰属しているのは，大変自然な帰着であると言えるだろう．

4.4.2　内主語仮説が可能にしたこと

　内主語仮説の際立った特徴を1つあげるとしたら，θ解釈を純粋に表示している「完結した実質的統語領域」の存在を仮定したことであろう．(44) に示すように，内主語仮説のもとでは，「内主語(の痕跡)を含んだVP」が，θ解釈を純粋に表示している完結した領域であり，形式的・機能的な領域とは完全に分離されている．

(44)　内主語仮説:
　　　[$_{IP}$ [they]$_i$ INFL [$_{VP}$ t_i respected him]]

これに対して，内主語仮説以前の分析では，(45) に示すように，VP は主語を含まず，IP は INFL という θ解釈に直接関係のない要素を含んでしまっており，どちらも，θ解釈を純粋に表示している領域とは言えない．

(45)　内主語仮説以前:
　　　[$_{IP}$ [they] INFL [$_{VP}$ respected him]]

　内主語を実質的統語領域の主語，外主語を形式的統語領域の主語と位置づける内主語仮説が，ミニマリスト・プログラムに取り込まれることによって，さらに興味深い結果が生まれた．第2章の2.4.2節で紹介したように，ミニマリスト・プログラムでは併合によって，ボトムアップ方式で統語構造を生成する考え方が採用されたが，これを内主語仮説に従って実行すると，たとえば (46a–d) のような他動詞構文の統語派生をもたらす．

(46)　a.　[respected him]
　　　b.　[$_{VP}$ they respected him]
　　　c.　[$_{IP}$ INFL [$_{VP}$ **they** respected him]]
　　　d.　[$_{IP}$ [**they**]$_i$ INFL [$_{VP}$ t_i respected him]]

すると，(46b) のように，内主語を含む VP，すなわち「θ 解釈を純粋に表示している実質的統語領域」だけが存在する派生の段階が存在する，ということに注目してほしい．

4.3.6 節で述べたような，LF 表示と D 構造の余剰性が問題になってからも，チョムスキーはしばらくの間，D 構造を仮定し続けていた．その動機の1つは，標準理論時代の深層構造の位置づけを引きずった，「純粋な θ 解釈の統語表示を設けること」であったと思われてならない．しかし，内主語仮説と併合を組み合わせることによってようやく，D 構造という独立した表示レベルを仮定することなく，その目的を達することが可能になったと言えるだろう．いわば，感覚的には，(46b) がかつての「深層構造」に相当しているのである．実際，内主語仮説が受け入れられてからまもなく，チョムスキーも統語レベルとしての D 構造が不要であるという説を展開しはじめたのであった．

かつては，移動の分析には，D 構造・S 構造の多層の統語表示レベルが不可欠であると思われていたが，ボトムアップの併合と移動が交錯して適用してもよいという仮説を採用することによって，D 構造，S 構造に分けてとらえていた特質を，独立した異なる統語表示のレベルを仮定しなくても表せるようになった．たとえば (47a–d) (= (46a–d)) の派生を (47e–j) のように，さらに拡大することができる．（ここではその議論を取り上げないが，Chomsky (2000a, b) では，すべての主文が CP として分析されている．）

(47) a. [$_{VP}$ respected him]
b. [$_{VP}$ they respected him]
c. [$_{IP}$ INFL [$_{VP}$ they respected him]]
d. [$_{IP}$ they$_i$ INFL [$_{VP}$ t_i respected him]]
e. [$_{CP}$ that [$_{IP}$ they$_i$ INFL [$_{VP}$ t_i respected him]]]
f. [$_{VP}$ know [$_{CP}$ that [$_{IP}$ they$_i$ INFL [$_{VP}$ t_i respected him]]]]
g. [$_{VP}$ we know [$_{CP}$ that [$_{IP}$ they$_i$ INFL [$_{VP}$ t_i respected him]]]]
h. [$_{IP}$ INFL [$_{VP}$ we know [$_{CP}$ that [$_{IP}$ they$_i$ INFL [$_{VP}$ t_i respected

him]]]]]
  i. [$_{IP}$ we$_j$ INFL [$_{VP}$ t_j know [$_{CP}$ that [$_{IP}$ they$_i$ INFL [$_{VP}$ t_i respected him]]]]]
  j. [$_{CP}$ $\emptyset_{COMP}$ [$_{IP}$ we$_j$ INFL [$_{VP}$ t_j know [$_{CP}$ that [$_{IP}$ they$_i$ INFL [$_{VP}$ t_i respected him]]]]]]

ここで，(47c) も (47d) も派生の途中の段階であり，完結した文ではないので，従来のように移動が適用する前の構造を D 構造，あとの構造を S 構造と呼ぶことはできないし，またその必要もない．さらに，(47d) で移動が適用したあとでも(つまり，かつての S 構造にあたる構造を派生したあとでも)，併合(という，かつての D 構造を導く句構造規則に相当する統語操作)が可能になっている．つまり，D 構造，S 構造という概念でとらえるべき統語表示は，どこにも存在しなくなってしまったのである．こうして，ミニマリスト・プログラムでは，D 構造と S 構造の両方を文法のモデルから取り除き，統語表示のレベルを，運用への直接の出力となる PF と LF の表示のみとした．

◆ 考

　チョムスキーは Chomsky (1995) 以降，Larson (1988) で提案された VP-shell と呼ばれる考え方を踏襲して，IP のすぐ下に，VP とは独立した vP という句を設けている．vP の主要部である v (一般に small v と呼ばれている)は，使役動詞として機能する音形のない軽動詞 (light verb) として位置づけられ，下の (i) に示したように，内主語を指定部，VP を補部として選択すると仮定されている．

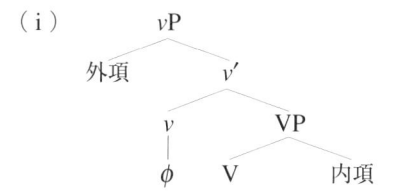

(ⅰ)　　　　vP
　　　　　／＼
　　　　外項　v'
　　　　　　／＼
　　　　　v　　VP
　　　　　│　／＼
　　　　　φ　V　内項

　この vP の分析は，急激に研究者の間に広まったが，さまざまな理論的

な疑問点も残る．たとえば，v は，外項を導く述語という点では語彙範疇の特性をそなえているが，一方，照合（checking）に使われる（解釈不可能な）ϕ 素性を導入するという点では，機能範疇の特性をそなえていることになる．つまり，この両面性を持った，特殊で新しいタイプの範疇が仮定されたことになり，その理論的位置づけは不明瞭である．Larson が提案した VP-shell のもともとの動機を疑問視する研究者もいる．言語事実に照らした経験的根拠も不足している．そういった意味で，本当にこの範疇を仮定する必要があるかどうかを判断するには，今後の研究の成果を待たなければならない．本書では，表示や議論の簡素化を計りたい意図もあって，vP は考慮に入れていない．

4.4.3 統語派生と解釈と語彙入力の同時進行：Phase の考え方

内主語を含んだ VP は，θ 解釈を純粋に表示する実質的統語領域を提供し，「深層構造＝概念構造」というかつての洞察を保ったままで，D 構造とその余剰性を文法から排除してくれた．ただし，この VP は派生の途中の一段階として存在するだけで，それのみが独立した統語表示として役割を果たすことはない．その意味では，内主語仮説はチョムスキーにとって好ましい結果をもたらしたが，その成果は単なる象徴的なものにとどまっていた．これに対して，Chomsky (2000a, b) では，派生の「局面」(Phase) という考え方を打ち出し，内主語を含んだ VP が独立した統語領域として機能するように，統語派生の考え方をさらに進化させようと試みている．これは，統語構造がボトムアップで生成される際に，たとえ派生の途中であっても，ある種の統語領域が完結されるごとに，その派生の段階(＝局面)が部分的な PF 表示と LF 表示の派生を始めるという仮説で，Epstein et al. (1998) らの主張をさらに改訂したものである．大まかに言うと，内主語を含んだ VP (Chomsky (2000a, b) における vP) と CP が形成されるごとに Phase をなし，(48a–c) のように，次の Phase が形成されてその指定部／主要部からの移動が終了した時点で，PF・LF 表示の派生が始まる．チョムスキー自身は，各 Phase 内で，その補部(たとえば，vP 内の VP) に関してのみ，このような派生が始まるとしている．

(48) a.　　　　　　　　$[_{CP1} XP_i \ldots [_{VP1} t_i \ldots]]$
　　　　　　　　　　　　　　　↳ PF・LF 表示の派生
　　　b.　　　　$[_{VP2} \ldots [_{CP1} \ldots]]$
　　　　　　　　　　　↳ PF・LF 表示の派生
　　　c.　$[_{CP2} XP_j \ldots$　　$[_{VP2} t_j \ldots]]$
　　　　　　　　　　　　　↳ PF・LF 表示の派生

つまり，埋め込み文を単位とし，その中でボトムアップに実質的な統語領域（VP）が完結されるたびに，そして，そのような領域へのあらゆる形式的素性の付加が終了して，埋め込み文（CP）が完成するたびに，Spell-Out が適用して，音声解釈に向けた派生と意味解釈に向けた派生が同時に開始されるという仮説である．たとえば前節（47）では，下に示したように，その派生の過程（47e）で VP_1，（47g）で CP_1，（47j）で VP_2 が，それぞれ音韻・意味派生への出力となる．

(47) e.　$[_{CP1}$ that they$_i$ INFL $[_{VP1} t_i$ **respected him**$]]$
　　　　　　　　　　　　　　↳ PF・LF 表示の派生
　　　g.　$[_{VP2}$ we know $[_{CP1}$ **that they$_i$ INFL VP$_1$**$]]$
　　　　　　　　　　　　　　↳ PF・LF 表示の派生
　　　j.　$[_{CP2}$ we$_j$ INFL $[_{VP2} t_j$ **know CP$_1$**$]]$
　　　　　　　　　　　　↳ PF・LF 表示の派生

また，すでに解釈が完了した Phase の内容（たとえば（47g）の VP_1 や（47j）の CP_1）は，指定部や主要部の痕跡以外は次の Phase の解釈には関与せず，個々の Phase の解釈は，単一の文の限られた範囲内で実行されるので，「計算」(computation) への負担が軽減されると主張された．

◆ 考

　ただし「解釈」と言っても，具体的にそれがどういう操作を指すのかは，必ずしも明らかに述べられていないので，現時点では，この仮説の詳細を吟味することは難しい．

　この Phase を仮定した分析では，（47e）と（47j）の VP にあたる構造

が解釈されるので，D構造という独立の表示レベルを設けなくても，深層構造から意味解釈へ出力する標準理論に近い結果が得られる．つまり，内主語仮説と併合に，Phaseの考え方を組み合わせると，統語派生，解釈の両方が，それぞれの文の中で「実質的統語領域」から「形式的統語領域」へと，繰り返し拡大していくという分析が可能になる．（実は，このような結果は vP ではなく，VP を採用した時により顕著にもたらされる．）生成文法では古くから，特に統語規則の適用に関して，文などを単位としてボトムアップに進行する「サイクル」というものが存在すると考えられてきたが，Phase という概念は，このサイクルの再解釈と言える．サイクルという概念が使われていた枠組みでは，統語派生，音声解釈，意味解釈のすべてにおいて，それぞれ，サイクルが認識される必要があり，無駄が生じることが指摘されていたが，Phase ごとに音声・意味解釈に出力されるという枠組みでは，そのような無駄もなくなると主張されている．

あまり文献では取り上げられていないが，Phase の分析は，Chomsky (1995) で提案された numeration の概念的な不備を補う役目も果たしている．たとえば，下の (49a) の文は，(49b) のような numeration を入力として生成されたと考えられる．

(49) a. [$_{CP2}$ **Tom**$_j$ [$_{VP2}$ t_j thinks [$_{CP1}$ that **Mary**$_i$ [$_{VP1}$ t_i knew the truth]]]].
b. {$\varnothing_{COMP}$, Tom, [PRES / 3P / SG], thinks, that, Mary, [PAST], knew, the, truth}

しかし，同じ numeration を入力として，(49a) とはまったく意味内容の異なる (50) の文を生成することも可能である．

(50) [$_{CP2}$ **Mary**$_j$ [$_{VP2}$ t_j thinks [$_{CP1}$ that **Tom**$_i$ [$_{VP1}$ t_i knew the truth]]]].

numeration は「同一文」を定義するものであるから，もし「同一文の中でもっとも経済的な派生を選ぶ」という方針があるのならば，文法は，(49a) と (50) の派生を比べることになりかねない．しかし，明らかに解釈の異なる2つの文のどちらがより経済的かという計算をすることに，意

味があるとは思われない．そうした望ましくない状況を避けるためには，文法は，Tom と Mary という名詞句が，それぞれどの CP の中に現れるのかを区別しなければならない．つまり，numeration の中に統語構造に関する情報を持ち込む必要が生じてしまう．これに対して，Chomsky (2000a, b) では，Phase とはそもそも，numeration の部分集合 (lexical array の subset，あるいは subarray と呼ばれている) を入力として生成される統語構造であると考えた．たとえば，(49a) の 4 つの Phase (VP_1, CP_1, VP_2, CP_2) はそれぞれ，(51a–d) の 4 つの subarray を，この順序で入力して生成されたと分析される．(矢印の右側は，それぞれの subarray を基にして構築される Phase を示す．)

(51) (49a) の文の numeration を構成する subarray:
 a. subarray 1: {**Mary**, knew, the, truth} → VP_1
 b. subarray 2: {that, [PAST]} → CP_1
 c. subarray 3: {**Tom**, thinks} → VP_2
 d. subarray 4: {$\emptyset_{COMP}$, [PRES / 3P / SG]} → CP_2

一方，(50) の場合は，(52a–d) の subarray をこの順序で入力として生成されたと考えられる．

(52) (50) の文の numeration を構成する subarray:
 a. subarray 1: {**Tom**, knew, the, truth} → VP_1
 b. subarray 2: {that, [PAST]} → CP_1
 c. subarray 3: {**Mary**, thinks} → VP_2
 d. subarray 4: {$\emptyset_{COMP}$, [PRES / 3P / SG]} → CP_2

従来の numeration という考え方に Phase を加えただけでは，統語や解釈の範囲と語彙導入の範囲が一致しないために，(49a) と (50) が同じ入力から出てきてしまうという問題が起こるが，このように subarray を仮定すると，その不備をうまく処理することができる．これら一連の分析では，語彙導入・統語派生・解釈のすべての領域をほぼ同時発生させ，同時進行させることを試みていると言っていいだろう．

このように，Phase の分析は，チョムスキーがミニマリスト・プログラ

ムでそれまで展開してきた理論をさらに洗練させようとする試みにうまく沿うものであり，研究者の間で急速に広まりつつあるが，理論的にもまだアイディアの段階で，実際には補われなければならない点も多く，また今まで説明できていた言語事実がこの枠組みですべて扱えるのか，そしてさらに新たな言語事実を説明することができるのかなど，この概念の妥当性を評価するためには，さらに研究を進めていく必要がある．

4.5 まとめ：生成文法における主語の概念の変遷

4.1 節から 4.4 節で見たように，生成文法はその初期のころから，主語，目的語などの文法関係は基本概念ではなく，他の概念を用いて定義できるものであると主張し，主語の概念，特に「文法上の主語」と「意味的上の主語」の区別をどう規定するかという問題に，多大なエネルギーを費やしてきた．大まかに言って，句構造を用いた標準理論から，抽象格と θ 役割に着目した GB 理論を経て，いわゆる語彙範疇と機能範疇を区別し，実質的主語から形式的主語を派生するというミニマリストの分析に至っている．標準理論から GB 理論までは，2 種類の主語性というものを，D 構造と S 構造という異なる統語表示のレベルでとらえていたが，ミニマリスト・プログラムでは，実質的主語は実質的領域，形式的主語は形式的領域という派生の段階で発生する，2 つの異なる統語領域に属する特質としてとらえなおしたのが，1 つの大きな変遷であった．そして，文の統語派生が「実質的な領域」から「形式的な領域」へ向かって循環的に拡大するという，新たに提案された考え方は，次の節で取り上げる「移動の仕組みと動機」に関する疑問に対する答えの，1 つの方向性を提示することになった．

これらの分析は，どれもその時代の注目をあび，理論の改訂と発展に貢献してきたが，どの時代の分析においても，その根底に流れていたある種の信念のようなものが見受けられる．それは，主語の概念が 2 つの異なる統語派生の段階の相互作用としてとらえられ，この 2 つの段階が移動によって結びつけられるべきであるとする，「派生」(derivation) の概念であった．しかも，生成文法では一貫して，この派生は，「概念構造 (θ 標

示)の骨格となる抽象的な統語構造」から,「発音・聴音をもたらす表面的な統語構造」へと向かって行くという考え方に支えられていたと言っていいだろう.

4.6 なぜ移動するのか

上で述べてきたように,ミニマリスト・プログラムでは,たとえば次の英語の文は,(53a) から (53b) へと統語派生が進むと考えられている.

(53) a. [$_{VP}$ **they** respect him] ⇨
      b. [$_{IP}$ [**they**]$_i$ should [$_{VP}$ t_i respect him]]

ミニマリスト・プログラムにも受け継がれている投射原理の精神は,「子供が θ 標示を含む述語の特性を習得すれば,統語構造も自動的に習得される」という考え方であるが,この観点から見れば,(53a) の VP はすでに θ 解釈に必要なすべての要素を含んでいて,ある意味で完結している構造である.しかし,そうすると,あえてそこからさらに派生構造を拡大し,すでに解釈可能な位置にある内主語の名詞句を外主語の位置へ移動させるには,それなりの理由が必要なはずである.

「なぜ移動するのか」という問いかけは,チョムスキーの生成文法が一貫して押し進めてきた統語派生の考え方に根源的にかかわる疑問で,この問いに迫るには,少なくとも3つの異なるレベルにおける「移動の動機」を取り上げることができるだろう.まず,人間言語が移動という現象をそなえていることによってどういう役に立つのかという「機能的動機」とでも呼べるもの.次に,文法内で移動を必然的に引き起こす仕組みはどのようなものなのかという「体系内動機」とでも呼べるもの.そして最後に,人間の言語能力がそのような仕組みを文法内に設けるどのような必然性があるのかという「存在論的動機」とでも呼べるものである.

まず,機能的動機から考えてみる.生成文法であれ,それ以外の記述的な文法であれ,文の周辺部というものは,意味の面からも音の面からも,特別な役割を持たされていることが多い.意味に関しては,焦点 (focus),

話題 (topic) などの談話とかかわる情報構造 (information structure)，つまり，θ解釈とは異なる種類の意味と結びついていると考えられている．また，音声に関しては，おそらくこのような情報構造とのかかわりで，文の周辺部で特定の言語要素を発音することによって，情報処理 (processing) を容易にする効果があるだろう．転移現象というものは，文の周辺部へ，ある特定の言語要素を目に見える形で移動させることなので，その機能的動機は，意味的・音声的に特殊な役割を持たせるため，と考えることが可能である．機能的動機というものは，日常の言語活動の観察を基にした単なる推測であり，たとえば，人間が瞬きをするのは目を乾燥させないためだろう，と述べるのと同じようなものである．日常生活の中での「なぜ？」の答えとしては，機能的動機がもっともふさわしいことが多いかもしれないが，現象の原理や仕組みを解きあかそうとする科学としての「なぜ？」という問いの場合には，機能的動機は答えとして不充分であると言わざるをえない．機能的動機というものは，それが正しいかどうか証明できるような形で提示するのは難しいし，そもそも，動機というよりは，たとえば，「瞬きをすると目の乾燥が防げる」というような，関連しているように見える事象の記述としてとらえるべきものであることがほとんどである．たとえ，瞬きをすることによって目の乾燥が防げるということが事実であっても，目の乾燥を防ぐということが瞬きをすることに対する理由なのか，それとも結果なのかは，決定することができないであろう．

　科学としての「なぜ？」という問いの答えに，より適していると思われるのは，どのような仕組みでそれが起きるのかという，体系内動機である．体系内動機をつきとめるためには，まず，その「体系」がなければならない．つまり，どうして移動というものが起きるのかということが，文法全体の仕組みに関連づけて述べられる必要がある．そこで，説明が一貫しているかどうか，提案されている体系が理論として妥当であるかどうか，そして，どういう場合に移動が起き，どういう場合に起こらないかということについて，理論の予測と事実とが合致しているかどうかを調べることにより，考察を進めていくことができる．このような，文法における移動の仕組みに関しては，次の 4.6.1 節で詳しく観察する．

さらに高次の問いが，3つ目の「存在論的動機」と呼んだものである．これは，そもそもそのような仕組みを仮定することが，納得できるものであるかどうかを問うものである．この問題は，非常に抽象的で評価が難しいが，たとえば，より大きな体系と照らし合わせることによって，そのような仕組みを組み込むべきかどうか，判断ができる場合もある．この問題については，この章の最後の4.6.4節で取り上げる．

これら3種類の「移動の動機」に関する問いかけは，それぞれが独立に追求できるもので，これらがそれぞれどのように関連しているのかは自明のことではない．むしろ，これらがつながりを見せる必要はないとみなす研究者もいる．

4.6.1　移動の仕組み：解釈不可能な素性

ミニマリスト・プログラム以前の内主語分析では，(54)の移動は，theyが格をもらうため，そして「文(= IP)には主語がなければならない」という拡大投射原理(EPP)(⇒ 4.3.6節)を満たすためという2つの理由で適用されると考えられていた．

(54)　$[_{IP} [\textbf{they}]_i$ should $[_{VP} t_i$ respect him$]]$

こう考えると，下の(55a, b)の対比がうまく説明できるからである．

(55)　a.　$\textbf{you}_1$ may $[_{VP} t_1$ eat it$]$.

　　　b.　*$\textbf{it}$ may $[_{VP} \textbf{you}$ eat it$]$.

(55b)では，虚辞のitがEPPは満たしていても，抽象格の与えられない内主語の位置にとどまったyouが，格フィルターを満たさないことになり，非文法的になる．一方，(55a)では，EPPも格フィルターも両方とも満たされているため，文法的となる．

しかし，ここで問題となるのは，4.3.6節でも指摘したように，「文(= IP)には主語がなければならない」と規定するだけでは，単に観察から

得られた一般化を記述しているにすぎないということである．むしろ，常に外主語が存在するという状態がもたらされるのは，文法という仕組みがどのように働いていることに由来するのか，という内容が述べられているべきであろう．Fabb (1984) や Kuroda (1988) は，INFL による抽象格の付与が義務的であると仮定すれば拡大投射原理を導くことができると主張し，Kitagawa (1986) は，むしろ主語と INFL の一致が義務的であるという仮定から導くべきであると主張した．これに対して，ミニマリスト・プログラムにおいては，移動は，統語構造に「不完全な」要素が混入されたときにそれを取り除くための操作であり，その結果として（少なくとも英語では）常に外主語が存在することになると分析された．この考え方の基点となるのは，第3章の3.7.1節で紹介した「完全解釈の原理」である．

(56) 完全解釈の原理:
音や意味の解釈に使われる，文の最終的な構造表示は，どの要素も「解釈可能な形」になっていなければならない．

いったい，何が「不完全な」要素に相当し，それが移動によってどのように取り除かれるかを見るために，まず，個々の単語の持つ素性について，あらためて考えてみよう．

ある単語が numeration に含まれる場合，その単語の音と意味の素性以外に，このどちらからも独立した「形式素性」(formal feature) というものも導入されると考えられている．たとえば，下の (57) に示すように，he という名詞句や does という助動詞には，格や人称・数・性などの「φ素性」と呼ばれる形式素性が含まれている．

(57)   **he**   **does**   not watch TV
      [3人称] [3人称]
      [単数]   [単数]
      [男性]
      [主格]

ただし，(57) で示された形式素性の中には，その単語の意味と関係があると思われるものと，意味とは無関係だと思われるものとが，混在してい

る．たとえば，he の持つ［3人称］［単数］［男性］という情報は，「単身の男性またはオス」ということであるから，この名詞句の伝える意味の一部とみなすことができるが，助動詞の does にとっては，［3人称］や［単数］のような形式素性は，意味解釈とは関係ない．同じように，［主格］という素性は（その名詞句が文中のどの位置に現れているかという，文法的な情報はもたらすが），名詞句そのものの意味に影響を与えるわけではない．

このような観察に基づいて，Chomsky (1995) では，形式素性を「解釈可能素性」(interpretable feature) と「解釈不可能素性」(uninterpretable feature) とに区別し，解釈不可能素性を，そのまま文の構造表示に残っていると (56) の完全解釈の原理の違反を導く「不完全な」要素であるとみなした．そして，文法的な文を派生するためには，解釈不可能素性は「照合」(checking)（あるいは「素性照合」(feature checking)）と呼ばれる統語操作によって，統語構造から取り除かれる必要があると考えた．つまり，上の (57) では，does が導入する［3人称］［単数］と he が導入する［主格］という素性は解釈不可能であり，派生の途中で取り除かれなければならないことになる．

第2章の 2.2.2 節で紹介した「接辞移動」の分析以来，生成文法では，主語と動詞の間に起こる一致の現象は，(58) のように，主語と INFL の間の一致を介して行なわれるという分析を貫いてきた．

(58)　**he** [$_{\text{INFL}}$ 3人称・単数] [$_{\text{VP}}$ run**s** fast].
　　　└─一致─┘└─接辞移動─┘↑

その後，文法のモデルの変遷とともに，「接辞移動」自体は，さまざまに形を変えた統語操作に取って代わられたが，主語が INFL（あるいはそれに準じる形式的範疇）との間で一致現象を起こすという仮説は，どの時代でも保たれてきている．照合の分析でも，この仮説が採用されており，(59) に示すように，主語と INFL の両方に現れた素性を照らし合わせ，その内容が一致した場合のみ解釈不可能な素性が削除される，という考え方を提案している．（以下では便宜的に，最後に「+」がついている素性は解釈可能素性，最後に「−」がついている素性は解釈不可能素性とする．）

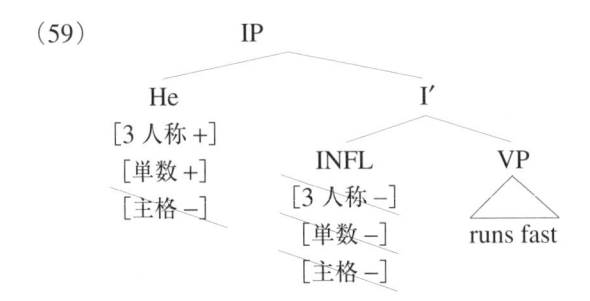

(59)
```
           IP
          /  \
        He    I'
     [3人称+]  /  \
     [単数+] INFL  VP
     [主格−][3人称−] runs fast
            [単数−]
            [主格−]
```

照合が起こるための構造条件についても，いろいろと考察されているが，典型的に照合が起こるのは，句の主要部とその句の指定部との間である．(59)の場合，IP内のINFLという主要部とその指定部である主語との間に照合が起こっており，照合の結果，[3人称−]，[単数−]，[主格−]という解釈不可能素性がすべて取り除かれ，この統語構造は(56)の意味で「解釈可能」になる(つまり，文法的に適格となる)．しかし，照らし合わせた結果，素性が一致しないときには，解釈不可能素性が削除されず，文法的な最終表示が派生されないという事態が生ずることもありうる．たとえば(60)の場合，照合の失敗により，解釈不可能な[3人称−]と[単数−]が削除されずに残ってしまって非文となっている．

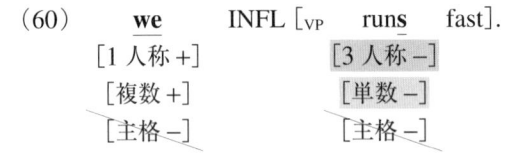

(60)　**we**　　INFL [VP **runs** fast].
　　　[1人称+]　　　[3人称−]
　　　[複数+]　　　 [単数−]
　　　[主格−]　　　 [主格−]

さて，ここで，「なぜ外主語への移動が起こるのか」という問題に話を戻そう．内主語仮説のもとでは，能動態であっても，主語は動詞句の中に生成されると考えられることを思い出してほしい．問題になっていたのは，θ位置である動詞句内の主語の位置から，どうしてIP内の主語の位置への移動が起きなければならないのかということに対する体系内動機であった．これまでは，「拡大投射原理」という名のもとに，文には必ず主語が現れなければならないと単に規定されてきたのであるが，Chomsky (1995) では，「拡大投射原理とは，解釈不可能素性がINFLに導入され

ることによって生じる現象である」という新たな仮説を提案し，その解釈不可能素性を仮に「EPP 素性」と命名した．EPP 素性とは，INFL が持つ「解釈不可能な D 素性」(EPP-D)であり，これは単に，指定部に DP が現れることを要求する素性であると考えた．つまり，INFL という範疇は，numeration に入る際に必ず(解釈不可能な) EPP 素性を持ち，その EPP 素性を照合によって削除するために，IP の指定部に主語の名詞句(正確には DP)が現れねばならない．この要求を満たすために，下の (61a) のように併合の適用によって虚辞が，あるいは (61b) のように移動の適用によって θ 役割を持つ主語が，もたらされることになるというのである．

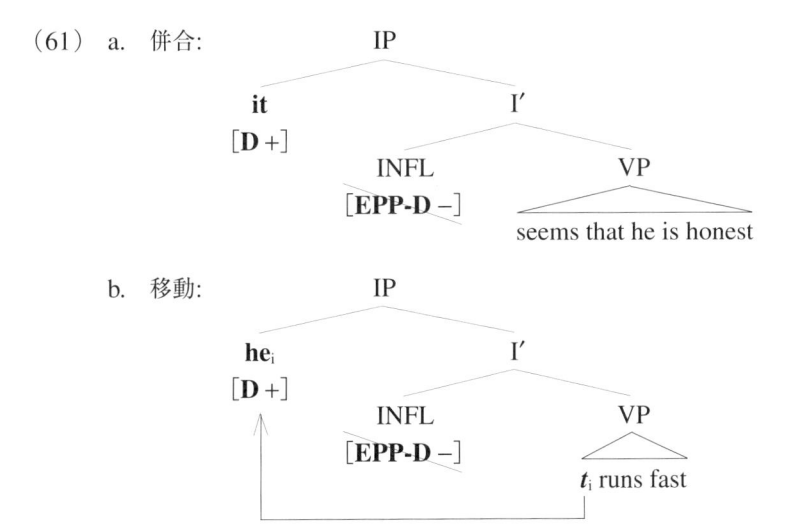

(61) a. 併合:

```
           IP
          /  \
        it    I′
       [D +]  / \
          INFL   VP
        [EPP-D −] seems that he is honest
```

b. 移動:

```
           IP
          /  \
        he_i  I′
       [D +]  / \
          INFL   VP
        [EPP-D −] t_i runs fast
```

つまり，照合こそが，拡大投射原理を，そして内主語から外主語への移動を引き起こす，文法という体系内の動機であるということになる．

◇ 考

　ここでは簡略化のために表さなかったが，(61b)で移動された名詞句 he は[主格 −]という解釈不可能素性を伴って，まず VP の Phase で内主語として現れる．つまり，次の Phase で内主語の移動が起こる前に，VP の Phase の解釈が完全に行なわれると考えると，文法的な文はけっして

派生されないことになってしまう．4.4.3 節で紹介したように，チョムスキーは，各 Phase の指定部の解釈は次の Phase まで持ち越されると仮定しているが，この仮説は，移動の動機としての照合の問題と深くかかわっている．

明らかに，この EPP 素性は，GB 理論の枠組みで抽象格が果たしていた役割の一部をになっている．では，EPP 素性という新しい素性を持ち出すかわりに，φ素性と格素性だけで説明を進めることは不可能だったのだろうか．第 3 章の 3.2.2 節では，(62a, b)(= 第 3 章 (34a, b))が非文であるということを拡大投射原理と関係づけた．

(62) a. *＿ [$_{INFL}$ [3 人称 −・単数 −]] is likely [that John will come back in time]
 b. *＿ [$_{INFL}$ [3 人称 −・単数 −]] exist [unicorns] (in this world)

照合の考え方に基づけば，(62) では照合するべき相手がないのであるから，照合されずに残ってしまう解釈不可能な素性があることになり，特に EPP 素性ということを言わなくても，非文であるということが導かれる．ところが，その考え方では，たとえば (63) のように A 移動が連続して起こった場合の説明がしにくくなる．

(63) [$_{IP3}$ **they**$_1$ seem [$_{IP2}$ t_1'' to be likely [$_{IP1}$ t_1' to [$_{VP}$ t_1 have a nuclear weapon]]]]
　　　　　　　(c)　　　　　　　(b)　　　　　　(a)

ここでポイントとなるのは，IP$_1$ と IP$_2$ は，従来，主語と一致も起こさないし，その位置に抽象格も付与されないと考えられてきた不定詞節だということである．この位置で素性の照合が起こらないのならば，(63) の (a) と (b) の移動が引き起こされないことになりかねない．これに対して，Chomsky (1995) で提案された EPP 素性とは，INFL が単にその指定部に DP が現れることを要求する解釈不可能な素性であり，格やφ素性の一致現象は，この EPP 素性の照合によって引き起こされた移動の副産物

第4章 「主語」とは　177

として起こるものであるという立場をとっている．このような立場をとると，(63) の (a) と (b) の移動が起こるとしても不思議はない．定形節であれ，非定形節であれ，INFL には解釈不可能な D 素性が存在していると仮定しさえすれば，その素性を照合によって削除するために，移動が引き起こされると考えられるからである．

　さらに，φ素性にかかわる一致の現象だけでなく，抽象格の付与も，ミニマリスト・プログラムでは言語要素の移動を引き起こすものではなく，潜在統語 (covert syntax) のみにかかわる現象としてとらえられるようになっていった．GB 理論で提唱された格の理論では，まず，抽象的な文法の情報としての「抽象格」と，それが形態素によって具体的に表現されている「形態格」が区別され，格フィルターが設けられた．しかし，格フィルターは抽象格に関する制約でありながら，発音される名詞句のみを対象としていた．しかも，S 構造で満たされなければならないことになっているため，すでに 4.3.6 節で指摘したとおり，結果的には述語の項として解釈される名詞句がどの位置で発音されるかという，どちらかと言うと PF 表示で規定されるべき内容を持っていたのである．しかし，ミニマリスト・プログラムでは，抽象格の理論を次のように改訂し，ある意味では中途半端だった抽象格の位置づけをやり直した．

　まず，それまでは，非定形の INFL は抽象格を付与しないとしていたのを，このような INFL も「ゼロ格」(null Case) という，形態的には具現化されない抽象格を付与すると仮定し，空範疇の PRO にはこのゼロ格が付与される必要があるとした (Chomsky 1995, 119)．これを照合の分析でとらえると，(64) のようになる．

　(64)　I want [$_{IP}$ **PRO**$_1$ [$_{INFL}$ to] [$_{VP}$ t_1 be there]]
　　　　　　　　［ゼロ格 –］　［ゼロ格 –］
　　　　　　　　　　└┄┄┄照合┄┄┄┘

これはつまり，格フィルターはそれまで，音形を持つ名詞句にのみ抽象格を要求していたものが，その対象を音形を持たない名詞句にも拡げたことになる．こうして，抽象格は，LF 表示においてのみ重要性を持つ形式素

性として，PF表示の現象である形態格と役割が完全に分離された．ここでも，ミニマリスト・プログラムにおける音と意味の完全分離の一端が見られることになる．ただし，Hornstein (1999) も指摘しているように，このゼロ格はPROだけに，しかも非定形のINFLによってのみ与えられるのであるから，「PROは非定形の文の主語として現れる」という観察をとらえるために特別に設定された格であるという印象が強い．

◇ 考

　この提案は，一見，格フィルターを照合に還元したように見えるが，そうとも言いきれない．格フィルターが提案された時点での，そのもっとも大きな役目は，S構造において主語への移動を保証することであった．しかし，今やこの役割は，格素性からEPP素性へと移行している．また，動詞句内での項の語順を句構造規則に頼らず決定できるということも格フィルターの強みであったが，格素性の照合がLFで起こることである以上，この点についても，格素性は(少なくとも他の仮定と組み合わされないかぎり)何の役割も果たせない．むしろ，抽象格という素性を本当に仮定する必要があるのか，という問題を提起する結果となっている．これに関連した議論は，4.6.4節で取り上げる．

4.6.2　経済性のジレンマとEPP素性の正体

　前節で紹介した「解釈不可能な素性を取り除くために移動する」という文法の仕組みは，あくまでも，完全解釈の原理を満たすために適格なLF表示を派生することを最終的な目標としていた．この点に着目すると，このようにしてなぜ移動が起こるのかを規定しても，こんどは，いつ，どのようにそれが起こるのかという，ミニマリスト・プログラムの基盤にかかわる疑問が発生する．

　理想の文法像を追求するミニマリスト・プログラムの基本理念の1つとして，「経済性の原理」という仮説が採用されていることを，第3章の3.7節で紹介した．この観点から移動という操作について考えてみると，顕在移動は音・意味・形式のすべての情報を動かすのに対して，潜在移動は，Spell-Outによって音の情報が取り除かれているぶん，移動させるもの

の量がより少なく，より「経済的」であるという可能性が出てくる．この考え方が正しければ，顕在移動でも潜在移動でも適格な LF 表示にたどりつける場合には潜在移動が選ばれるべきであるという結論に達してしまう．つまり，ミニマリスト・プログラムを採用して理論を洗練させた結果，ほぼ四半世紀にわたって生成文法研究の中核をなしていた顕在的移動分析の体系内動機が消滅してしまうという，皮肉な状況が生まれてしまったのである．しかし，「言語要素が θ 役割を与えられるべき位置とは異なる文の周辺部で発音される」という「転移現象」(displacement / dislocation property)は，現実として存在する．たとえば英語の文では，内主語は外主語の位置(IP の指定部)に，wh 句は CP 指定部の位置に，まぎれもなく現れるのである．

(65) a. [$_{IP}$ **John**$_i$ must [$_{VP}$ t_i leave here]].
b. Please tell me [$_{CP}$ **what**$_i$ you$_j$ [$_{VP}$ t_j bought t_i last night]].

ということは，たとえ経済性という観点からは望ましくなくても，顕在移動が引き起こされる理由がある，と考える必要がある．

そこで，他の形式素性と異なる位置づけを与えられたのが，EPP 素性であった．ϕ 素性や格素性は，LF 表示が派生されるまでに照合が行なわれればよい素性であるのに対して，EPP 素性の照合は，Spell-Out 以前に行なわれなければならず，そのために顕在移動を引き起こすというのである．(このような 2 種類の素性について，それぞれ「弱素性」(weak feature)，「強素性」(strong feature) という名称も提案されたが，本書では，なるべく用語の数を少なくするために，あえて EPP 素性という用語を使っていく．ϕ 素性や格素性は弱素性，EPP 素性は強素性ということになる．)

このように考えるならば，外主語を派生する A 移動ばかりでなく，それ以外の位置への移動，いわゆる「A バー移動」(A'-movement)(「A バー」とは「A でない」の意味で，X バー理論における「バー」とは無関係である)にも，EPP 素性が関与していると考える必要がある．たとえば，(66) の wh 移動では，CP の主要部である COMP に EPP 素性が導入され，CP 内の指定部に wh 句が移動して照合を起こす，と考えられて

いる．（移動された wh 句が，たとえば how big のような形容詞句の場合は，EPP-D ではなく，EPP-A 素性が導入されていると考えられる．）

(66) Please tell me [$_{CP}$ **what**$_1$ COMP [$_{IP}$ you bought t_1 last night]].
　　　　　　　　　　　　[D +] [**EPP-D** −]

こうして，あらゆる顕在移動は，解釈不可能な EPP 素性を照合するために引き起こされるという考え方が，ミニマリスト・プログラムでは採用された．

逆に，転移現象を伴わない場合については，単語がまるごと移動すると考える必要はなくなる．照合を目的として適用する潜在移動は，その照合に必要な形式素性のみを移動させれば充分なのであって，それ以外の，意味に関する素性などは伴わずに移動することによって，より経済性を高めることができる．こうして出てきたのが「素性移動」(Move F) や「素性牽引」(Attract F) と呼ばれる Chomsky (1995) の分析で，(67a) から (67b) への派生で示したような素性のみの移動が，潜在的に起こることになる．(形式素性は，個々に移動するよりも，束になって移動したほうが経済的であると考えられていた．Chomsky (1995, 276) では，移動した素性の束は INFL の指定部ではなく，主要部の上に着地するとしているが，ここでの話の筋には影響を与えないので考慮に入れないことにする．)

(67) a. [$_{IP}$ there　**INFL**　[$_{VP}$ exists　a unicorn　in this world]]
　　　　　　　　[3 人称 −]　　　　　[3 人称 +]
　　　　　　　　[単数 −]　　　　　　[単数 +]
　　　　　　　　[主格 −]　　　　　　[主格 −]

　　 b. [$_{IP}$　there　　　　**INFL**　[$_{VP}$ exists a unicorn in this world]]
　　　　　　[3 人称 +]　[3 人称 −]
　　　　　　[単数 +]　　[単数 −]
　　　　　　[主格 −]　　[主格 −]

さらに21世紀にはいると，こんどは，潜在的な素性移動すらいっさい伴わずに照合の作業が行なわれるとチョムスキーは考えるようになり，ついには (68) に示されたような「一致操作」(Agree) という，移動とは独立した素性間の統語操作を仮定するに至った．(Chomsky (2000a, 4) では解釈不可能素性を「内容指定の値を欠く素性」と規定し直しているが，ここでの話の筋には影響を与えないので考慮に入れないことにする．)

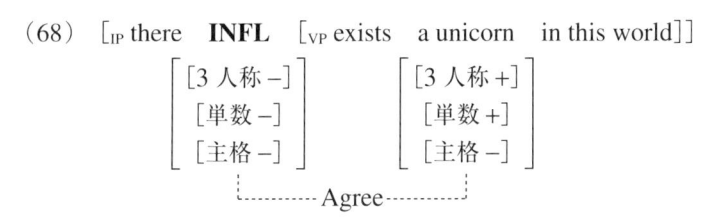

(68)　[$_{IP}$ there　**INFL**　[$_{VP}$ exists　a unicorn　in this world]]

$$\begin{bmatrix} [3人称 -] \\ [単数 -] \\ [主格 -] \end{bmatrix} \qquad \begin{bmatrix} [3人称 +] \\ [単数 +] \\ [主格 -] \end{bmatrix}$$

　　　　　　　　└──── Agree ────┘

何も移動させずに解釈不可能な素性を除去できるのがもっとも経済的なわけであるから，ある意味では，これで経済性の原理の観点から一致に関する分析を追及する作業の終点にたどり着いたとも言える．

解釈不可能なEPP素性を仮定して，言語要素が顕在的に移動することを保証したとしても，いくつかの重要な問題が残る．まず，そもそも，なぜEPP素性はSpell-Out以前に照合されなければならないのだろうか．

(69)　語彙目録 ─→ {numeration}
　　　　　　　　　　　　↓
　　　　PF表示 ←── Spell-Out
　　　　　　　　　　　　↓
　　　　　　　　　　 LF表示

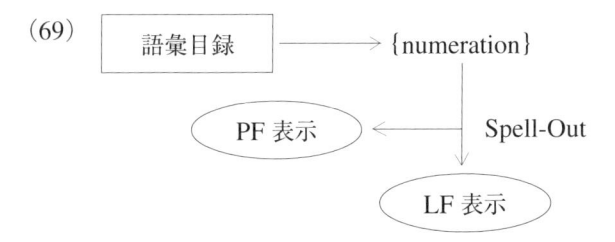

解釈不可能な素性は，派生がインターフェイス (LF表示・PF表示) に達するまでに取り除けばいいわけで，それはSpell-Out以後の移動でも実行できるし，また，そのほうが経済的である．これは，たとえば，EPP素性がLFとPFの両方にかかわる素性であると仮定してすむ問題ではない．もし，その要素がLFまでに照合されるべき素性と，PFまでに照合され

るべき素性を持っていたとするならば，それぞれ，Spell-Out 後に別々に処理をしてもかまわないはずである．特に，LF における照合は，移動を伴わずに一致操作で行なう可能性もあるとするならば，Spell-Out 後に照合するほうが経済的だとみなす考え方もありうるだろう．したがって，なぜ EPP 素性は他の解釈不可能な素性と違って，Spell-Out 以前に照合を行なうことが許されているのかという，大きな疑問が残る．

この問いに対してこれまでに提案されている考え方は，EPP 素性は，統語派生にとってウィルスのような存在であり，それを導入した句が別の要素と併合されて新しい句に感染が広がってしまう前に取り除かれなければ派生が中止されてしまうというものである．新たに併合が適用する前に取り除かれねばならないのであるから，照合を実行するために引き起こされる移動は，必然的に顕在移動となるわけである．Chomsky (1995, 233) で提案されたこの考え方は，後に「ウィルス理論」(Virus Theory) などと呼ばれた．この提案は，比喩としてはおもしろいが，「ウィルスのようなもの」とはどういうことなのかなど，さらに考えていくとはっきりするように，「顕在移動を引き起こす素性がある」ということを別の言い方で表現したにすぎない．チョムスキー自身も Chomsky (2000b, 122) 以降，EPP 素性をある種の「選択素性」(selectional feature) と呼び，この素性が，ある主要部の一部として導入されるときには，適切な句が併合あるいは(併合の特殊なケースともみなしうる)顕在移動によって選択されるとしている．しかし，たとえば，INFL に現れた EPP 素性が DP を IP 内で選択し，それと併合されることを要求すると考えるのであれば，「文には主語の名詞句が現れなければならない」と規定する GB 理論時代の拡大投射原理を仮定するのと，実質的な差があるとは思えない．インターフェイスが派生される以前に満たされねばならない選択素性とは，いったいどういう性質のものなのか，はたしてミニマリスト・プログラムの考え方に沿うものなのか，など，はっきりしない点も多い．

さらにもう1つ，重大な疑問が残る．ここまで話題にしてきた顕在移動とは，Spell-Out の前に言語要素そのもの，つまり，その音・意味・形式素性のすべてを移動させる操作を指すものであった．もし，INFL や

COMP などに伴って導入される EPP 素性が，D のような範疇素性の照合を要求するものであるならば，移動される名詞句の D という範疇素性だけを動かして照合を行なえば，こと足りるはずである．名詞句の持つ ϕ 素性や格素性などの形式素性は，同一の主要部にかかわる照合に参加させるために同時に移動するとしても，音声や意味にかかわる素性までが移動する必要はないはずではないだろうか．この疑問に対して Chomsky (1995, 262–263) では，派生が成立するために必要なあらゆる素性が同時に移動されるという，「一般随伴」(generalized pied-piping) という考え方を用いて答えようとしている．たとえば，音韻規則が正しく適用するためには，音声の素性と範疇の素性が引き離されていてはいけない，または，1 つの単語を形成する素性は同一の主要部内にまとまって位置しなければならないという，形態的な要求が存在するかもしれないと指摘しているが，これらの点はあまり議論されないまま，理論が進んできている．このような立場をとると，さらなる疑問もわいてくる．たとえば，どうして句全体が移動するのか，ときには (70) のように CP が移動することもあるので，「形態的な要求」だけで説明できるとは思えない．

(70)　[$_{CPi}$ That he did not tell me the truth] [$_{VP}$ t_i bothers me a lot].

また，音韻の強勢規則など，たしかに範疇の違いが影響を及ぼす場合もあるだろうが，それ以外のケースでは，音声がどこで発音されても問題はないはずである．範疇の素性が Spell-Out でどのように扱われるのかも，不明瞭なままである．

今まで顕在移動と呼んできた現象は，実は Spell-Out の前にかかる移動ではなく，LF における素性の照合と PF における素性の照合の両方が必要で，PF と LF の移動が別々に，しかし何らかの理由で連動して起こる可能性もあるかもしれない．このように考えると，顕在移動の体系内動機の確定には，まだまだ議論の余地があるようだ．

4.6.3　なぜ形式素性に着目するのか

チョムスキーは，特に 1990 年代以降，音声からも意味からも独立した，

純粋に統語的な現象に注目することによって，より明確で精密に「言語の形式的な部分」を浮き彫りにし，文法という独立したメカニズムが存在することを証明しようとしている．そのような，意味や音から独立した現象としてチョムスキーが特に着目したのは，φ素性や格素性などの形式素性を含む，一致の現象であった．

すでに 4.6.1 節で解釈不可能素性との関連で簡単にふれたが，ある特定の範疇に与えられた φ 素性と格素性は意味解釈を与えられない．たとえば (71a) で is という動詞に現れている「3 人称・単数」という情報は，動詞そのものの意味解釈に使われるわけではない．

(71) a. He **is** afraid of height.
　　 b. I **am** afraid of height.
　　 c. *He **am** afraid of height.
　　 d. *I **is** afraid of height.

同様のことが，(71b) の動詞 am についても言える．つまり，be 動詞の形が is であるか am であるかという違いは，動詞の意味の違いを引き起こさないと言ってよい．「ひとごとではない，というニュアンスをこめて (71c) のように言う」ということもなければ，「自分を客観的に見て (71d) のように言う」ということもない．さらに，上の (71a, b) と下の (72a, b) を比べてみればわかるように，φ 素性の一致に使われる同種の情報が異なる音で表されることがあり，この情報は意味だけでなく，音そのものからも独立していると言える．

(72) a. He fear**s** height.
　　 b. I fear ＿ height.

同様のことが，格素性についても言える．下の (73a, b) の him は，どちらも対格 (ACC) を与えられているが，(73a) では THEME として，(73b) では AGENT として解釈されている．

(73) a. we want 　　　　**him**
　　　　　　　　　　 [ACC / THEME]

    b. we want [**him**   to help us]
                   [ACC / AGENT]

また，同じ目的格でも，me, him, her という，さまざまな異なる音形になっていることからもわかるように，目的格に特有の音声形式があるわけでもない．つまり，「格」という概念も，意味と音声の両方から独立していると言える．こうして見ると，ϕ素性や格素性などの「一致」に使われる情報は，文中の2つの構成要素の間に統語上の関係を成立させるという点においてのみ，存在価値がある．つまり「一致」は，音からも意味からも独立した，数少ない「純粋な統語的現象」の1つであると言える．範疇素性の移動をうながすEPP素性も，このような解釈不可能な形式素性の1つとして仮定されたものである．チョムスキーは，一致や顕在移動がかかわる現象は，人工言語などには見られない，自然言語に特有の現象であるとして，これらの現象を引き起こす形式素性こそが人間言語に特有で，言語外のシステムから独立した文法という体系，特に統語派生を規定する根拠になると考えているようである．

  ここまで紹介してきたチョムスキーの文法観は，主に英語を中心とするインド・ヨーロッパ語族の言語を基にして展開されたものである．では，日本語にも同様の形式素性とそれが引き起こす統語現象は存在するのか，そうだとしたら，それはいったい，どのようなものであろうか．たとえば日本語の場合，(71) の英語の例で見たような一致の現象はあるだろうか．

(71) a.   He **is** afraid of height.
       b.   I **am** afraid of height.
       c.   *He **am** afraid of height.
       d.   *I **is** afraid of height.

日本語の場合，敬語というものが一種の一致現象ではないかと言われることがある．たしかに，次の例を見ればそのように見えるかもしれない．

(74) a. <u>社長が</u>いらっしゃった．
       b. <u>私が</u>参ります．

しかし,「社長」ということばを使っていても,その人物に敬意を払っていない場合には敬語を使うとはかぎらないし,社外の人に話す場合には当然,「社長が参ります」となる.さすがに「私がいらっしゃった」という表現は,冗談にしか使われないかもしれないが,冗談としては可能であるという点でも"*I is afraid of height"などとは異なっている.

また,日本語における格助詞は,たとえば(75a)の「を」や(75b)の「に」などのように,格助詞と呼ぶべきか,位置関係に関する意味内容を持った後置詞(postposition)と呼ぶべきか,はっきりしない例などもあり,「意味」を持たないような現象かどうか,英語ほどはっきりしない.

(75)　a.　大海原を渡る
　　　b.　外国に荷物を送る

こうして見ると,日本語においては,形式素性を仮定しなければ説明できないような現象は,あまりはっきり確認できない.もちろん,だからと言って,日本語に形式素性は存在しないと結論づけることはできないが,言語によって違いがある可能性は念頭においておく必要がある.英語と日本語のこのような違いは,Fukui (1986) や Kuroda (1988) によって指摘されてきている.少なくとも日本語では,VPなどの実質的領域の中から内主語が移動していかない場合もあるのではないかという,Kitagawa (1986), Kuroda (1988) などの指摘もある.

4.6.4　文法はなぜ不完全性を含むのかという問いかけ

第3章の3.7節で紹介したように,ミニマリスト・プログラムの根底には,文法が,そのシステム内の要請である経済性の原理や,他の認知システムからの要請である最小出力条件に,どのくらい完全に適応できるか,その点を見きわめたいという知的関心が流れている.そのような観点から,チョムスキーは,人間言語の文法には2種類の不完全性が存在するという結論に達した.その1つが転移現象であり,もう1つが,解釈不可能な素性である.転移現象は,ある意味ですでに完結した完全な統語構造から不完全なものを派生するものであるし,解釈不可能な素性は,運用シス

テムが解読できない不完全な要素である．では，人間の言語能力は，なぜこういった不完全性を含むような文法をデザインするに至ったのだろうか．Chomsky (2000b, 120–122) では，以下にまとめたような考察を提示している．

(76) 人間の言語では，θ 解釈や論理的含意 (entailment) などの，文の中核をなす認識論的な意味の他に，焦点，話題などの談話的な意味内容や情報構造が頻繁に表現される．前者はさまざまな言語的なシステムに見られるが，後者は人間言語に特有の特性であると思われる．文中で解釈される言語要素を文の周辺部に配置する「転移現象」とは，我々の言語能力がこのような2種類の意味を系統的に区別しようとするときに発生する現象の1つである．そして，文法は転移現象を，「その出力から不完全性を取り除かねばならない」というシステム外からの要請に沿う形で，「解釈不可能な素性」というメカニズムを用いて実現した．つまり，言語能力が，最小出力条件という文法外からの要請に理想的な形で応えるべく文法をデザインしたこと，これが文法内に不完全要素が存在している理由である可能性がある．

チョムスキーは，このような観点から，ϕ 素性，EPP 素性，格素性の役割を再分析し，それぞれ，次のような理想的な形で転移現象を引き起こす作業を分担している，と主張している．

(77) a. ϕ 素性は，転移の位置を示す．
b. EPP 素性は，その位置に言語要素が現れることを要求する．
c. 格素性は，ある要素が，(77a) で示された位置への転移の対象となりうることを示す．

このようにして，「言語には顕在移動という現象が存在し，そのこと自体が人間の言語を特徴づける，きわめて興味深い現象である」と，チョムスキーはこの半世紀にわたって一貫して述べてきた．そして，その理論は徐々にスリムに洗練されてきている．しかし，4.6.2 節でも指摘したように，21世紀初頭のミニマリスト・プログラムでは，「なぜ，どのようにして，文法は目

に見える移動が起こることを要求するのか，そして，それを許すのか」という疑問に対する答えを，未だ模索している最中であると言ってよいだろう．

第5章　生成文法研究が目指すもの

　ここまでの章では，生成文法の考え方を，具体的な分析を通して説明してきた．この最後の章では，生成文法が一般的に，言語のどのような側面を研究の対象とし，どのような方法でそれに迫ろうとしているのかを紹介する．

　「生成文法」はその「文法」という名称のために，具体的な文法規則の集積のように誤解されていることも多いようであるが，むしろ，文というものはメカニズムとしての文法によって「生成される」ものである，という言語観ないし仮説に立った研究のことである．ここで「メカニズム」と言っているのは，何らかの入力があり，その入力に基づいて何らかの操作が加わった結果を出力として出す仕組みのことである．

　もちろん，言語にかかわる現象すべてが，その文法によって説明されると言っているのではない．第3章の3.1.1節で述べたように，私たちがことばから感じるものの中には，入力・出力というような概念では割り切れないことがたくさんある．それでは，生成文法はいったい何を説明の対象としているのだろうか．そして，それをどのように説明することを目指しているのだろうか．それらがはっきりしないと，どういう研究が生成文法にとって意義のあることなのか，わからなくなってしまう．この問題に関しては，生成文法の研究者が必ずしも意見を共有しているとはかぎらないが，この章ではあえて，筆者の考えを中心に述べてみたい．

5.1　生成文法の研究対象

5.1.1　文法の位置づけ

　どのようなタイプの言語学であっても，基本となるのは，いろいろな言

語現象を観察し，その中から一般則を見つけ出すという営みであろう．しかし，生成文法の場合には，言語現象にかかわることすべてを説明の対象にしようとはしていない．言語現象の中で，メカニズムとしてとらえられる部分，すなわち，こういう場合には必ずこうなる，という形でとらえられる部分を追究しており，その対応関係を説明するメカニズムとして文法というものを位置づけている．生成文法の研究が，純粋にメカニカルなものを追究しているのは，文法をこのように位置づけているからである．

逆に，文法というものの位置づけが異なっていれば，文法はメカニズムとしてとらえられるものでないという意見があっても当然であろう．たとえば，文法というものが，(1)のように，意図と音とを仲介し「翻訳」するようなものであると考えたとする．

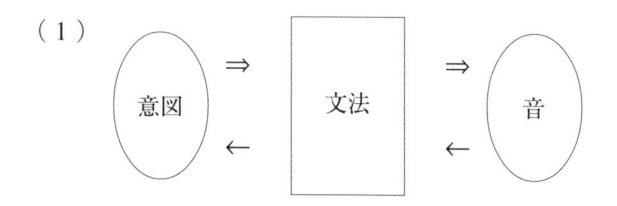

(1)　意図 ⇄ 文法 ⇄ 音

このような文法のとらえ方は，非常に根強い．おそらく，これが (2) のような根源的な問いに答えを与えてくれると思われているからであろう．

(2)　どういう文が，どういう意図を伝えるのか．どういう意図が，どういう文で表現されるのか．

母語・外国語を問わず，ことばには，不思議で興味深いさまざまな現象が見られる．それを分析するのは，言語を研究するすべての者にとって，非常に重要かつ楽しいことである．しかし，(2)の問題に関しては，「こういう場合には必ずこうなる」という形で答えを提出することは，不可能に近いということに気づいてほしい．何度も述べてきているように，音と意図との対応というものは，私たちの頭の中で日々行なわれているが，それはけっして単純なものではなく，同じ音を聞かせれば同じ意図が伝わり，同じ意図を持っていれば同じ音として表現されるということはない．同じ

ことばでも，言った人と受け取った人で解釈が異なるのは日常茶飯事だし，長々とことばで何かを説明するよりも，たった一言がよほど説得的に何かを伝えることもある．こう考えると，(1)のように位置づけた場合の「文法」は，常に一定の対応関係をもたらす純粋なメカニズムとしては考えられないということになり，生成文法が意図する文法とは，かけはなれてしまう．したがって，(1)のようなイメージを持ったまま，生成文法の考え方を見ると，文法をメカニズムとして扱っていることに違和感をおぼえて当然かもしれない．

しかし，生成文法では，そもそも文法というものの位置づけが，(1)のような見方とは異なっているということに注意してほしい．生成文法で追究しているのは，音と意図の対応全体ではない．言語現象の中から，純粋なメカニズムの働きの結果としてとらえられる部分だけを切り取って，説明の対象としようとしているのである．つまり，生成文法は(2)の問いに直接答えようとしているものではないと言ってよい．生成文法では話者の意図が説明されていないというような批判がときどきあるが，これは，この点を誤解しているのである．

5.1.2 文 法 性

もちろん，言語現象の中から純粋なメカニズムの働きの結果としてとらえられる部分だけを切り取ると言っても，言語現象のどの側面を説明の対象とするかという判断が恣意的で一貫性を欠いてしまっては，何の説得力もない．メカニズムとしての文法を仮定する必要があるという主張を説得力のあるものにするためには，まず，言語にメカニカルに決定されている側面があるということを示すことが何よりも必要である．チョムスキーがその手がかりとしてあげたのが，「文法性」という概念であった．

では，文法性とはどういう概念であろうか．「文法的な文」とは「理解できる文」であり，「非文法的な文」とは「わけがわからない文」であるという説明がされる場合がある．しかし，厳密には，このような言い換えは正確ではない．たとえば，次の文を例にとってみよう．この文は実際に使用されていた文であるが，この文を見ると，何かが変だと感じるに違いない．

（3）　この回ジャイアンツは，簡単で3人に終わりました．
　　　（2001年6月7日，日本テレビ「巨人―中日戦」実況放送，8回裏終了時）

「簡単に3人で終わる」と言いたかったのに，「簡単で3人に」と言い間違ったのだと思う人もいるだろう．もしくは，「無気力で3者凡退に終わる」というような意味で，「簡単」「3人」という語を用いてしまったのだと思う人もいるだろう．さて，このような場合，(3)は「理解可能な文」であると言えるだろうか．どちらの言い間違いにせよ，話し手の意図に大きな違いはなく，(3)は理解可能な文であると判断する人もいるだろう．逆に，「簡単に3人で終わる」と「無気力で3者凡退に終わる」とは意味が違うし，(3)の本当の意味はわからないと判断する人もいるかもしれない．つまり，「理解可能かどうか」という概念ですら，必ずしも明瞭とはかぎらないのである．
　次の(4)の例も同様である．

（4）　Father mother Alaska go yesterday.

(4)は，いわば単語を単に並べただけではあるが，(5)と同じだけの情報量が充分に伝わる(つまり「理解可能である」)と判断する人もいるだろうし，文として成り立っていないので意味不明であると判断する人もいるだろう．

（5）　My father and mother went to Alaska yesterday.

しかし，(4)や(5)が「文法的な文であるか」という問いならば，どうだろうか．(4)で話し手の意図がわかると答えた人であっても，(4)が標準的な英語として「文法的な文」とは言えないという点に関しては，意見が一致するに違いない．ある文を提示されれば，その文が文法的であるかどうかを判断できるということが，文法というメカニズムが存在していることの証拠であり，文と文法性は1対1に対応していると考えられた．このように，生成文法で説明の対象にしているのは，(4)と(5)がどういう意図を伝えうるか，ということではなく，(4)と(5)を区別できる能

力は何に基づいているのか，ということである．

メカニズムとしての文法の存在を主張する材料となる現象は，文法的な文か非文かという区別だけではない．ある種の解釈が可能かどうかということも，手がかりになることがある．簡単な英語の例を見てみよう．まず，たとえば (6) では，疑問詞の Why は，(7a) のように think にかかる解釈と，(7b) のように had left にかかる解釈の，両方が可能である．

(6) Why did you think John had left?
(7) a. ジョンが帰ってしまったと，あなたは「なぜ思った」のですか．
b. ジョンが「なぜ帰ってしまった」と，あなたは思ったのですか．

ところが，(8) は似たような構造の英文なのに，Why が (9a) のように ask にかかる解釈はできるが，(9b) のように had left にかかる解釈はできない．

(8) Why did you ask whether John had left?
(9) a. ジョンが帰ってしまったかどうか，あなたは「なぜたずねた」のですか．
b. ジョンが「なぜ帰ってしまったか」あなたはたずねたのですか．

このように，あってもよいように思われる解釈でも，実際には不可能という場合がある．(6) と (8) の違いを説明する 1 つの可能性は，(6) で許された 2 つの解釈が，それぞれ別の LF に対応していると仮定することである．たとえば，(7a) は (10a) の LF1 に基づいており，(7b) は (10b) の LF2 に基づいていると仮定してみよう．

(10) a. LF1: **why**$_1$ did you think t_1 [$_{CP}$ John had left]
b. LF2: **why**$_1$ did you think [$_{CP}$ John had left t_1]

これに対して，(8) の場合には，(11a) のような LF1 との組み合わせは文法的でも，(11b) のような LF2 との組み合わせは非文法的であると考えれば，(9b) のような解釈が生まれないということが説明できる．

(11) a. LF1: **why**$_1$ did you ask t_1 [$_{CP}$ whether John had left]
b. LF2:***why**$_1$ did you ask [$_{CP}$ whether John had left t_1]

もし，この説明が (6) と (8) という 2 つの文にかぎらず，広く一般に成り立つ説明であるならば，これも文法というメカニズムが存在している証拠ということになるだろう．（本書では，(11b) の LF2 が非文法的になる理由についてはこれ以上追求しないが，GB 理論の枠組みでは，Chomsky (1981) 以降，「空範疇原理」(Empty Category Principle: ECP) という制約を仮定して，これに対処してきている．この分析については，Lasnik & Saito (1984) に詳しい説明がある．）

ミニマリスト・プログラムを採用した生成文法では，概略，次のようなモデルを採用している．これは，文法的な文だけを生成するメカニズムである．

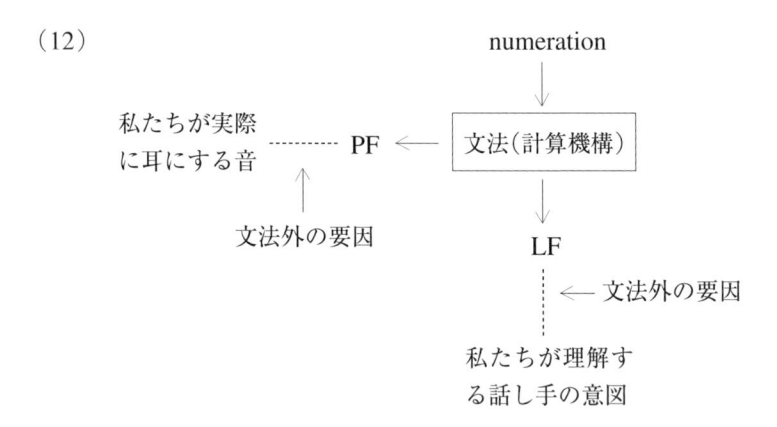

(12)

```
                                numeration
                                    ↓
  私たちが実際                 ┌─────────────┐
  に耳にする音  ······ PF  ←── │ 文法(計算機構) │
                    ↑         └─────────────┘
                                    ↓
              文法外の要因           LF
                                    ┊  ←── 文法外の要因
                                  私たちが理解す
                                  る話し手の意図
```

(12) のモデルにおいて，文法の出力となっているのは，PF と LF という 2 つの表示である．つまり，「文」とは，正確には「PF 表示と LF 表示のペア」ということになる．「文」と言うと，一般には音の側面からしか考えられていないことが多く，同じ音の連鎖は「同じ文」であると思われていることが多い．しかし，(12) の考え方のもとでは，「同じ文」とは「PF 表示も LF 表示もそれぞれ同一であるもの」だということに注意しなければならない．「文」と「文法性」が対応すると言っても，音としての単語の連鎖が同じならば文法性も同じであると主張しているわけではなく，「PF 表示と LF 表示のペア」が「文法性」と対応する，というのが

生成文法の主張である．また，2つの文に含まれる音の連鎖が同じ場合には PF 表示も同じである場合が多いだろうが，PF 表示とは（抽象的な）構造を持った音韻表示なので，個々の音の連鎖として同じでも PF 表示は異なっている可能性がある．文法の研究を進める場合には，それぞれの例文の判断が考察の基盤となるのであるから，音の連鎖として同じであっても「別の文」である可能性があるということをよく意識しておく必要がある．

5.1.3　文法というメカニズムの存在の証明を目指して

　文法性の区別というものを研究の目標とすることそのものに対して，懐疑的な印象を持っている人も一般には少なくない．上で，文法性の違いであると述べたような例文についても，単に社会的に容認された形であるかどうかという違いにすぎないと考える人もいるだろう．「伝わる」かどうかと独立に「文法性」という概念が確立しうるのかということを問題視し，メカニカルなアプローチを言語というものに適用しようとするのが無謀な試みであると考える人がいても，不思議はない．生成文法の営みが意味のあるものであるかどうかは，実際に文法のモデルを作って，そのモデルによってどれだけの現象が説明できるかということを示して説得するしかない．すなわち，メカニズムとしての文法があると仮定して研究を進めていくのが生成文法の出発点であるが，それと同時に，そういう言語観が正しいと他の研究者を説得できるような研究を提出していくことが，生成文法の目標でもあるのである．

◇ 考

　その意味では，まだ研究のごく初期段階である現在，生成文法のアプローチに懐疑的になる人がいるのは当然である反面，その批判の中には，誤解に基づいたものも数多くある．

　たとえば，「そもそも文法などというものは存在していない可能性もあるのに，そういうものの存在を前提として研究を進めることは無意味ではないのか」というような批判には，「存在を仮定すると何が説明できるか確かめてみる」ということと，「存在を前提として（＝不問にしたうえで）研究を進める」ということとの混同がある．実際の1つ1つの研究の中に

は，メカニズムの存在を前提としなければ成り立たないものもあるだろうが，生成文法全体としては，メカニズムとしての文法というものの存在証明を目標としている．そう考えれば，その営みが無意味であるとは言えないことがわかると思う．存在を示すと言っても，言語学は大脳生理学ではないので，脳の一部を切り出そうとするわけではない．そのようなメカニズムの存在を仮定しなければ納得のいく説明が得られない現象があるということを示すこと，そして，そのメカニズムが具体的にどのようなものであるかを示すことによって，その存在を主張しようとするものである．

また，「生成文法は，言語全体を見ようとしていない．都合のいい現象だけを選んで，"美しい理論"を作ることを目指しているように思われる．説明できないことを次々に対象外に追いやって"美しい理論"を作っても，意味がないのではないか」というような批判もしばしば耳にする．しかし，5.1.1節でも述べたように，もともと生成文法は，ことばに関することすべてを射程に入れては，文法をメカニズムとしてとらえることができないというところが出発点であり，メカニカルに追究できる側面を選り出して対象にしようとしている．したがって，扱えない事柄が多くても当然であり，扱う現象を限ろうとすることそのものは，批判の対象とみなされるべきではない．また，混沌とした世界の中から純粋な計算機構から生まれた側面を取り出すことが目的であるとしたら，結果的に提案される分析として，すっきりしたものを期待するのは当然であろう．むしろ，複雑すぎてよくわからない分析しか出てこないということは，対象の切り取り方が適切でないということを意味している．したがって，対象を限った結果，すっきりした分析になっているということそのものも，批判の対象にされるべきではないだろう．

生成文法のアプローチに対する批判には，少なからず誤解に基づいたものもあるが，そればかりを責めるわけにもいかない．「言語現象の中で，メカニカルに追究できる部分を取り出して対象とする」という，ある意味では不自然に見えるアプローチであるからこそ，何よりもまず，もっと実質的な成果をあげて，他のアプローチでは注目されてこなかった言語の一面を明らかにできる，ということを示さなければならないのである．

5.2 文法性判断に現れる，文法外のさまざまな要因

　文法性を説明の対象とするからと言って，文法外の要因について知る必要がないと言っているのではない．むしろ，文法外の要因についてまったく無知であったならば，文法性にかかわる現象の抽出という作業そのものが不可能になってしまうと言ってもよいだろう．混在している要因の1つ1つを，できるだけ選り分け，見きわめたうえで分析を進めるように心がけなければならない．もちろん，何が文法自体にかかわる問題で何がそうでないのかを特定するのは，一筋縄でいくことではない．その一端を説明するために，まず，日常の言語運用と文法のモデルがどのように関係しているのかについて考察し，容認可能性という感覚を少し具体的に位置づけてみよう．

5.2.1 「話し手のモデル」と「聞き手のモデル」

　上で述べたように，ミニマリスト・プログラムでは文法というものを，(12)のように位置づけている．以下，このような numeration の概念を取り入れた文法モデルを仮に採用して話を進める．（ここでは，第4章の4.4.3節で紹介した lexical subarray の考え方は考慮に入れない．）

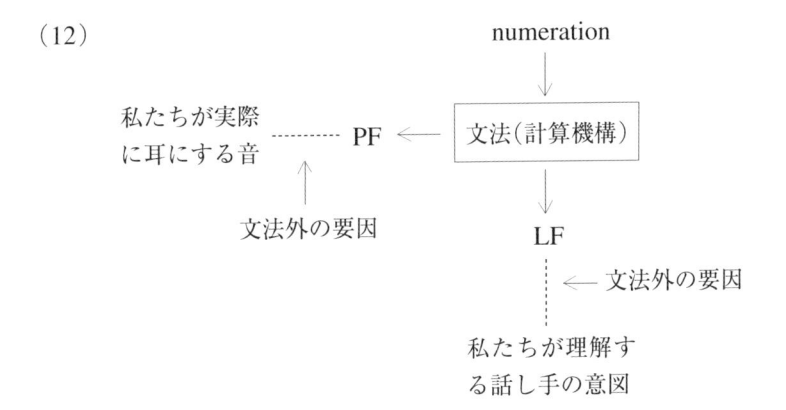

(12)

```
                                    numeration
                                        ↓
  私たちが実際
  に耳にする音  ·········  PF  ←  文法(計算機構)
                          ↑
                     文法外の要因          ↓
                                         LF
                                         ⋮  ← 文法外の要因
                                  私たちが理解す
                                  る話し手の意図
```

この図を見て,生成文法のモデルは「話し手のモデル」であって,「聞き手のモデル」でないと誤解されている場合もあるようだが,生成文法のモデルそのものは,言語を実際に使用するときの「話し手のモデル」でも「聞き手のモデル」でもなく,話したり聞いたりという「運用」の基盤となる「能力」についての仮説である.生成文法の研究では,この「能力」がどのように「運用」にかかわるか,具体的に述べられることはあまりないが,イメージを抱きやすくするために,その可能性の1つを述べてみよう.

まず,(12) を基盤にして「話し手のモデル」を述べるならば,何かを言おうとする場合,私たちは,語彙目録から単語や文法素性を選び出して numeration を作り,併合を中心とした計算体系を経て,numeration から LF と PF を形成する,ということになる.(以下,「文法」という表現を使うときには,主にこの計算体系を念頭においていると考えてもらいたい.)自分の言いたかったことがうまく表現できたと思うのは,できた LF が,もともと言いたかった内容を充分表現していると感じられたとき,ということになるだろう.文法は,入力された numeration に従って文を構築しているだけであるから,「うまく言えた」かどうかは,どういう numeration が入力されたかに負うところが大きい.

そうすると,どういう内容を表現したい場合にどういう numeration が作られるのか,という問題に興味を引かれる人も多いだろう.しかし,5.1.1節で述べたように,頭の中にある意図を表現するためにどのような言語表現を選ぶかという判断は,純粋にメカニカルなものとは考えにくい.だからこそ,生成文法では,numeration を作るという作業は文法の外で行なわれるものであると考えている.すなわち,numeration は私たちの意図と言語表現とを結ぶ接点ではあるが,それがどのように形成されるかは,文法がどのようになっているかという問題とは独立の問題だという立場をとっていることになる.雄弁な人と口下手な人とでは,numeration 形成の能力が異なっているかもしれないが,母語の文法そのものはすべての人間が等しく身につけているものであるというのが,生成文法の立場である.

次に，「聞き手のモデル」と文法との関係を考察してみよう．これに関しても，ミニマリスト・プログラムを採用して提案された定説と呼べるようなものはないが，あえてここで1つの見方を提示してみる．

ことばを聞いたり読んだりした場合，その音連鎖は，構造を持つPF表示に基づいて与えられていると考えられるが，(12)のようにPF表示をその出力としている文法モデルを仮定している以上，PF表示から出発し，その派生をさかのぼって「意味」への入力となるLF表示にたどり着くわけにはいかない．文法にとっては，あくまでも，numerationを形成して，PF表示とLF表示を生み出すしか方法がないのである．したがって，私たちには，文法とは別に，聞いたり読んだりした音連鎖からnumerationを割り出す手段が備わっているに違いない（下図を参照）．

(13) numerationの割り出し:

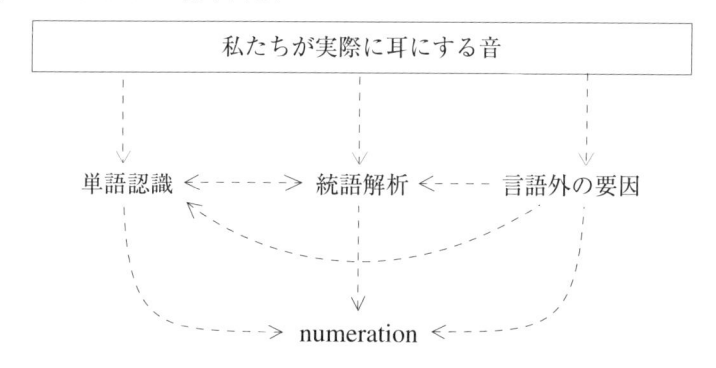

```
┌─────────────────────────────┐
│     私たちが実際に耳にする音      │
└─────────────────────────────┘
       ↓           ↓           ↓
   単語認識 ←--→ 統語解析 ←--- 言語外の要因
       ↓           ↓           ↓
            → numeration ←
```

まず聞き手は，認識した音の連鎖（リズム・音調なども含む）に基づいて，単語認識と統語解析（parsing）の作業を行なう．この2つの作業は，相互に影響を与え合うだけでなく，語用論的な知識，聴覚に関するノイズ，記憶の限界など，さまざまな言語外の要因から影響を受ける．numerationには，音声を持たない抽象的な空範疇や素性も含まれているはずであるが，それについては特に統語解析が大きな役割を果たすことになる．（統語解析の仕組みは，明らかに文法の知識と密接に関係があるはずであるが，その仕組みがどのような形で文法の知識を利用しているのかについては，

種々の考え方がある．ここでは，統語解析の仕組みについては特に追究しない．）たとえば，(14a) の文に含まれる音連鎖を聞いて，（大まかに言って）(14b) のような numeration を形成できれば，この作業は成功したことになる．

(14) a. He wanted to buy it.
b. {he, [PAST], wanted, PRO, [− FIN], to, buy, it}

いったん，numeration が文法に入力されれば，そこから PF 表示と LF 表示が得られる．そこで，出力された PF 表示の示す構造と，聞いたり読んだりした音連鎖の違いが気にならなければ，その LF 表示に基づいた解釈がその文の「意味」として知覚されるのではないだろうか．つまり，耳で聞いた文になるべく近似した文を作ることによって，なんとか元の文の内容をくみ取ろうとしているわけである．伝えたい内容を「音」という形で運ぶということは，一種の暗号化と考えてもよい．この表現を用いて上の考え方を言い換えるならば，私たちの頭の中にある文法というメカニズムは，暗号化（encoding）はできるが，直接その暗号を解読（decoding）することはできず，同じような暗号を自分で作ってみることによって，元の内容を確認する方式になっていることになる．

二度手間のようではあるが，私たちは自分たちの頭の中で，あらためて文を生成し直して理解していると考えても，不思議ではない．と言うのは，あらためて考えてみると，私たちが「理解」した文は，必ずしも発音された文そのものではない場合が非常に多い．聞き間違いや誤解がない場合でも，元の文を本当に正確に繰り返して言えることは，むしろ稀なのではないだろうか．たとえば，耳で聞いた音に基づいて，ある単語とその意味内容が認識できても，numeration の形成のときに，その音声内容がうまく再構築されず，同じ意味内容の別の単語に置き換わってしまうこともあるだろう．元の文では「惚れている」という単語が使われていたのに，新たに形成された numeration では「好きだ」に置き換わっていたり，助詞の「に」が「へ」に置き換わったりすることが充分に起こりえる．これは，音の連鎖が刺激となって numeration が形成されるプロセスにも，さ

まざまな文法外からの要因が影響を与えており，種々のタイプの「ずれ」が起こる余地があると考えれば納得がいく．

5.2.2 文法性と容認可能性

　ここで，話をこの節の本題に戻そう．上でも述べたように，「話し手のモデル」や「聞き手のモデル」は言語運用の問題であって，生成文法そのものの目的ではない．しかし，前節であえてその問題にふれたのは，生成文法の研究を進めていくうえで，私たちは「文の文法性判断」に含まれてしまう言語運用やその他の文法外の要素を無視することができないからである．上で指摘したように，聞き手は文を理解するときに，必ずしも numeration（そして，それを基に出力される「PF 表示と LF 表示のペア」）を完全に再構築できるとはかぎらない．ということは，文の容認性の判断を第三者にあおぐときに，必ずしもこちらが意図している文を判断してもらえているとはかぎらないということである．普段はなにげなく「次の文の容認可能性を答えてください」と言ってしまっているかもしれないが，そこに提示されているのは，単語単位にまとめられた単なる音の連鎖であって，「PF 表示と LF 表示のペア」という意味での「文」ではない．このことを念頭において，ここからは文法性と容認可能性の関係について，今までよりも詳しく考察してみたい．

　以下で注目するのは，文法的な文が容認不可能に感じられる場合があるということである．まず，5.2.3 節では，提示された音連鎖の情報処理が複雑すぎて，文の容認可能性が低く感じられる場合の例を見る．次に，5.2.4 節では，音連鎖の統語解析の際に構造を誤解したために容認可能性が低く感じられる例を，そして，最後に 5.2.5 節では，その文が使われる状況を思い浮かべるのが困難なため，表現内容が月並みでなくなってしまい，文の容認可能性が低く感じられる例を取り上げる．これらはどれも，文法はその文の出力に成功する可能性があるのに，文法外の要因がさまざまな障害をもたらすため，文そのものの生成が不可能であるかのように感じてしまうケースである．それぞれ，見方を変えていくと，容認可能性も違って感じられることを確かめてほしい．

5.2.3 文の情報処理

　文法的な文の容認可能性が下がる原因としては，さまざまな要因が考えられるが，その中でも常に疑ってみるべきなのは，文を聞いたときの情報処理に負担がかかりすぎていないか，という点である．たとえば，(15)は一見，容認性の低い文だと思うかもしれない．

(15)　[$_{IP5}$ 姉が [$_{IP4}$ 私が [$_{IP3}$ 父が [$_{IP2}$ 母が [$_{IP1}$ 私がアメリカへ行く]と思い込んでしまった]のを知らなかった]と判断した]と信じている]

たしかに(15)は非常にわかりにくい文であり，作文として書けば必ず添削の対象になる文であるが，そのことと，非文法的な文であるかどうかは，また別の問題である．

　文の解析が具体的にどのように進められるかに関しては，研究者の間で意見が分かれるところであるが，何らかの方法で，どの名詞句がどの述語と関係を持つかを推定し，どのように節が埋め込まれているかを決定する必要があるというのが一般的な考え方である．次のように，一番深いところに埋め込まれた文 IP_1 から，順番に追っていってみよう．

(16)　a.　[$_{IP1}$ 私がアメリカへ行く]
　　　b.　[$_{IP2}$ 母が [$_{IP1}$ 私がアメリカへ行く]と思い込んでしまった]
　　　c.　[$_{IP3}$ 父が [$_{IP2}$ 母が [$_{IP1}$ 私がアメリカへ行く]と思い込んでしまった]のを知らなかった]
　　　d.　[$_{IP4}$ 私が [$_{IP3}$ 父が [$_{IP2}$ 母が [$_{IP1}$ 私がアメリカへ行く]と思い込んでしまった]のを知らなかった]と判断した]
　　　e.　[$_{IP5}$ 姉が [$_{IP4}$ 私が [$_{IP3}$ 父が [$_{IP2}$ 母が [$_{IP1}$ 私がアメリカへ行く]と思い込んでしまった]のを知らなかった]と判断した]と信じている]

(16)に示したように，(15)の文の場合は，埋め込みの度合いが進むにつれて，下線部の主語と下線部の動詞との距離が大きくなり，これらを組み合わせる作業が加速的に困難になっていくのが見てとれる．文の情報は，音声信号として時間の流れとともに伝えられるのであるから，たとえば(16e)では，IP_5 の文頭にある「姉が」という主語は，解析の過程で一番

最初に認識される主語である．そうすると，この主語とIP$_5$の動詞「信じている」とが組み合わせられる前に，他の4つの主語と4つの動詞が先に認識されることになる．その間，「姉が」の解析はずっと保留されていなければならないので，脳はこの情報を，いつでもすぐその動詞と組み合わせができるような，「スタンバイ」の状態で記憶しておかなければならなくなる．ところが，このような，記憶に負担のかかる作業は，「姉が」だけにとどまらず，「私が」，「父が」，「母が」，「私が」と，解析が進むにつれて順ぐりに積み重ねられることになってしまう．しかも，主語と動詞の組み合わせが完結するのは，IP$_1$の「私が…行く」から始まって，IP$_2$からIP$_5$まで，この順番で中から外へと進むので，「姉が…信じている」の組み合わせが完結されるのは，一番最後になってしまう．このような文では，情報処理の過程で記憶の負担が大きくなりすぎ，破綻を生じやすい．統語解析そのものに失敗しているのだから，その文が容認不可能であると感じられたとしても不思議はない．(Chomsky & Miller (1963)，Bever (1970) などが，生成文法研究の早い時期から，このような「中央埋め込み」(center embedding) を含む情報処理の問題に関して議論しているが，そこで扱われているのは，もちろん英語の現象であり，語順の違いがあるため，日本語では多少事情が異なる．)

　もし，(15) の容認可能性が低い理由が，文の解析の失敗によるものであるとするならば，上で述べたような記憶の負担を減らしてやりさえすれば，容認可能性が高くなるはずである．実際，(17) の文は，(15) よりもずっと容認可能性が高い．

　(17)　[IP5 [IP4 [IP3 [IP2 [IP1 私がアメリカへ行く]と母が思い込んでしまった]のを父が知らなかった]と私が判断した]と姉が信じている]

(17) では，(15) とは異なり，埋め込まれた各々の文の中で，主語の情報処理を保留する必要がない．文の解析が左から右へと進むにつれて，主語と動詞の組み合わせが各 IP の中で即時に完結していくため，(15) と同じ数の埋め込み文があっても，記憶の負担を強いられることがないのである．もちろん，文自体が長いことに変わりはないので，(17) の解釈にも

多少の困難は伴うが，特に，ゆっくり時間をかけてこの文を理解しようとすると，容認可能性に問題がないという確信が高まっていく．次の(18)でも，埋め込み文の数は多いが，記憶の負担という問題がないので，比較的簡単に容認される．

(18) [$_{IP5}$ [$_{IP4}$ [$_{IP3}$ [$_{IP2}$ [$_{IP1}$ 母が法事でもらってきた]まんじゅうの入った]包みを入れておいた]鞄をのせておいた]車が盗難にあった]

このように，ゆっくりと時間をかけて文をきちんと解析しさえすれば容認性が上がるような文は，もともと非文法的ではなかったのである．(15)の文は本来，文法はきちんと出力できるのに，文の聞き手が情報処理の負担にたえきれず，PF 表示と LF 表示のペアを派生することを途中であきらめてしまうケースと言える．

5.2.4 文の統語解析

文法性とは独立に言語情報処理の問題が生じる可能性は，生成文法研究の比較的早い時期から指摘されてきており，文の解析に関する一般的傾向なども発見されている．たとえば，(19)の文は容認性が低いと感じる英語の話者が多い．

(19) The horse raced past the barn fell.

その場合，(20)のような解析を行なってしまっており，fell の解釈のしようがなくて，非文法的だと感じるのである．

(20) [$_{IP}$ [$_{NP}$ The horse] [$_{VP}$ raced past the barn]] fell.

しかし，実は(19)そのものが非文だというわけではなく，(21)に示したように解析を行ないさえすれば，容認可能になる．

(21) [$_{NP}$ The horse raced past the barn] [$_{VP}$ fell].
（競走／疾走させられて納屋のところを駆け抜けた馬が，倒れた．）

Bever (1970) は，言語使用者が(21)の解析よりも(20)の解析をしが

第 5 章 生成文法研究が目指すもの　205

ちであるという傾向に着目し，情報処理の一般的傾向として，「単語の連鎖が文頭から動詞に至るまで順調に文法的な主文として解析されてきている場合，この文単位の情報処理を完結させることを優先する」という傾向があると指摘した．この傾向は，情報処理における「閉鎖」(closure) の現象と呼ばれる．上の例では，多くの言語使用者が (20) のように，文頭から並ぶ 6 つの単語を "The horse raced past the barn." という主文として分析してしまう傾向にある．そうすると，最後の単語 fell の行き場がなくなってしまい，容認性が低いという判断が下されてしまう．

　しかし，この「閉鎖」の現象そのものは，文法というメカニズムの作用ではないということに注意してほしい．だからこそ，いったん (19) の容認可能性が低いと感じた人でも，"[$_{NP}$ The horse [$_{CP}$ **which was** raced past the barn]] [$_{VP}$ fell]." と同義に解釈される (21) のような解析が可能であることを指摘されたとたんに，この文が容認可能であることを認識する者が多い．

　同じような現象が，(22) でも見られる．

(22)　#The boat floated down the river sank.
　　a. *[$_{IP}$ [$_{NP}$ The boat] [$_{VP}$ floated down the river]] sank.
　　b. [$_{NP}$ The boat [$_{CP}$ ∅$_{WHICH}$ ∅$_{BE}$ floated down the river]] [$_{VP}$ sank].
　　　（川の流れに浮かべられたボートが，沈んだ．）

この解析の問題を，5.2.1 節 (13) の「聞き手のモデル」に基づいて分析してみると，(22a) と (22b) は，単に階層構造に関してのみ異なっているわけではないという見方ができる．名詞を「縮約された関係節」(reduced relative clause) が修飾している場合には，(22b) に示したように，発音されない関係詞や be 動詞など，ある種の空範疇を含んでいると考えられるので，2 つの統語構造はそもそも (23) に示したような，異なる numeration が入力となって生成されていると考えられるのである．

(23)　a.　(22a): {the, boat, PAST, floated, down, the, river, PAST, sank}

b. (22b): {the, boat, $\emptyset_{\text{WHICH}}$, $\emptyset_{\text{COMP}}$, [− FIN], $\emptyset_{\text{BE}}$, floated, down, the, river, PAST, sank}

つまり，(22a) や (20) は，そこで実行された統語解析では本来の numeration を再構築することができなかったために，テストされている文を解釈するのに必要な PF 表示と LF 表示のペアを自分の文法から出力することに失敗したケースと言える．逆に，(21) や (22b) は，本来の numeration にたどり着きさえすれば，文法はここでテストされている文をきちんと出力できることを示している．

ある文の容認性が低いとき，それが文法性の問題か言語情報処理/統語解析の問題かを判別するのは，けっして容易なことではないが，文法的な文でも情報処理/統語解析の問題で容認可能性が下がる場合があるということを常に考慮しておくのは，重要なことであろう．

5.2.5 不自然な状況設定

また，文法的には問題のない PF 表示と LF 表示が出力されているのに，その LF 表示を想定している文脈内で適切に解釈できないために，あるいは，その LF 表示を適切に解釈できる状況や文脈を想定できないために，容認可能性が低いと思ってしまう場合もある．

日常生活においては，私たちは文法的な LF 表示を得るだけで満足するわけではなく，その文が発せられた意図や背景までも推定して，より円滑にコミュニケーションを成り立たせようとする習慣が身についている．そのため，私たちが文の容認可能性を判断しようとする場合も，文法的であるかどうか(すなわち，適格な LF 表示が得られるかどうか)だけでなく，その文の意図や背景が推定できるかどうかが，かなり強い影響力を持つことになる．

たとえば，(24) の文を見てほしい．

(24) 次郎は花子に太郎をけとばされた．

だしぬけに (24) の文を見せられると，この文は少なからず不自然であるという印象を受ける人が多いと思う．しかし，だからと言って，(24) と

いう文そのものが非文法的であるという結論を下すのは，性急である．(24)が非文法的であるならば，どのような文脈においても容認できないはずであるが，たとえば，「太郎」が「次郎」の飼い犬であるという状況で(24)が発せられたのであるならば，この文も簡単に受け入れることができるのではないだろうか．もちろん，「太郎」が犬のときしか(24)が容認可能にならないわけではない．猫でも，コンピュータでも，ぬいぐるみでも，「太郎」が「次郎」に属すると考えられるかぎり，何でもいいだろう．そう考えてくると，「太郎」が人間の場合でも，やはり「次郎側の人間」ならば，(24)は特に変ではないということに気がつく．このように，文の容認可能性というものは，初めてその文を見たときの印象とは変わってくることがある．(24)を初め見たときに変だと感じたのは，実は，(24)という文そのものが変だったわけではなく，それが適切となる状況が少々特殊だったため，思いつきにくかっただけなのである．

　もちろん，同じ「―は ―に ―を〜されて」という連鎖が含まれている場合でも，付加的な情報の助けをかりることなく，その文を見ただけでスムーズに状況がわかる場合もある．

(25)　a.　太郎は花子にお尻をけとばされた．
　　　b.　太郎は花子に1つだけ残っていた空席をとられた．
　　　c.　太郎は花子に父親を侮辱された．
　　　d.　太郎は花子に次郎を紹介された．

(25)のほうが，(24)よりも「自然な文」であるというふうに言われることもあるかもしれない．たしかにそういう側面もあるが，これは(24)と(25)の間の文法性の差ではなく，(24)が表す状況と(25)が表す状況のどちらがより想定しやすいかという問題だということに留意しておくべきである．どのような状況を私たちが想定しやすいかというのは，それ自体おもしろい問題かもしれないが，明らかに，文法のメカニズムの問題ではない．

　このように，特に非文という判断を下す場合には，慎重になることが必要である．自分が無意識のうちに想定してしまっている状況のもとで，容

認不可能なだけかもしれないからである．文そのものとして非文であるならば，どのような状況を想定しても容認不可能になるはずであるから，状況設定をさまざまに変化させて判断する必要がある．

別の例を見てみよう．(26a, b) は，いろいろな文献の中で非文として取り扱われてきた文であり，これが非文であるということを説明するさまざまな分析が提案されてきている (Harada 1973; Sugioka 1984, 150; Miyagawa 1989, 151, 158)．

(26) a. 次郎が太郎に花子に呼ばせられた．
　　　b. 花子は太郎に誘いたがられている．

たしかに，これらの文は不自然で，容認性が低いかもしれない．しかし，本当に非文法的であると言えるだろうか．Kitagawa & Kuroda (1992) では，これらの文は，実は文法的であるという主張がされている．その議論を少し紹介しておこう．

まず，(26a) から見てみよう．Kitagawa & Kuroda (1992) は，(26a) の文そのものは文法的であるが，その内容が (27) のような込み入ったものであるため，それに見合う状況が想定しにくく，そのために容認可能性が低いと感じられやすいのだ，と指摘している．

(27) (26a) の文の内容:
　　　花子は次郎を呼んだが，これは太郎が花子にさせたことであり，次郎はこの出来事によって何らかの被害，あるいは影響を受けた．

(27) を一般的な形で書くと，(28) のようになる．つまり，(26) の文が「わかる」ためには，(28) のような埋め込み構造が自然に納得できるような状況が要求されるのである．

(28) [[[C が A に対して何かをするように] B がさせたこと] によって A は何らかの被害，あるいは影響を受けた]

(28) はかなり複雑な構造をしており，このような複雑な関係を表現したいという状況は非常に稀なことで，そのぶん，容認可能性が低くなること

が容易に想像できる．

さらに，(28) の内容を (26a) の文における語順に従って表示すると，(29) のようになる．

(29) ［A が［B が［C が A に対して何かをするように］させること］によって何らかの被害，あるいは影響を受けた］

これを見ると気づくように，これは，5.2.3 節の (16) で説明したのと似た構造になってしまっている．つまり，(29) の A，B，C という 3 つの主語について，それぞれどの動詞と結びつくかということを解析する場合，記憶に大きく負担がかかる語順になってしまっている．このように，(26) の容認可能性が低いとしても，それが，私たちの現実世界に関する知識にかかわる語用論的 (pragmatic) な理由，あるいは文の情報処理的な理由によるものである可能性は高い．

もちろん，語用論あるいは情報処理に関する問題があると指摘するだけでは，(26) が文法的であるという主張の根拠とはならない．そういう語用論的な問題を取り除くことによって実際に容認可能性が上がるということを示して，初めて説得力が出る．そこで，(30) のような，プロ野球を話題にした具体的な背景を想定してみよう．

(30) ある新人選手のバッティング・フォームを矯正するため，チームの監督が，あるコーチにその選手を指導させた．その選手は，実は別のコーチに指導してもらいたかったので，そのように嘆願したのだが，監督に聞き入れてもらえず，やむなく命令に従った．ところが，指導にあたったコーチは無能で，その結果，その新人選手の打撃フォームはバラバラになってしまい，ついに一度も活躍するチャンスがなくプロ野球界を去っていった．その選手は今でも，監督が人を見る目がなかったせいで選手生活を縮められたと考え，恨んでいる．

次に，これを背景にして，(31) のような具体的状況を想定する．これは，(28) の内容の具体例である．

(31) [[[無能なコーチが新人選手を指導するように]監督がさせたこと]によってその新人選手は被害を被った]

(28) [[[CがAに対して何かをするように]Bがさせたこと]によってAは何らかの被害，あるいは影響を受けた]

これを，「指導させられた」という，形態的に複雑な動詞を含んだ文で表すと，(32)のようになる．

(32) 新人選手が，監督に，無能なコーチに指導させられた．

これは(26a)とほぼ同じ構造を持つ文であるが，このように状況を整えてやるだけで，ずいぶん容認可能性が上がるのではないだろうか．

さらに，この文における情報処理の問題も取り除く工夫をしてみよう．まず，「新人選手が監督に怒られた」ことを話題にした会話が続いていて，誰のことを言っているのか会話の内容から推測できる場合，日本語では(33)のように，具体的な名詞句を発音せず，空範疇 (e) にすることが可能である．

(33) a. 新人選手$_1$が　監督$_2$に　怒られた．
    b. $[e]_1$　　　　監督$_2$に　怒られた．
    c. 新人選手$_1$が　$[e]_2$　　怒られた．
    d. $[e]_1$　　　　$[e]_2$　　怒られた．

(32)の文についても，状況が整っていれば，「新人選手が」と「監督に」を空範疇にすることができる．

(34) 俺がどうして○○監督のもとで選手として大成しなかったかって？
    a. $[e]_1$ あのアホ監督に，むりやり無能なコーチに指導させられたからさ．
    b. $[e]_1$ $[e]_2$　　　　むりやり無能なコーチに指導させられたからさ．

(34b)の場合，言語使用者が最初に耳にする名詞句は「無能なコーチ」であり，それと関連づけられるべき動詞「指導(する)」がすぐに現れるため，

第 5 章 生成文法研究が目指すもの　211

解析における記憶の負担は問題にならない．(26a) や (32) で見られるような，複数の名詞句の解析を保留にしなければならない状況は避けられているため，さらに容認可能性が高くなっている．

(26)　a.　次郎が太郎に花子に呼ばせられた．
(32)　　新人選手が，監督に，無能なコーチに指導させられた．

そもそも，(26a) に見られる「呼ばせられた」という形式は，「呼ぶ」，「させる」，「られる」の 3 つの形態素からなる複雑な動詞であり，しかもこの場合，「太郎に花子に」と同じ格が連続して現れていることによるぎこちなさもあるので，完全に「自然な」文になるということはないかもしれない．しかし，初めにこの文を見たときの違和感の大部分が，上のような操作によって変化するということは実感できるのではないだろうか．(26a) が非文法的であるならば，このような変化は起こるはずがないのである．

(26b) の文についても，同様の操作を行なうことができる．

(26)　b.　花子は太郎に誘いたがられている．

(35a) が (26b) の文の内容を言い直したものであり，(35b) がその一般的な構造である．

(35)　a.　太郎が，自分が花子を誘いたいという様子を見せることによって，花子は何らかの被害，あるいは影響を受けている
　　　 b.　[[[B が A に対して何か行動を起こしたい]という様子を B が見せること]によって，A は何らかの被害，あるいは影響を受けている]

つまり，(35b) のような複雑な関係が想定しやすい状況を作ってやれば，(26b) のような構文の容認可能性も上がるはずである．たとえば，(36) のような内容ならば，(37) の文は容認可能なのではないだろうか．

(36)　[[[自分(=皆さん)がうちの犬に触りたい]という様子を皆さんが見せること]によって，うちの犬は何らかの影響を受けている]

(37) うちの犬は(とても毛並みがいいので,)皆さんに触りたがられています.

(37)は「触りたがられる」という複合動詞を含んでおり,(26b)と同じ構造であるが,問題なく受け入れられる自然な文と呼べるだろう.
　つまり,(26a, b)では,文法は文の出力に成功しているにもかかわらず,その文が使用される「状況」に関する情報が不足しているため,文の聞き手は,その LF 表示が可能にする解釈を適正と認めることができず,その結果,文そのものの生成が失敗してしまったかのように誤解してしまうケースである.

5.2.6　ま と め
　生成文法の文法観のもとでは,文法の出力が文法外からの影響を受けると考えられている.つまり,文法的な文であっても,容認可能な文であるとはかぎらない.逆に,非文法的な文は,そもそも生成されないはずなのであるから,文法外の条件がどのようなものであっても,はっきり容認可能になるはずはない.(5.1.2 節で述べたように,非文法的な文であっても,「伝達の意図がわかる場合」はありうる.発話者の意図を推測しうるということと,その文が文法的な文として容認可能であるということは,別の問題だということを思い出してほしい.)つまり,容認可能性に関する判断は比較的簡単に得られるが,そこから文法性の判断を抽出する作業は,たいへん困難なものであると言わねばならない.
　文の文法性と容認可能性の関係をまとめると,(38),(39)のようになる.(ただし,「文法外の要因」にどのようなものがあるのか,すべてわかっているわけではないので,現実はさらに複雑である.このような文法性と容認可能性の対応は,Hoji (2003)でも取り上げられ,詳しく論じられている.)

(38)　文法性と容認可能性の対応:
　　　a.　文法的な文は,
　　　　　文法外の要因に問題のない場合は,容認可能な文になるはず.

文法外の要因に問題がある場合は，容認不可能な文になりうる．
　b. 非文法的な文は，容認不可能な文になる．
(39) 容認可能性と文法性の対応：
　a. 容認可能な文は，文法的な文である．
　b. 容認不可能な文は，
　　文法外の要因に問題のない場合は，非文法的な文であるはず．
　　文法外の要因に問題がある場合は，文法的な文である可能性も，非文法的な文である可能性もある．

　このように，ある特定の文の容認可能性が低いからと言って，その構文が非文法的であるとはかぎらない．私たちが言語の分析において容認可能性が低い文に出会った場合，その不自然さが何に起因するものであるか，まず慎重に調べる必要がある．文献の中で非文として扱われている例文についても同様である．いくら容認可能性の低い文があげられていたとしても，必ずしもその構文そのものが非文法的とは言えない場合があるので，読み手は，書いてあることを鵜呑みにしないように気をつけなければならない．特に，他の言語でそれに相当する構文が非文であるという議論がすでに存在している場合には要注意であると言ってもよいだろう．それは，予断が入りやすい状況で例文を構築していることになるからである．私たちは，多様な言語の奥にひそむ共通性を追究しているのであるが，その共通性が必ずしも表面的な類似性として出現するとはかぎらない．表面的な類似性に基づいて安易な一般化をしてしまわないように，書き手も読み手も気をつけなければならない．

　逆に，著者が述べている容認可能性の判断が自分と異なるからと言って，その結論を信じないというのも性急である．たいていの場合，書き手は，読み手の数倍，数十倍の時間とエネルギーを，その論文に費やしている．つまり，読み手よりもさまざまなことを考慮したうえで，その結論にたどり着いている場合が多い．もちろん，だからこそ，いろいろな思い込みに支配されていることもあるわけだが，それと同時に，簡単には見えない言語の側面を見つけている場合もある．自分とは異なる例文の判断に出

会ったとき，その著者が感じているような判断を自分も共有することができないか，頭をひねってみることによって，今までとは違う世界が見えてくることもあるだろう．

5.3 生成文法の研究方法

生成文法の研究の進め方は，一般の科学における進め方と，大筋においては変わりない．たとえば，次のような作業が含まれている．

(40) a. 観察および一般化
　　　b. 仮説の構築
　　　c. 実験デザイン
　　　d. 実験結果の考察と仮説の修正

このような手順は，自然科学においてはごく普通に見られるものであるが，生成文法以外の言語学のアプローチでは，必ずしもこのような方法がとられてきたわけではない．むしろ，（意識的もしくは無意識的に）現象に基づく一般化のみを有効な方法とみなし，さまざまな現象に関する一般化を積み重ねていくことによって最終的に全体像がわかるはずだという仮定のもとで進められていく研究のほうが一般的であった．しかし，生成文法は，そのような研究方法の限界を指摘し，明示的に(40)の作業手順を言語学において実践しようとした最初の企てであったと言ってよいだろう．この節では，特に(40c, d)の部分について，生成文法に特徴的と思われる点を述べていく．

5.3.1 実験デザイン

生成文法における「実験」とは，何らかの音連鎖を示して，それが文として成り立っているかどうか，もしくは意図された解釈を許すかどうかを確認する，という作業が主となる．しかし，5.2節で述べたように，ここで問題となるのは，仮説としているメカニズムは，numeration を入力とし，PF表示とLF表示のペアを出力とするものであるにもかかわらず，その入力を直接指定するような実験は，私たちには不可能だということで

ある．numerationを形成する作業(つまり頭の中で行なう単語や素性の選択)も含めて，被験者にゆだねなければならない．そのため，次に述べるように，心理学などの分野で行なわれている調査の方法論を用いることが難しいという弱点がある．

たとえば，心理学の実験では，被験者にその実験の目的を説明しない場合も多いであろう．目的を知ることによって被験者が予断を持ってしまうことを防ぐためである．しかし，文法メカニズムを調べるための実験の場合には，必ずしも，目的を説明しないことがよいとはかぎらない．むしろ，文のどの部分に注意してほしいかということを説明したうえで例文を見てもらったほうが，安定した結果が得られることがよくある．これは，生成文法の実験の場合，numerationとそれから派生される「PF表示とLF表示のペア」の形成を，被験者まかせにしなければならないということと関連している．いわゆる伝言ゲームのことを考えてみればわかるように，私たちは「同じ文」と思って繰り返していても，往々にして，異なる単語を使ってしまったり，助詞や語尾などが微妙に違ってしまったりするものである．それと同様に，例文判断の場合にも，被験者の頭の中で「繰り返されている」文が実験者が提示した例文と同一であるかどうか，確実な保証はない．これに対して，どこがポイントかということを事前に説明したうえで例文を見てもらえば，その部分について不確定要素が入る可能性はずっと低くなるだろう．もちろん，説明によって予断を与える危険性はあり，これがもっともよい方法であると言うつもりはないが，単に被験者に文を提示して「伝言ゲーム」による不確定要素の混入を許すよりは，ずっとましではないかと思われる．

また，実際に発話された文の場合には，個々の単語の持つ音声以外にも，文全体や句に与えられる音調・韻律というものが文の音連鎖の一部として含まれていて，それが文の構造解析に影響を与えることが知られてきている．つまり，文を提示して文法性の判断を求める場合，適切なイントネーションをつけて提示することによって，文の構造解析をコントロールできる場合があるということである．そのため，書かれた文を提示して文法性の判断をあおぐ場合は，この手法が使えなくなる．そうすると，被験

者の構造解析の可能性が増えてしまい，不確定要素をまねきやすくなる．(被験者が頭の中でその文を不適切なイントネーションと結びつけて分析してしまうと，文法性の判断に影響を与える可能性があることを指摘している研究者もいる (Fodor 2002).)

例文を判断してもらった直後にその例文を被験者自身に口に出して言ってもらうというのも，その人がどのような numeration や PF 表示を形成したかを確認する有効な手段であろう．それによって，実験者が提示した例文と被験者が判断した文が，音調なども含めて同じ音連鎖を持つものであることを確認することができる．ただし，numeration には，音声を持つ要素もある一方，音声を持たない抽象的な要素も含まれている．たとえば，上で紹介した (22b) の例とその numeration を思い出してもらいたい．

(22) b. [$_{NP}$ The boat [$_{CP}$ floated down the river]] [$_{VP}$ sank].
(23) b. {the, boat, $\emptyset_{WHICH}$, $\emptyset_{COMP}$, [– FIN], $\emptyset_{BE}$, floated, down, the, river, PAST, sank}

音声を持つ要素の部分に関しては，注意深くチェックすれば，同一であるかどうか確認することができるが，音声を持たない要素については，直接確認することは不可能であるし，音声を持つ要素にしても，それがどのような文法素性をになって numeration に入ってきたかということは，直接には確認不可能だということは意識しておかなければならない．

各単語がになう文法素性のコントロールはさらに難しい問題であり，現段階では，その状況に応じて臨機応変に対応していくしかない面がある．特に，意味解釈のかかわる文法性の判断には個々の単語の意味をどのようにとらえているかが大きな影響を及ぼすことが多いので，本題の実験に入る前に，その被験者が各単語をどのように解釈しているかを調査し，その実験にもっとも適切な語彙を選ぶ必要がある場合もある．

その点で，同じ単語を使ったいくつかの文の判断をペアにして尋ねる方法も有効であることが多い．つまり，「ある文 S_1 が容認可能であるかどうか」だけを尋ねるのではなく，現在ポイントにしたい点を変えた別の文 S_2 と並べて，「S_1 と S_2 に差を感じるかどうか」を尋ねるのである．たとえ

ば，(41) の S_1 と S_2 は，その補文の COMP が「かどうか」であるか「か」であるかに関してのみ異なっている最小対 (minimal pair) である．

(41) S_1: 警察は[$_{CP}$ あの晩メアリーが誰と会っていた[$_{COMP}$ **かどうか**]]確認しようとしているの？
S_2: 警察は[$_{CP}$ あの晩メアリーが誰と会っていた[$_{COMP}$ **か**]]確認しようとしているの？

(「かどうか」を「か」に変えただけでも，この2つの文がどのように解釈されうるかが異なると感じる人がかなりおり，2つの文の文法性が異なると主張される場合もある．）さらに，S_2 とは別の点で異なっている S_3 を (42) のように S_1 と並べて，「S_1 と S_3 に差を感じるかどうか」を調べたり，S_1：S_2 に相当する他の最小対（たとえば (43) の S_4 と S_5）に対して，同様に差を感じるかどうかを調べたりもする．

(42) S_1: 警察は[$_{CP}$ あの晩メアリーが誰と会っていた[$_{COMP}$ かどうか]] **確認しようとしているの？**
S_3: 警察は[$_{CP}$ あの晩メアリーが誰と会っていた[$_{COMP}$ かどうか]] **知らないの？**

(43) S_4: ジョンは[$_{CP}$ メアリーがどの男の子に電話した[$_{COMP}$ **かどうか**]]知りたがっているの？
S_5: ジョンは[$_{CP}$ メアリーがどの男の子に電話した[$_{COMP}$ **か**]]知りたがっているの？

最小対を判断の対象とすると，そのペア同士では，単語のになう文法素性がそろう傾向があり，異なる単語に含まれる素性のぶれ（すなわち numeration のぶれ）を，可能なかぎり少なくすることができる．さらに，同じ文に対しても，たとえば (44a, b) に示したように，異なる音調を与えることが可能である．（下線は低い音調を，上線は高い音調を示す．）

(44) S_{1A}: 警察は[$_{CP}$ あの晩メアリーが<u>だれと会っていたかどうか</u>]
<u>かくにんしようとしているの</u>？

S_{1B}: 警察は[$_{CP}$ あの晩メアリーが<u>だれと会っていたかどうか</u>]

かくにんしようとしているの?

このような音調の違いによって，異なる解釈あるいは文法性が導かれると感じる人もいるので，この観点から見ると，(44) の S_{1A} と S_{1B} も最小対をなしていると言える．

　どのような方法で不確定要素の混入を防ぐにせよ，これでは，不特定多数に対してアンケートを行なうということは非常に困難になり，どうしても被験者の数がきわめて限られてしまうことになる．この状況のもとで最善を尽くすための1つの方法は，まず他人に聞く前に，自分で何度も何度も判断をしてみるということである．むろん，常に同じ文を対象にし続ける必要はない．すぐ上で説明したように，ポイントは保持したままで，いろいろ異なる単語を使ってみて結果を見ることが重要である．判断が毎回一定でなかったり，文中の単語を変えただけで異なる印象が生まれることも多いことに気がつくと思う．筆者の今までの経験に基づいた印象としては，自分の中での判断の「ゆらぎ」の度合いと，他人に聞いた場合の判断のばらつきの度合いは，相関している場合が多い．つまり，誠実に行ないさえすれば，自分を被験者にした実験を繰り返すことによって，予備実験にはなるということである．もちろん，予備実験は，あくまでも予備実験にすぎず，他人をまじえての実験が伴われなければならないことは言うまでもない．

　これに対して，実際に使用された言語データの記録から使用頻度などを調べるという手法を文法研究に利用できる場面は稀である．「頻繁に使う文」だから「文法性が高い」とか，「めったに言わない文」であるから「文法性が比較的低い」などとは言い切れない．たしかに，非文がデータの中に頻繁に現れるということは考えにくいが，「めったに言わない文」の中には，文法的な文も非文法的な文もあるだろう．また，実際に記録された発話であっても，5.1.2節で例にあげたように，非文が含まれている場合すらあるので注意が必要である．

　もう少し一般的な留意点もある．被験者が，文の伝達する内容や意図に反応して，文の文法性の判断に何らかの影響を及ぼしてしまうことがあ

る．そういった観点から，できるかぎり，宗教・人種・性別などに関して差別的な内容，あまりに残酷・暴力的・性的・下品な内容などは避けるのが得策であろう．

5.3.2 実験結果の考察

実験結果が予測どおりだった場合は，とりあえず現段階の仮説としてそのメカニズムが「生き残る」ことになり，さらに別の現象についても，そのメカニズムが対応できるのかどうかを調べていくことになる．逆に，実験結果が予測に反していた場合は，原則的に，あらためて一般化の吟味や仮説の構築からやり直すことになる．

ただし，5.2 節で述べたように，容認可能性と文法性は 1 対 1 対応するわけではないので，予測と異なる判断に出会ったからと言って，必ずしも仮説を修正しなければならないとはかぎらない．実験デザインが不適切だったという可能性も充分ありえるし，ときには，被験者の集中力や想像力を疑わざるをえない場合すらあり，その見きわめは難しいところである．しかし，もちろん，自分の判断と異なる結果を却下していては仮説の検証が不可能になり，でっちあげと批判されてもしかたがない．これはまさに，経験科学として文法の研究をしていくうえで命取りになりえる問題で，予測と異なる判断や反応をどのように扱っていくかという問題には，真剣に取り組む必要がある．この問題に関しては，今後もさらに考察を重ねていかなければならない．

この問題に関連して，ここで特に注目しておきたいのは，その実験が，「ある文が文法的である」ことを検証するものか，「ある文が非文法的である」ことを検証するものかによって，結果の持つ意味合いが大きく異なるということである．これは，上の 5.2.6 節で述べた，次のことと関係している．

(38) 文法性と容認可能性の対応:
    a. 文法的な文は，
        文法外の要因に問題のない場合は，容認可能な文になるはず．
        文法外の要因に問題がある場合は，容認不可能な文になりうる．

b. 非文法的な文は，容認不可能な文になる．

　ある仮説が，ある文を文法的であると予測したとしよう．そして，その文のPF表示に相当する音連鎖を被験者に示して，実際にそれが容認可能であれば，その実験結果は仮説の適切性を示す一例となり，それはそれで問題ない．しかし，その仮説の提唱者には容認可能な文であるにもかかわらず，話者によっては容認不可能という反応を返す場合もあるだろう．これは仮説の提唱者が期待している反応ではないものの，(38a)で述べられているように，容認不可能という反応は，原則的に，文法的な文の場合にも非文法的な文の場合にも起こりえることである．したがって，この反応が，必ずしも文法に関する仮説の放棄につながるとはかぎらない．5.2.3–5.2.5節で示したように，同じ構文で容認可能な別の文をあげることができれば，容認不可能という反応は，文法外の要因に影響されたものとして却下することができる．しかし，文法的であるにもかかわらず，どうしても文法外の要因からの影響を排除した例文を提示できない場合もあるだろう．たとえば，どうしても文が長くなりすぎたり複雑になりすぎたりして，文の情報処理が難しくなったり，その文が使われる適切な状況が想定しにくくなったりするケースなどが考えられる．その場合でも，文法外の要因がはたらいていることを説得的に示すことができれば，仮説を維持することは可能である．したがって，論理的には，このタイプの主張には厳密な意味での「反例」は存在しないということになり，極端に言えば，その構文で容認可能な文を見つけることができなかったとしても，「原則的に文法的である」と主張し続けることは可能である．ただし，実際に容認可能な文が存在しなければ，通常は他人を納得させることは非常に難しい．研究の成果を他の人にも理解が可能な形で提出していくことも学問の目標であり，大切な作業の1つであるから，その観点から言えば，決定的な反例がない仮説を提出しただけで満足することは許されない．

　これに対して，ある文が非文法的であるという予測の場合は，状況が逆である．まず，予測どおり容認不可能という反応が得られたとしても，必ずしもその文が非文法的であるという「証拠」にはならない．文法外の要

因で容認不可能と感じている可能性が，常につきまとうからである．たとえば，5.2.5節では，実際の文献において非文法的であるとされている(26a, b) の例文に対して，(32) や (37) のような容認可能な例文を示した．これは，このような状況を示す，わかりやすい例であろう．

(26) a. 次郎が太郎に花子に呼ばせられた．
　　　b. 花子は太郎に誘いたがられている．
(32) 新人選手が，監督に，無能なコーチに指導させられた．
(37) うちの犬は(とても毛並みがいいので,) 皆さんに触りたがられています．

つまり，特定の例文が容認不可能だからといって，簡単にその構文が非文法的であると結論づけることはできないのである．

　さらに，(38b)で述べたように，非文法的な文ならば本来，容認不可能という反応しか生まないはずなので，予測に反して容認可能という反応が出てきたとしたら，実験や仮説の大幅な修正をせまられることになる．なかには，被験者がポイントとなるべきところを見逃して，勘違いしたまま回答している場合もあるかもしれない．また，実は文としては変だということを認めていながら，「言いたいことは理解できるから」など，何らかの理由で容認可能と答えている場合もあるだろう．実験のデザインや実行の仕方というものは，さまざまな場合を想定して準備しなければならない．しかし，実験デザインや手順をいくら修正しても容認可能という反応がなくならないのならば，それは仮説が間違っていると考えざるをえない．つまり，非文についての予測の場合，容認不可能という反応があってもすぐには仮説を支持することにはならず，逆に，容認可能という反応は致命的な反証となるという意味で，より厳しい試練が課されるのである．

　このように，文法的な文の予測と非文法的な文の予測は，それぞれ意味合いも対処方法も異なるので，どちらのタイプの予測も意識しながら研究を進めていく必要がある．「どういう文が可能か」と「どういう文が不可能か」の両方をはっきり予測する文法の仮説を提示することが大切なのである．

実験結果を考察するうえで一番やっかいなのが，同一の文であるのに，被験者によって反応のバラつきが見られる場合であろう．たとえ，そのバラつきが文法外の要因によるものだとしても，その理由がある程度見きわめられなければ，提案された仮説の説得力は大幅に下がってしまう．こういった理由から，いったいどういう要因でバラつきが生じるのか，反応に応じて追加実験をしなければならない場合も多い．上でも述べたように，他の人を被験者とする段階ではさまざまな問題が生じうるが，被験者による反応のバラつきが，新たな発見を導く場合もある．たとえば，各単語と文法素性の組み合わせは一定とはかぎらない場合が多い．しかし，個人の中でランダムである場合もある一方，話者によってその組み合わせの傾向が定まっている場合もある．そうすると，「この話者ならば，この別の文が(非)文法的なはずである」という，新たな予測を生む場合もある．上で最小対という概念を導入するときにあげた (41a) の文を例にとってみると，多くの人が「かどうか」は英語の whether (or not) にあたる COMP としてしか解釈できないのに対して，「かどうか」を「か」と同じように，単に埋め込み文が間接 wh 疑問文であることを示す COMP として解釈できる人もいる．

(41)　S_1: 警察は[$_{CP}$ あの晩メアリーが誰と会っていた[$_C$ **かどうか**]]確認しようとしているの？

そうすると，(41-S_1) で埋め込まれた CP を wh 疑問文としては解釈できない話者グループは，別の文に含まれる「かどうか」も英語の whether のような解釈をするのに対して，(41-S_1) で埋め込まれた CP を wh 疑問文として解釈できる話者グループは，別の文でも「かどうか」と「か」の違いがないという予測をする．実際，2 つの異なる話者グループの間で判断が予測どおり分かれるようである．

　これは単なる一例であるが，いろいろなタイプの話者の反応を比べることによって，より精緻なメカニズムを構築することができる場合も少なくない．自分だけで判断を繰り返していては，このような状況には巡り会えない．つまり，文法性の判断のバラつきというものは，その研究者の取り

扱い方によって，言語の科学的研究の信頼性を損なうものになりうる一方，建設的発展の足掛かりにもなりえるのである．

5.3.3 仮説の構築と検証

生成文法の研究の進め方を，もう一度まとめておこう．1つ1つの段階には，たとえば次のような作業が含まれている．

(45) a. **観察および一般化**: 観察される現象の中から，条件と結果の対応が一定になっている現象(すなわち，メカニズムによって説明できそうな現象)を見つけ出す．(もちろん，それが過去の研究が提示している一般化と食い違うこともありえる．)
　　 b. **仮説の構築**: (45a)の一般化を説明するメカニズムを考え，それまでの時点で生き残ってきているメカニズムに組み込んで(必要ならば変更を加えて)一体化した仮説にする．
　　 c. **実験デザイン**: (45b)のメカニズムを仮定すると，どのような入力値の場合にどのような出力結果が出るはずか，できるだけ網羅的に予測・計算し，その入力・出力ペアのうち，実際にテスト可能なものを選び出す．
　　 d. **実験結果の考察と仮説の修正**: (45c)の予測を実際のテスト結果と照合し，その結果によって，必要ならば(45b)の仮説を修正する．

適切な一般化の蓄積を主なよりどころにして言語の分析を進める作業にも，(45b–d)と似たような作業が伴うと思う人もいるだろう．たしかに，やみくもにデータを集積していくだけでは，よい一般化が得られることは稀であり，どのようなデータをどこに求めればもっとも決定的な証拠となるか，ある種の見込みを持って研究が行なわれている場合が多いと思う．そして，その場合も，本当にその一般化で適切かどうか，さらに別のデータで検証が重ねられていくという意味で，たしかに(45b–d)と似た作業ではある．しかし，(45)のような作業を現象の一般化に関して行なうか，それを可能にするメカニズムの働きに対して行なうかということで大きな違いがある．現象の一般化のみが対象となっている場合には，あくまで

も，その一般化が具現する他の事例の存在を予測するにすぎない．もともと，その現象を観察して提案した一般化なのであるから，驚くような予測が生まれることはないと言っていいだろう．

これに対して，(45a)で得た一般化をメカニズム全体に埋め込んだうえで予測を計算しなおす場合には，(45a)の時点でまったく視野に入っていなかった現象に関する予測も生まれる可能性が大きくなる．それだけ多方面から，提案した仮説をチェックすることができるということである．もちろん，すべての帰結を1人で吟味するのは無理という場合もある．特に普遍文法に対する提案ならば，当然すべての言語についての予測を生むことになり，それを1人で調べるのは事実上不可能である．このような場合には，自分が調査できない予測を他の研究者にゆだねるために，自分の調べた範囲での結果を論文として発表することになる．

現象の一般化を1つ1つ集積していくというアプローチならば，一見，着実な方法に見えるのに対して，(45)のアプローチは仮説の構築と修正を繰り返すので，不安定な印象を与えるかもしれないが，生成文法がこのアプローチをとっているのは，私たちは結局このような方法でしか世界を理解できないのではないかと考えているからである．その観点からよく言及されるのが，Popper (1959) である．Popper は，およそ，この世界に関する知識・情報・現象というものは，そのすべてが私たちの目の前に現れているわけではなく，私たちがたまたま，その一部を発見するにすぎないと考えた．そうすると，ある現象の一般化が正しいということを「検証」しようと思っても，その正しさを100％証明するのは不可能であり，ただその仮説の予測に反する事実が現時点では見つからないということしか言えないことになる．このように考えると，科学的営みとは，ある理論を検証しようとすることと言うよりは，その理論の予測に反する新しい事実を発見することによって，それが誤っていることを示すことであると論じられた．だからこそ，仮説は，どのような予測を生むかということが重要であり，どういう証拠が見つかったときにその予測に反することになるのかが明示的になっている(すなわち，その理論が「反証可能」である)ことが肝要であると主張されたのである．

第5章 生成文法研究が目指すもの 225

◇ 考

　Bach (1974) はこのような観点から，「月は緑色のクリームチーズからできている」という仮説のほうが，「月は何か固体からできている」という仮説よりも，より精密で価値が高い，なぜなら人間が月に降り立って調査したときに，前者は後者に比べてずっと容易に反証することが可能であるからだ，という極端ではあるが"おもしろい"例をあげて，これを解説している．たしかに，この「クリームチーズでできている月」の例は，「反証可能性」の概念をわかりやすく伝えているが，実際の研究における現実的な提案にはなりえない．上で説明したように，何らかの仮説を立てる際には，その仮説を立てることによって説明のできる現象があるか，もしくは，その仮説を立てることによって他の現象に対する予測ができるようになるか，どちらかでなければならない．つまり，(45b) という作業は，必ず，(45a) もしくは (45c) との密接な関連のもとになされるものでなければならないと言えるだろう．

　このような観点から見ると，生成文法の論文の場合，そこに提案されている分析は，「確立している成果」であるというよりは，「現在，吟味が進行中の仮説」であるとみなすべきである．(45b) で「それまでの時点で生き残ってきている」という表現を用いたのは，そのためである．

　問題は，(45d) の結果，それまでの仮説を大幅に変更せざるをえなくなった場合である．仮説が大きく変わると，それまで説明できなかったことが説明可能になる一方，それまでうまく説明できていたことに対応できなくなる場合もある．第3章でも説明したように，生成文法の歴史において，何回か大きなモデルチェンジがあった．それまでの枠組みでは活発に議論されていた観察や一般化であるにもかかわらず，モデルチェンジとともに，すっかり忘れ去られた現象が存在しているのも事実である．Aという仮説で問題になっていたことがBという仮説で説明され，Aで説明されていたことがすべてBでも説明されるならば，AよりもBのほうが優れた仮説であり，そこに進歩があったということが納得しやすい．ところが，実際のモデルチェンジでは，Aで説明できなかったことがBで説明できる場合もある一方，Aで説明できていたことがBで説明できなくなっ

ている．このような状況を見ると，いったい生成文法は「進歩」していると言えるのだろうかと，懐疑的になる場合もあるかもしれない．

　Popper (1959) や Kuhn (1962) の引用とともにしばしば強調されるように，理論の発展というものは，必ずしも連続的でなければならないわけではなく，自然科学(特に物理学)の発展の例を見ても，従来の枠組みにとらわれない新しい発想が大きな進歩を生み出すことがある．また，何度も述べてきたように，生成文法は言語現象のすべてを説明の対象とするものではなく，何を説明の対象とするべきかということも，あらかじめ定まっているわけではない．したがって，それまで説明の対象とみなしてきたものをすべて引きずっていくことが必ずしも正しいとはかぎらない．ある時点ではその現象を説明の対象としていたが，そのことが間違いであり，それを見直すことによって理論が正しい方向に発展するということは充分あるだろう．そうだとすれば，その現象を説明の対象外に置くべき理由がその時点で明らかでなくても，理論の変革を行なうことが間違っているとはかぎらないという論も成り立つ．理論というものは，非連続的に発展する可能性があることも認めざるをえない．生成文法以前の言語学では，後発の研究が認められるためには，先行研究が扱ってきた現象すべてを扱っていることが必要条件であるようにみなされていた感がある．そのことへの反発もあって，生成文法では，その逆の面が強調されてきたのかもしれない．

　しかし，そのせいで，生成文法の中では過去の研究成果というものを軽視する傾向がむしろ広まりつつあるという批判を否定できない一面もある．モデルが大きく変わってしまったあとでは，古いモデルに従った分析が何をどう説明しようとしていたのか理解するのが難しい場合も多いが，その手間を惜しんでは，過去の研究における知識の蓄積を無にすることになってしまう．この相反する研究態度のバランスをとるのは容易なことではないが，研究者は努力を続けるしかない．

5.4　生成文法に対するよくある誤解

　最後に，文法についてときどき耳にするさまざまな誤解に言及しながら，この本で述べてきた言語観をまとめてみたい．

5.4.1 「文法を知らなくてもことばは話せるから，文法は要らない」のか？

　生成文法に対して，「文法を知らなくてもコミュニケーションはできる．文法などというメカニズムの仮定は不必要なのではないか」という意見があるかもしれない．しかし，日常生活の中で意識していないからといって，文法というメカニズムが存在しないとはかぎらない．

　視覚を例にとってみよう．私たちは普段の生活の中で，何が何の向こうにあるか，たいてい一目見て判断することができるが，その判断にはさまざまな要因がかかわっている．物体AのかたちがBによってさえぎられているならば，BのほうがAよりも手前にあるだろうし，大きさの違いやどれだけくっきり見えるかというようなことも影響しているだろう．しかし，それらの要因以外に，人間は，ものの距離を測る純粋な計算機構も持っていることが知られている．それが両眼視差と呼ばれるもので，右の眼に映った画像と左の眼に映った画像のわずかな違いを基にして，距離の違いを知覚しているという (乾 1995)．しかし，そのような計算が可能なはずだということは，理屈としては知られていても，人間にそのような独立した計算機構が備わっているということが，初めから受け入れられていたわけではないらしい．日常生活においては，両眼視差以外の情報が豊富にあるため，わざわざ純粋な計算機構を仮定しなくても，私たちの知覚の説明はつくように見えたからである (下條 1995)．

　そこで，そのような計算機構が存在しているということを示すために工夫されたのが，ステレオグラムであった．ステレオグラムにもいろいろな種類があるが，私たちにもっともなじみがあるのは，普通に見ると単なる模様のように見えるものが，ある特定の方法で左右の眼の焦点をずらしているうちに，急にあたかもそこに立体が出現したかのごとく見える図であろう．これこそ，私たちの脳に両眼視差を計算する仕組みが備わっている証拠となる．通常は，1つの対象を両目で見て，それぞれの眼に映った像から距離を計算するのに対して，ステレオグラムでの立体視が成功しているときには，実際には左右の目が異なる対象を見ているにもかかわらず，1つの対象を見ていると錯覚させているのである．私たちがよく見るステレオグラムは，そういう錯覚が起こった場合に何らかの立体像が浮かび上

がるように，もとの図形同士の間隔をたくみに調整して配列されたものなのである．ここで重要なのは，両眼視差から距離を割り出すメカニズムが存在しなければ，ありもしない立体が「見える」はずもないし，また，そのメカニズムについての仮説が正しいからこそ，ステレオグラムをデザインした人の意図したとおりの立体像が，私たちに見えるということである．ステレオグラムの場合，浮かび上がる立体像がどのような形をしているのかについては，両眼視差以外の情報はまったくない．したがって，そのような図形が見えるように感じるという事実そのものが，両眼視差から距離を計算するメカニズムの存在を裏づけていることになる．

普段，私たちが文を聞いて「意味がわかる」と感じる場合，文法の出力であるLF表示に基づいて理解している側面と，文法以外のさまざまな知識に基づいて理解している側面とが混ざってしまっている．文法に関しても，ステレオグラムのように，メカニズムの出力結果を単独で体感できる方策があればいいのだが，残念ながら，少なくとも現在のところは，そのような方法は存在していない．しかし，上の視覚の例からもわかるように，日常生活の中でその効果が実感できない場合でも，人間に純粋な計算機構が備わっている可能性は否定できない．

5.4.2 「不自然な文ばかりを対象にしていては意味がない」のか？

また，「生成文法の研究者は，日常で使わないような不自然な文ばかり取り上げていて，自然な言語を研究しようとしない」という批判もよく耳にするものである．たしかに，生成文法では，実生活の中で録音された文や，小説などで使用されている文を例文に用いることは稀である．しかし，上でも述べてきたように，生成文法の目的は，どういう場合にどういう文を用いるかという問題を明らかにすることではない．私たちの頭の中にあるメカニズムから出力されうる文と，出力されえない文を区別することによって，文法の姿を探ろうとするものである．したがって，あえて非文を作って確かめる作業が欠かせないものとなる．（Kuno (1973, p. iv) はこのような観点から，自身の研究を "grammar of ungrammatical sentences"（「非文の文法」）と位置づけた.）

5.4.1節でステレオグラムの例を出したが，ステレオグラムにおける立体視も，日常生活から見ればきわめて「不自然」な見方には違いない．それでも，その「不自然な見方」をすることによって，両眼視差に基づく距離の計算結果を，他のことに基づく遠近の判断と切り離して感じることが可能になるからこそ，その結果は無意味にならないのである．同様に，文法の研究においても，例が不自然であるという理由だけで結果が無意味だということにはならない．多少不自然な例文であっても，それによって文法による働きと他の要因による影響とが明確に切り離されるものならば，充分に意味のある試みということになるはずである．

ただし，5.2.5節で述べたように，文法的と予測される文の例を出すならば，なるべく状況が想定しやすい文にしなければ説得力がなくなる．また，それと同様に，非文法的と予測される文の例を出す場合にも，状況が想定しやすいもののほうが望ましいだろう．語用的な条件が整っているにもかかわらず容認不可能であるとなれば，それだけその判断が非文法性に由来する可能性が高くなるからである．しかし，一方，5.3.1節で述べたように，例文の判断においては，最小対となる文のペアを提示する必要がある場合が多い．最小対であることと，語用的にわかりやすい文であることとが両立するならば理想的であるが，常にそれが可能であるとはかぎらない．このような場合，たいていは，最小対にすることのほうが優先される．少々，語用的にわかりにくい文であっても，想像力をはたらかせれば解決できることがほとんどだからであろう．言い換えれば，言語の研究者である以上，文そのものの容認可能性が低いのか，状況として想定しにくいのかは，見分けられることが期待されていると言ってもいいかもしれない．

日常の言語使用者としては，「普通に使える/普通には使えない」という区別しかないかもしれないが，文法性の判断に慣れてくると，「そういう文を言いたい(特殊な)状況において使える/使えない」という判断が，自然にできるようになってくる．ステレオグラムでも，少し練習をしないと立体視は難しいし，人によって得手不得手がある．しかし，いったんコツがわかってできるようになってくると，初めのころとはうってかわって，容易に立体視ができるようになった体験のある人も多いだろう．文法性の

判断のある側面は，まさに，これになぞらえることができると思う．（文法性の判断をステレオグラムになぞらえたのは，金水（2000）の着想である．）

5.4.3 「(たくさんの)外国語を研究しなければ普遍文法は語れない」のか？

　特定の言語のそれぞれの文の文法性の判断について慎重に考察ばかりしていては，なかなか言語間の共通性について語ることができず，言語の普遍性にせまる生成文法の研究にならないと思う人がいるかもしれない．しかし，複数の言語を比較しなければ普遍文法に貢献できないというのは，必ずしも正しくない．また，普遍文法に関する直接の提案がなければ生成文法の研究として意味がないと考える必要もない．生成文法とは，「文法」という名前ではあるが，1つの言語観であるから，その言語観を持っているかぎり，個別言語の中だけの研究であっても意義のある研究はありうるし，普遍文法研究に貢献することもできる．私たちの頭の中に実際に存在しているのは，個別言語の語彙が備わった，個別言語の文法でしかない．私たちは，個別言語を通してしか普遍文法に迫ることができないのであるから，個別言語の特性について知ることも，非常に重要なことなのである．また逆に，ある言語で観察された現象や一般性が，一見すると他の言語には見られない場合でも，注意深く観察や実験を続けると，実は少し異なる形で(あるいは抽象的な形で)観察されることを指摘した過去の研究も存在する．そのような知見は，複数の言語を表面的に比べてみるだけではなかなか得られない性質のものであり，ある特定の言語を深く研究するほうがむしろ普遍文法の研究に役立つこともあるということを示している．

　しかし，生成文法の理論を学ぶ際に，（日本語の話者であるにもかかわらず）英語の研究を通してでないと学べない，という現実に直面している人も多いかもしれない．そもそも，生成文法研究のエースとしてこの分野を立ち上げ，推進してきたチョムスキーが英語の話者であり，さらに，このアプローチによる研究がアメリカの大学を中心に発展してきたこともあって，これまでのところ，英語が生成文法研究の対象言語とされることが多かった．1980年代に入ってからは，ヨーロッパ言語を中心にしてパ

ラメータの研究が話題を呼んだため，他の言語との比較をする研究が目立ち始め，また，James C.-T. Huang の中国語の研究以来，アジアの言語にも目が向けられるようになった．しかし現在も，チョムスキーを中心とする英語やヨーロッパ語話者の研究に基づいた分析や考察が中心となって理論が動いていくという傾向は変わっていないし，生成文法の概要を学ぶうえで，これらの研究の成果を学ばずに通るわけにはいかない．そのような訓練の過程で，日本人がこれらの外国語に興味を抱くようになり，それらを対象として研究を進めるようになることもあるだろう．外国語と母語の比較の中でこそ得られる観察や洞察も当然あるだろうし，研究の段階によっては，ときとして，提案された仮説を類型学的（typological）に調査したり考察したりしてみることも必要であろう．ただ，私たちが忘れてはならないのは，日本語を母語とする私たちのことばに関する感性・感覚は，たとえば英語を母語とするチョムスキーの感性では把握できないものをとらえることができる可能性を秘めているということである．どの言語を主な研究対象にしていようと，母語話者としての直観や洞察を使わずに研究を進めるということは，ある意味では，みずからの個性を発揮する機会を逃していることにもなるのではないだろうか．

　逆に，私たちが日本語を研究する際に，他の言語で観察されている事象や一般性を意識して研究を進めるのも大切なことである．Chomsky (2000a, 2) は，（単語の特性に関してパラメータが指定する違いなどを除いて）すべての人間言語は同一の特性を持つことを前提として研究を進めるべきであるという主張すらしている．ただし，このような研究姿勢には危険な側面もある．仮に，他の言語の観察に基づいて述べられた一般性がすでに多くの文献で肯定的に受け止められている場合，それを無批判に日本語にあてはめてしまい，言語間の違いを見落とす状況を作り出しやすいからである．たとえば，異なる言語において，たとえ意味としては似通った語彙があったとしても，その統語特性が異なっているということは充分に考えられることである．単語と文法素性の組み合わせというものは，その言語の中で詳しく現象を分析して初めてわかる場合が多く，たとえば，英語のある単語が，常にある文法素性を伴って現れるとしても，他の言語でその

英単語の意味を表す単語が，同じようにその文法素性を持っているとはかぎらない．その言語において，その仮定がどういう予測を生み出すか，その予測が実際に観察されるのか，慎重に調べなければならないのである．

◆ 考

たとえば，Hoji (2003) では，このような問題の一例として，日本語の「お互い」という単語を取り上げ，「お互い」が，英語の each other が持つと言われている [+ anaphor] という文法素性を持っている積極的な証拠が存在しない，ということを論じている．これまでの日本語の研究の中では，「お互い」が [+ anaphor] という文法素性を持っているということを重要な前提としている分析が少なからず存在しているので，このような疑問が提示されている以上，私たちにはその信憑性をきちんと判断し，もし必要ならば過去の研究を再考察する責任があるだろう．

5.4.4 エピローグ

もし，普遍文法が人間という種(しゅ)に特徴的であるとしたら，それはおそらく，人間の持つ遺伝子情報の中に含まれているはずである．将来，遺伝子情報工学がさらなる進歩をとげ，普遍文法の情報を伝える DNA が特定される日が来るかもしれないと，多くの言語学者が期待している．もし，そういう日が来るとしたら，それはある意味で，私たちが人間を人間たらしめている特性の 1 つを，初めて物理的に確認できる日であると言えるかもしれない．

ときとして，生成文法の研究者に向かって「言霊(ことだま)といって，ことばには魂が宿ると言うのに，言語の人間的側面を無視した，血の通わない言語の研究はいかがかと思う」などと公然と批判する人がいるが，これは，研究室の中で DNA の鑑定を行ない，病原を特定しようとする医学者や細菌学者に，町医者の暖かみが感じられないのでけしからんと文句を言うようなものである．むしろ，筆者がこの章で強調したかったのは，まず，人間の感覚をデータとしているからと言って，言語の科学的な分析ができないと考える必要はないということ，ただし，その成否はあくまでも，その実験

をどのように行なうかにかかっているということである.

　言語に関する話者の直観を研究の題材にする生成文法の研究者は，ある意味では恵まれた研究環境にいる．なぜなら，特に予備実験は，自分の頭の中で行なうことができ，そのために莫大な費用を投入して実験用の機材や材料を購入する必要もない．仮説を修正して構築し直す場合にも，次の実験のための予算を気にする必要もなく，自由に自分の仮説の妥当性を追究することができる．しかし，自分の頭の中の実験室だからこそ，無意識のうちに予断に左右される危険性に常にさらされており，また，他人を被験者とした実験には数々の困難が伴う．話者の直観に基づくということは，都合のよい面もある一方，大きな弱点になりうる点であるからこそ，常に注意を払わなければならないのである．

　この章で述べてきたように，実験デザインの立て方や実験結果の解釈の仕方については，まだまだ解決しなければならない問題が多い．各研究者が各々の感覚に基づいて手探りでやっているという点では，これから大学院に入学しようとしている学生であろうが，20年間大学教授をつとめている者であろうが，大差ない．生成文法の考え方や目標がある程度理解されてきた今こそ，あらためてこれらの問題に取り組み，研究の足場を固めていく必要があるだろう．特に，これから生成文法を追究していこうとしている若い研究者には，有名な学者の主張だから，あるいは活字になって出版されているから，その観察・分析・仮説が正しいなどと決めつけないで，事実を自分で見きわめる観察眼，知識，技術，そして研究態度を身につけてもらいたいと思う．新しいモデルが本当に「進歩」と言えるのかどうかを自分の力で判断できるようになるためにも，今までの研究で何が達成されてきたのかということを理解することが不可欠である．本書で紹介してきたことは生成文法のこれまでの研究の成果のほんの一部にすぎないが，過去の研究論文をひもとく際の一助になれば幸いである．

参 考 文 献

Abney, Steven (1987) *The English Noun Phrase in Its Sentential Aspect*, Doctoral dissertation, MIT.
Bach, Emmon (1974) *Syntactic Theory*, Holt, Rinehart and Winston, New York.
Bever, Thomas (1970) "The Cognitive Basis for Linguistic Structure," *Cognition and the Development of Language*, ed. by John R. Hayes, 279–362, John Wiley and Sons, New York.
Brame, Michael (1981) "The General Theory of Binding and Fusion," *Linguistic Analysis* 7, 277–325.
Brame, Michael (1982) "The Head-Selector Theory of Lexical Specifications and the Nonexistence of Coarse Categories," *Linguistic Analysis* 8, 321–325.
Bresnan, Joan W. (1970) "On Complementizers: Toward a Syntactic Theory of Complement Types," *Foundations of Language* 6, 297–321.
Bresnan, Joan W. (1972) *Theory of Complementation in English Syntax*, Doctoral dissertation, MIT.
Bresnan, Joan W. (1974) "The Position of Certain Clause-Particles in Phrase Structure," *Linguistic Inquiry* 5, 614–619.
Bresnan, Joan W. (1982) *The Mental Representation of Grammatical Relations*, MIT Press, Cambridge, MA.
Burzio, Luigi (1981) *Intransitive Verbs and Italian Auxiliaries*, Doctoral dissertation, MIT.
Burzio, Luigi (1986) *Italian Syntax*, Reidel, Dordrecht.
Chomsky, Noam (1955) *Transformational Analysis*, Doctoral dissertation, University of Pennsylvania.
Chomsky, Noam (1957) *Syntactic Structures*, Mouton, The Hague.
Chomsky, Noam (1965) *Aspects of the Theory of Syntax*, MIT Press, Cambridge, MA.

Chomsky, Noam (1970a) "Deep Structure, Surface Structure and Semantic Interpretation," *Studies in General and Oriental Linguistics Presented to Shiro Hattori*, ed. by Roman Jakobson and Shigeo Kawamoto, 52–91, TEC, Tokyo.

Chomsky, Noam (1970b) "Remarks on Nominalization," *Readings in English Transformational Grammar*, ed. by Roderick Jacobs and Peter S. Rosenbaum, 184–221, Ginn, Waltham, MA.

Chomsky, Noam (1972) *Studies on Semantics in Generative Grammar*, Mouton, The Hague.

Chomsky, Noam (1973) "Conditions on Transformations," *A Festschrift for Morris Halle*, ed. by Stephen Anderson and Paul Kiparsky, Holt, Rinehart and Winston, New York.

Chomsky, Noam (1975a) *The Logical Structure of Linguistic Theory*, University of Chicago Press, Chicago.

Chomsky, Noam (1975b) *Reflections on Language*, Pantheon Books, New York.

Chomsky, Noam (1977) *Essays on Form and Interpretation*, North-Holland, New York.

Chomsky, Noam (1980) "On Binding," *Linguistic Inquiry* 11, 1–46.

Chomsky, Noam (1981) *Lectures on Government and Binding*, Foris, Dordrecht.

Chomsky, Noam (1982) *Some Concepts and Consequences of the Theory of Government and Binding*, MIT Press, Cambridge, MA.

Chomsky, Noam (1986a) *Barriers*, MIT Press, Cambridge, MA.

Chomsky, Noam (1986b) *Knowledge of Language*, Praeger, New York.

Chomsky, Noam (1994) *Bare Phrase Structure*, MIT Occasional Papers in Linguistics 5, MIT.

Chomsky, Noam (1995) *The Minimalist Program*, MIT Press, Cambridge, MA.

Chomsky, Noam (2000a) "Derivation by Phase," *Researching and Verifying an Advanced Theory of Human Language: Explanation of the Human Faculty for Constructing and Computing Sentences on the Basis of Lexical Conceptual Features*, ed. by Kazuko Inoue, 1–45, Kanda University of International Studies, Chiba.

Chomsky, Noam (2000b) "Minimalist Inquiries: The Framework," *Step by Step: Essays on Minimalist Syntax in Honor of Howard Lasnik*, ed. by Roger Martin, David Michaels and Juan Uriagereka, 89–155, MIT Press, Cambridge, MA.

Chomsky, Noam and Howard Lasnik (1977) "Filters and Control," *Linguistic Inquiry* 8, 425–504.

Chomsky, Noam and George A. Miller (1963) "Introduction to the Formal Analysis of Natural Languages," *Handbook of Mathematical Psychology* Vol. II, ed. by Robert D. Luce, Robert Bush and Eugene Galanter, 269–322, John Wiley and Sons, New York.

Emonds, Joseph (1970) *Root and Structure-Preserving Transformations*, Doctoral dissertation, MIT.

Epstein, Samuel David, et al. (1998) *A Derivational Approach to Syntactic Relations*, Oxford University Press, New York.

Fabb, Nigel (1984) *Syntactic Affixation*, Doctoral dissertation, MIT.

Farmer, Ann (1980) *On the Interaction of Morphology and Syntax*, Doctoral dissertation, MIT.

Fiengo, Robert (1974) *Semantic Conditions on Surface Structure*, Doctoral dissertation, MIT.

Fodor, Janet Dean (2002) "Prosodic Disambiguation in Silent Reading," *Proceedings of the Thirty-second Annual Meeting of the North-Eastern Linguistic Society*, ed. by Masako Hirotani, 113–137.

Freidin, Robert (1978) "Cyclicity and the Theory of Grammar," *Linguistic Inquiry* 9, 519–549.

Fukui, Naoki (1986) *A Theory of Categories Projection and Its Applications*, Doctoral dissertation, MIT.

Fukui, Naoki and Yuji Takano (1998) "Symmetry in Syntax: Merge and Demerge," *Journal of East Asian Linguistics* 7, 27–86.

Gazdar, Gerald, et al. (1985) *Generalized Phrase Structure Grammar*, Harvard University Press, Cambridge, MA.

Goodall, Grant (1983) "A Three-dimensional Analysis of Coordination," *Papers from the Nineteenth Regional Meeting*, 146–154, University of Chicago.

Grimshaw, Jane (1979) "Complement Selection and the Lexicon," *Lin-

guistic Inquiry 10, 279–326.

Hale, Kenneth (1978) "On the Position of Walbiri in a Typology of the Base," ms., MIT.

Hale, Kenneth (1980) "Remarks on Japanese Phrase Structure," *MIT Working Papers in Linguistics* 2, ed. by Ann Farmer and Otsu Yukio, 185–203, MIT.

Hankamer, Jorge (1971) *Constraints on Deletion in Syntax*, Doctoral dissertation, Yale University.

Harada, S. I. (1973) "Counter Equi NP Deletion," *Annual Bulletin*, Research Institute of Logopedics and Phoniatrics, University of Tokyo, 133–143.

Higginbotham, James (1980) "Pronouns and Bound Variables," *Linguistic Inquiry* 11, 679–708.

Higginbotham, James (1983) "Logical Form, Binding and Nominals," *Linguistic Inquiry* 14, 395–420.

Hoji, Hajime (2003) "Falsifiability and Repeatability in Generative Grammar: A Case Study of Anaphora and Scope Dependency in Japanese," *Lingua* 113, 377–446.

Hornstein, Norbert (1999) "Movement and Control," *Linguistic Inquiry* 30, 69–96.

Huang, C.-T. James (1982) *Logical Relations in Chinese and the Theory of Grammar*, Doctoral dissertation, MIT.

乾　敏郎編 (1995)『認知心理学1: 知覚と運動』東京大学出版会, 東京.

Jackendoff, Ray (1972) *Semantic Interpretation in Generative Grammar*, MIT Press, Cambridge, MA.

Jaeggli, Osvaldo (1980) "Remarks on *To* Contraction," *Linguistic Inquiry* 11, 239–245.

Katz, Jerrold and Paul Postal (1964) *An Integrated Theory of Linguistic Descriptions*, MIT Press, Cambridge, MA.

Kayne, Richard (1981) "Unambiguous Paths," *Levels of Syntactic Representation*, ed. by Robert May and Jan Koster, 143–183, Foris, Dordrecht.

Kayne, Richard (1994) *The Antisymmetry of Syntax*, MIT Press, Cambridge, MA.

金水　敏（2000）「文法性判断とステレオグラム」『日本語学』19: 5, 8–13, 明治書院, 東京.

Kitagawa, Yoshihisa (1986) *Subjects in Japanese and English*, Doctoral dissertation, University of Massachusetts at Amherst. [Available as Kitagawa (1994) with annotations]

Kitagawa, Yoshihisa and S.-Y. Kuroda (1992) "Passive in Japanese," ms., University of Rochester and UCSD.

Koopman, Hilda (1983) "Control from COMP and Comparative Syntax," *The Linguistic Review* 2, 365–391.

Koopman, Hilda and Dominique Sportiche (1986) "A Note on Long Extraction in Bata and the ECP," *Natural Language and Linguistic Theory* 4, 357–376.

Kuhn, Thomas S. (1962; 2nd Ed., 1970) *The Structure of Scientific Revolutions*, University of Chicago Press, Chicago.

Kuno, Susumu (1973) *The Structure of the Japanese Language*, MIT Press, Cambridge, MA.

Kuroda, S.-Y. (1979) *The (W)hole of the Doughtnut: Syntax and Its Boundaries*, E. Story-Scientia, Ghent.

Kuroda, S.-Y. (1988) "Whether We Agree or Not: A Comparative Syntax of English and Japanese," *Linguisticae Investigationes* 12, 1–47.

Larson, Richard (1988) "On the Double Object Construction," *Linguistic Inquiry* 19, 335–391.

Lasnik, Howard and Mamoru Saito (1984) "On the Nature of Proper Government," *Linguistic Inquiry* 15, 235–289.

Lieber, Rochelle (1980) *On the Organization of the Lexicon*, Doctoral dissertation, MIT. [Reproduced by Indiana University Linguistics Club in 1981]

Lightfoot, David (1979) *Principles of Diachronic Syntax*, Cambridge University Press, Cambridge.

May, Robert (1977) *The Grammar of Quantification*, Doctoral dissertation, MIT.

May, Robert (1985) *Logical Form: Its Structure and Derivation*, MIT Press, Cambridge, MA.

三上　章（1959）『新訂版・現代語法序説: 主語は必要か』刀江書院, 東京.

三上　章 (1960)『象は鼻が長い』くろしお出版, 東京.
Miyagawa, Shigeru (1989) *Syntax and Semantics* 22: *Structure and Case Marking in Japanese*, Academic Press, New York.
Nakajima, Heizo (1984 / 1985) "COMP as a SUBJECT," *The Linguistic Review* 4, 121–152.
Nakajima, Heizo (1989) "Bounding of Rightward Movements," *Linguistic Inquiry* 20, 328–334.
Newmeyer, Frederick J. (1980) *Linguistic Theory in America*, Academic Press, New York.
Perlmutter, David M. (1972) "Evidence for Shadow Pronouns in French Relativization," *The Chicago Which Hunt*, ed. by Paul Peranteau et al., 73–105, Chicago Liguistic Society, Chicago.
Perlmutter, David M. (1978) "Impersonal Passives and the Unaccusative Hypothesis," *Proceedings of the Fourth Annual Meeting of the Berkeley Linguistics Society*, 157–189.
Perlmutter, David M. and Paul Postal (1984) "The 1-Advancement Exclusiveness Law," *Studies in Relational Grammar* 2, ed. by David M. Perlmutter and Carol Rosen, 81–125, University of Chicago Press, Chicago.
Pesetsky, David (1982) *Paths and Categories*, Doctoral dissertation, MIT.
Pollard, Carl and Ivan Sag (1994) *Head-Driven Phrase Structure Grammar*, University of Chicago Press, Chicago.
Popper, Karl Raimund (1959) *The Logic of Scientific Discovery*, Hutcinson, London.
Postal, Paul (1971) *Cross-Over Phenomena*, Holt, Reinhart and Winston, New York.
Postal, Paul (1974) *On Raising: One Rule of English Grammar and Its Theoretical Implications*, MIT Press, Cambridge, MA.
Pullum, Geoffrey and Paul Postal (1979) "On an Inadequate Defense of 'Trace Theory'," *Linguistic Inquiry* 10, 689–706.
Rizzi, Luigi (1982) "Negation, Wh-movement and the Null Subject Parameter," *Issues in Italian Syntax*, 117–184, Foris, Dordrecht.
Rizzi, Luigi (1986) "Null Objects in Italian and the Theory of *pro*," *Linguistic Inquiry* 17, 501–558.

Ross, John R. (1967) *Constraints on Variables in Syntax*, Doctoral dissertation, MIT.
下條信輔 (1995)『視覚の冒険』産業図書, 東京.
Stowell, Timothy (1981) *Origins of Phrase Structure*, Doctoral dissertation, MIT.
Sugioka, Yoko (1984) *Interaction of Derivational Morphology and Syntax in Japanese and English*, Doctoral dissertation, University of Chicago.
Wasow, Thomas (1972) *Anaphoric Relations in English*, Doctoral dissertation, MIT.
Williams, Edwin (1978) "Across-the-Board Rule Applications," *Linguistic Inquiry* 9, 31–43.
Williams, Edwin (1981a) "Argument Structure and Morphology," *The Linguistic Review* 1, 81–114.
Williams, Edwin (1981b) "On the Notions 'Lexically Related' and 'Head of a Word'," *Linguistic Inquiry* 12, 245–274.

索　引

あ　行

一致　31, 37, 40, 44, 70, 121, 149, 172, 173, 176, 184
一致操作（Agree）　181
移動　74, 97, 107–16, 120, 123, 125, 134, 151–53, 162, 169, 180, 182
インターフェイス　129
イントネーション　215
演算子　94–97, 110–14

か　行

外項（external argument）　145
解釈可能素性（interpretable feature）　173
解釈不可能素性（uninterpretable feature）　173
外主語（external subject）　160
解析 → 統語解析
外置（extraposition）　114
改訂拡大標準理論（Revised Extended Standard Theory: REST）　120–22
外的 θ 役割（external θ-role）　145
下位範疇化（subcategorization）　52–54, 58, 66
書き換え規則（rewriting rule）　18
格　26, 62
格素性 → 抽象格
拡大投射原理　105–7, 156, 169, 171, 174, 176
拡大標準理論（Extended Standard Theory: EST）　1, 118–19
格フィルター（Case Filter）　62–66, 152–57, 171, 177, 178
完全解釈の原理（Principle of Full Interpretation）　129, 132, 134, 158, 172, 178

完全機能複合（Complete Functional Complex: CFC）　147
機能範疇（functional category）　73, 75, 160, 164
疑問詞 → wh 疑問文
強勢（stress）　65, 97, 142, 183
強素性（strong feature）　179
局面（Phase）　164
虚辞　104, 148, 155, 157, 175
空範疇　100, 106, 109, 148, 177, 194, 199, 210
句構造規則（phrase structure rule）　18, 22, 35–87, 135
繰り上げ（raising）→ 繰り上げ構文
繰り上げ構文　150–52, 154, 155
経済性の原理（Economy Principles）　133, 178, 186
形式素性（formal feature）　172, 184–86
言語生得説　11
顕在移動（overt movement）　123, 178–83, 187
顕在統語（overt syntax）　125, 128
語彙項目（lexical entry）　23
語彙範疇（lexical category）　73, 160, 164
語彙部門・語彙目録（lexical component; the Lexicon）　24
語彙目録　48, 54, 116, 117, 119, 123, 131, 198
項　57, 100, 103, 157
語用論　209
痕跡（trace）　109–12, 120–22
痕跡理論　120, 124, 157

さ 行
再帰表現 102
サイクル 166
最後の手段（last resort） 134, 153
最小出力条件（Bare Output Condition） 132, 134, 186
最小対 217, 222
最小投射（minimal projection） 69
最大投射（maximal projection） 69, 77
作用域 94–97, 110
参与者（participant） 24, 55, 92, 130, 143
指定主語条件（Specified Subject Condition） 144
弱交差（weak crossover）現象 112–14
弱素性（weak feature） 179
修飾関係 92
重名詞句移動（Heavy NP Shift） 114
樹形図（tree diagram） 18
主語 139–88
主題役割 → θ 役割
述語（predicate） 24, 55
受動 143
受動形 → 受動態
受動態 42, 116, 118, 142, 145, 149, 151, 154, 155, 159
受動文 → 受動態
主要部（head） 31, 51, 68–70, 75, 77, 80, 81, 174
手話 10, 89, 132
照合 164, 173, 179–83
情報処理 209
省略 38, 144
初発記号（initial symbol） 49, 84, 87
深層構造（deep structure） 115–23, 141, 157, 160, 162, 164, 166
数量詞 95, 111–14, 124
数量詞繰り上げ（Quantifier Raising） 111–14, 125
数量詞繰り上げ移動 114
生成意味論 117–18
生成文法 8
接辞移動 39, 173
節点（node） 19
潜在移動（covert movement） 124, 127, 178, 180
潜在的な wh 移動 → 潜在移動
潜在統語（covert syntax） 125, 177
選択制限（selectional restriction） 59
束縛 95, 112
束縛理論（Binding Theory） 147
素性移動（Move F） 180
素性牽引（Attract F） 180
素性照合（feature checking） 173

た 行
多義性 92, 93
抽象格（abstract Case） 62–66, 145–48, 151, 152, 156, 172, 176–78, 184–85, 187
等位構造 47, 137
等位接続 → 等位構造
統語解析 199, 202–6
投射（projection） 69, 82, 84, 85
投射原理（Projection Principle） 58, 60, 105, 157, 158
統率束縛理論 → GB 理論

な 行
内項（internal argument） 145
内主語（internal subject） 160, 186
内主語仮説（Internal Subject Hypothesis） 74–76, 147, 158, 159, 164, 174
内的 θ 役割（internal θ-role） 145
能格（ergative）構文 → 非対格構文

は 行
パラメータ（parameter） 30
反証可能 224

範疇　23
範疇素性　78–80, 183
非対格 → 非対格構文
非対格（unaccusative）構文　149, 151, 153, 155
標準理論　1, 35, 53, 114–19, 140, 152, 153, 155, 157, 159, 160, 162, 166, 168
表層構造（surface structure）　115–23, 141, 160
普遍文法（Universal Grammar）　11, 18, 29, 30
文体規則（stylistic rules）　114
文法（grammar）　8, 12, 17, 18, 35
文法関係　140–43, 147
文法性　191–95, 212–14, 219–23
併合（Merge）　80, 137, 161, 175, 182
変項（variable）　95, 110–14

ま・や・ら 行
ミニマリスト・プログラム（Minimalist Program）　1, 128–35
容認可能性　206, 212–14, 219–23
隣接条件　64
論理形式（logical form）　90, 94, 110, 111, 123

A〜X
A 移動　150–52, 159, 176
A バー移動（A′-movement）　179
AGENT　25
Aux → INFL
Bresnan　46, 47, 109
Burzio　151
Chomsky 1965　1, 24, 49, 53, 60, 84, 115, 140–43
Chomsky 1970b　1, 67, 68, 76, 77
Chomsky 1973　1, 109, 120, 143
Chomsky 1975b　96, 109, 120, 152
Chomsky 1981　1, 30, 31, 33, 57, 58, 72, 77, 112, 114, 122, 145, 158, 194
Chomsky 1986b　1, 129, 143, 147
Chomsky 1995　1, 80, 82, 90, 131, 163, 166, 173, 174, 176, 177, 180, 182, 183
Chomsky 2000a　1, 162, 164, 167, 181, 182, 187, 231
Chomsky 2000b　82, 164, 167
COMP　45–50, 65, 70, 128, 179, 217
DP 仮説（DP Hypothesis）　75–76
D 構造　40, 58, 123, 151, 157, 158, 162–63, 164
each other　144, 147, 232
Emonds　109
EPP 素性　175–78, 179–83, 187
EXPERIENCE　25
GB 理論　1, 25, 64, 83–85, 114, 121–28, 145, 150, 152, 156, 194
Hale　71, 75, 77
Higginbotham　112, 113, 136
Huang　70, 125–28, 231
INFL　36, 44–45, 50, 63, 70, 161, 172–74
Jackendoff　118, 119
Kayne　66, 137
Larson　66, 163, 164
LF 表示　58, 90, 111, 118, 123–25, 129, 130–32, 136, 158, 177, 194
May　111, 112, 128
Move（α）　152, 153, 155
Move NP → Move（α）
numeration　82–83, 131, 166, 198–201, 206, 214–18
Pesetsky　66, 70, 121
PF 移動　114
PF 表示　90, 123–25, 129–32, 137, 177, 194, 199
Phase　164–68, 175
Postal　47, 113, 115, 121, 150
PRO　101, 121, 148, 177
PROPOSITION　25

Rizzi 31, 33, 60
Ross 114
Spell-Out 131, 133, 165, 179, 181, 183
Stowell 31, 62, 64, 70, 76–79
Subarray 167
S 構造 40, 58, 123, 151, 152, 158, 162–63, 178
THEME 25
VP-shell 163
wanna 縮約（wanna contraction）120–21

wh 疑問文 33, 71–72, 84, 96, 107, 110–14, 125–28, 222
Williams 78, 137, 145
X バー理論（X-bar theory） 68, 72, 79, 84
θ 基準（θ-criterion） 57, 60, 101, 103–5, 129, 154
θ 役割（thematic role） 25, 28, 55–61, 73, 92, 100, 109, 116, 130, 145–48, 151, 154, 157, 179
ϕ 素性 164, 172, 176, 184–85, 187

〈著者紹介〉

原口庄輔（はらぐち　しょうすけ）1943年生まれ．明海大学外国語学部教授．
中島平三（なかじま　へいぞう）1946年生まれ．学習院大学文学部教授．
中村　捷（なかむら　まさる）1945年生まれ．東北大学大学院文学研究科教授．
河上誓作（かわかみ　せいさく）1940年生まれ．神戸女子大学教授．
北川善久（きたがわ　よしひさ）1953年東京生まれ．マサチューセッツ大学博士課程修了．Ph.D.（言語学）．現在，インディアナ大学言語学科准教授．著書: *Subjects in Japanese and English* (Garland, 1994). 論文: "Copying Identity" (*Natural Language and Linguistic Theory* 9.3, 1991), "Prosodic Faithfulness and Correspondence: Evidence from a Japanese Argot" (*Journal of East Asian Linguistics*, 5.3, 1996 [共著]) など．
上山あゆみ（うえやま　あゆみ）1963年京都府生まれ．南カリフォルニア大学言語学科博士課程修了．Ph.D.（言語学）．現在，九州大学大学院人文科学研究院准教授．著書：『はじめての人の言語学――ことばの世界へ』（くろしお出版，1991）．論文：「日本語から見える「文法」の姿」（『日本語学』4月臨時増刊号（vol. 19），pp. 169–181, 明治書院, 2000）など．

英語学モノグラフシリーズ 2
生成文法の考え方

2004年10月25日　初版発行　　2021年7月9日　8刷発行

編　者　原口庄輔・中島平三
　　　　中村　捷・河上誓作
著　者　北川善久・上山あゆみ
発行者　吉田尚志
印刷所　研究社印刷株式会社

KENKYUSHA
〈検印省略〉

発行所　株式会社　研究社
https://www.kenkyusha.co.jp

〒102-8152
東京都千代田区富士見2-11-3
電話　（編集）03(3288)7711(代)
　　　（営業）03(3288)7777(代)
振替　00150-9-26710

ISBN 978-4-327-25702-6　C3380　　Printed in Japan